2023年度 日本経済レポート

―コロナ禍を乗り越え、経済の新たなステージへ―

令和6年2月
内閣府政策統括官
（経済財政分析担当）

※本報告の本文は、原則として 2024 年 1 月 23 日までに入手したデータに基づいている。

「日本経済レポート（2023年度版）」刊行にあたって

　内閣府政策統括官（経済財政分析担当）は、2004年12月以降、毎年「日本経済」シリーズを公表し、「年次経済財政報告（経済財政白書）」後の日本経済の現状に関する分析を提供しています。今回の報告書では、コロナ禍からの回復を果たした2023年の日本経済の動向を振り返るとともに、過去四半世紀にわたる日本経済の課題であるデフレ脱却に向けた展望と、潜在成長率の引上げに向けた労働供給や設備投資の拡大に係る課題の分析を行いました。

　第1章では、マクロ経済の動向を概観しています。2023年の日本経済は、コロナ禍を乗り越え、緩やかな回復基調を取り戻しました。ただし、業況や収益など企業部門は好調である一方、これが賃金や投資に十分に結び付かず、内需は力強さを欠いています。個人消費は、コロナ禍で積み上がった超過貯蓄が高所得層を中心に本格的には取り崩されていないことも力強さを欠く一因となっており、賃金の継続的な上昇等を通じた将来の成長期待の引上げが重要と言えます。デフレ脱却に向けては、デフレに後戻りする見込みがないことを確認するため、賃金の上昇、人件費等の適切な価格転嫁、物価上昇の広がり、予想物価上昇率等を総合的に点検していく必要があります。

　第2章では、人口減少による労働投入面からの潜在成長率の下押し圧力をいかに緩和できるかについて分析しています。2010年代半ば以降、女性や高齢者の労働参加の拡大により、生産年齢人口が減少する中でも就業者数は増加してきましたが、今後は、就業時間を増やして働き、収入を得たいという潜在的な希望の実現を後押しすることがより重要です。このため、子どもを持つ非正規雇用者の女性等へのリ・スキリング支援の充実、副業を柔軟に実施しやすい環境の整備、最低賃金の引上げの中で就業調整が行われることがないような制度の構築等が必要となります。最低賃金に関しては、物価や賃金が上昇することがノルムとなる中で、物価上昇に機動的に対応できる設定の在り方を検討することも重要です。

　第3章では、企業の収益や投資、マークアップ率の動向を分析し、潜在成長率を引き上げる観点から、今後の投資拡大に向けた課題を考察しています。我が国の企業部門は、過去四半世紀にわたり、収益増加に比して賃金や投資を抑制することにより、貯蓄超過主体であり続けました。また、アメリカ企業と比べると、研究開発等の無形資産投資が量・質ともに十分でなく、賃上げや設備投資の源泉となる価格設定力を高めることができていません。企業部門が総じて好調である今こそ、こうした状況を脱し、投資の拡大を起点に、生産性の向上やイノベーションにつなげ、更なる収益力の向上と成長を生み出す構造に転換する好機です。無形資産を含む国内投資への後押しと、投資の成果の社会実装を促進する取組が重要です。

　本報告書の分析が日本経済の現状に対する認識を深め、その先行きを考える上での一助となれば幸いです。

令和6年2月

内閣府政策統括官
（経済財政分析担当）
林　伴子

目　次

コラム

第1章

マクロ経済の動向

第1章　マクロ経済の動向

　我が国経済は、新型コロナウイルス感染症の影響により 2020 年 4 － 6 月期を底として大幅に落ち込んだ後、感染症の再拡大やそれに伴う緊急事態宣言・まん延防止等重点措置等の影響により振れを伴いながらも、徐々に経済社会活動の正常化が進んだ。この間、2022 年 2 月にはロシアによるウクライナ侵略があり、また米欧におけるコロナ禍からの回復もあって、世界的な物価上昇が生じ、我が国においても 40 年ぶりの物価上昇などマクロ経済環境の大きな変化が生じた。2023 年 5 月には、新型コロナの感染症法上の位置付けが 5 類感染症に移行し、景気の自律的な循環を制約してきた要因は解消された[1]。こうした中、春闘における 30 年ぶりの高い賃上げや企業の高い投資意欲など、我が国経済には前向きな動きがみられており、四半世紀の間達成し得なかったデフレからの脱却に向けた千載一遇のチャンスが到来している。

　一方、企業の業況や収益の改善が続いているものの、その好調さが、必ずしも十分に賃金や投資に回っておらず、内需は力強さを欠いている。また、先行きのリスク要因をみると、海外景気の下振れリスク等には注意が必要な状況にある。さらに、令和 6 年能登半島地震の経済に与える影響に十分留意する必要がある。本章では、第 1 節で、主として 2023 年以降の我が国のマクロ経済の動向を振り返るとともに、個人消費の持続的な回復に向けた課題を検討する。第 2 節では、直近までの物価の動向やその背景を分析し、我が国経済にとって長年の桎梏であるデフレからの脱却に向けた現状と課題を整理する。

第1節　日本経済の動向と持続的な回復に向けた課題

　本節ではまず、2023 年に入って以降の日本経済の動向を振り返る。その上で、力強さに欠ける個人消費に関して詳細な分析を行い、消費の持続的な回復に向けた課題を整理する。

---

[1] 新型コロナウイルス感染症に関する最初の事例報告から 5 類移行に至るまでの主だった動きについては、付図 1 － 1 に年表としてまとめている。なお、感染症法における感染症の類型は 1 類〜 5 類、新型インフルエンザ等感染症、指定感染症、新感染症があり、5 類は季節性のインフルエンザなどが相当する。新型コロナは新型インフルエンザ等感染症に位置付けられていたが、5 類に移行したことで、政府として一律に日常における基本的感染対策を求めることはなくなり、感染症法に基づく新型コロナ陽性者及び濃厚接触者の外出自粛も求められなくなるなどの変更がなされた。

1　2023年の日本経済と先行き

（コロナ禍からの正常化により、景気は緩やかに回復し、ＧＤＰは過去最大に）
　まず、我が国の国内総生産（ＧＤＰ）の動きを確認する。物価変動の影響を除いた実質
ＧＤＰ成長率についてみると（第1－1－1図（1））、2023年1－3月期は、個人消費、
設備投資など内需がバランスよく増加したことにより前期比でプラス成長となった。続
く4－6月期は、個人消費は物価上昇の影響もあって、また設備投資は前期の高い伸びの
反動もあって、それぞれ2四半期ぶりのマイナスとなり、内需は停滞した。一方で、輸出
は、半導体の供給制約の緩和による自動車生産の増加やインバウンド需要の回復を主因
に増加し、控除項目である輸入の減少[2]もあいまって、外需が大きく増加したことにより、
実質ＧＤＰ成長率は3四半期連続のプラス成長となった。7－9月期には、個人消費は、
飲食などサービス消費は着実に増加が続いたものの、物価上昇の影響が続き、財消費を中
心に小幅なマイナスとなった。また、設備投資は、機械投資や建設投資を中心に2四半期
連続のマイナスとなり、実質ＧＤＰ成長率は4四半期ぶりのマイナスとなった。
　ＧＤＰの水準をみると（第1－1－1図（2））、名目ＧＤＰは、2022年10－12月期に
コロナ禍前のピーク（2019年7－9月期）を超えた後、物価上昇もあって2023年前半は
高い水準が続き、7－9月期は約595兆円と過去最高水準となっている。実質ＧＤＰは、
物価上昇の影響で名目ＧＤＰに比べれば抑制されているものの、2023年4－6月期には
コロナ禍前のピーク（2019年7－9月期）を超えている。
　コロナ禍前の2019年10－12月期を起点として、実質ＧＤＰ水準の動向を主要先進国
と比較すると、日本は、アメリカほどではないものの、欧州各国と比べると、コロナ禍前
対比で力強く回復してきたことが確認できる（第1－1－1図（3））。ただし、需要項目
別にみると、日本は、輸出の回復は他国よりも大きいものの、個人消費の回復はアメリカ
に比べると弱く、設備投資の回復も相対的に緩やかなものにとどまっていることが分か
る。

---

[2] 2023年4－6月期の輸入は財が大きく減少したが、主に鉱物性燃料の減少による。背景には、
電力会社における液化天然ガス（ＬＮＧ）の在庫量が平年より多く蓄積されていたため、同期に
おけるＬＮＧの輸入が減少したこと等があると考えられる。

第1－1－1図 GDPの推移

コロナからの正常化により、景気は緩やかな回復局面にあるが、消費や投資は力強さを欠く

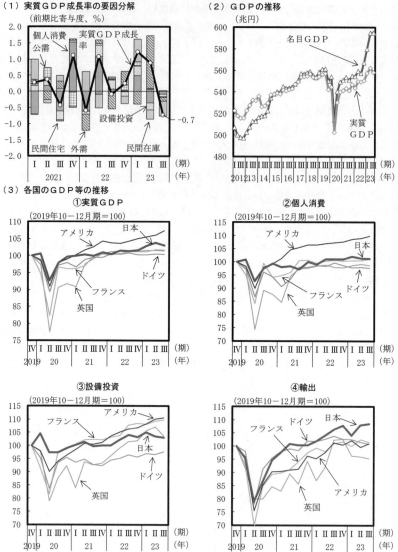

（1）実質GDP成長率の要因分解
（前期比寄与度、％）

個人消費 実質GDP成長率
公需
設備投資
民間住宅 外需 民間在庫

-0.7

Ⅰ Ⅱ Ⅲ Ⅳ Ⅰ Ⅱ Ⅲ Ⅳ Ⅰ Ⅱ Ⅲ （期）
2021 22 23 （年）

（2）GDPの推移
（兆円）

名目GDP

実質GDP

ⅠⅡⅢⅣ ⅠⅡⅢⅣ ⅠⅡⅢⅣ ⅠⅡⅢⅣ ⅠⅡⅢ （期）
2012 13 14 15 16 17 18 19 20 21 22 23 （年）

（3）各国のGDP等の推移

①実質GDP
（2019年10－12月期＝100）

アメリカ 日本
ドイツ
フランス
英国

Ⅳ Ⅰ ⅡⅢ Ⅳ Ⅰ Ⅱ ⅢⅣ Ⅰ Ⅱ ⅢⅣ Ⅰ Ⅱ Ⅲ （期）
2019 20 21 22 23 （年）

②個人消費
（2019年10－12月期＝100）

アメリカ 日本
フランス ドイツ
英国

Ⅳ Ⅰ ⅡⅢ Ⅳ Ⅰ Ⅱ ⅢⅣ Ⅰ Ⅱ ⅢⅣ Ⅰ Ⅱ Ⅲ （期）
2019 20 21 22 23 （年）

③設備投資
（2019年10－12月期＝100）

フランス アメリカ
日本
ドイツ
英国

Ⅳ Ⅰ ⅡⅢ Ⅳ Ⅰ Ⅱ ⅢⅣ Ⅰ Ⅱ ⅢⅣ Ⅰ Ⅱ Ⅲ （期）
2019 20 21 22 23 （年）

④輸出
（2019年10－12月期＝100）

フランス ドイツ 日本
アメリカ
英国

Ⅳ Ⅰ ⅡⅢ Ⅳ Ⅰ Ⅱ ⅢⅣ Ⅰ Ⅱ ⅢⅣ Ⅰ Ⅱ Ⅲ （期）
2019 20 21 22 23 （年）

（備考）1．内閣府「国民経済計算」、アメリカ商務省、英国国家統計局、ドイツ連邦統計局、フランス国立統計経済研究所により作成。季節調整値。
　　　　2．設備投資は、アメリカ及び英国は民間企業設備投資、ドイツは非政府部門の設備投資、フランスは民間企業の総固定資本形成（設備投資及び住宅投資）。

（個人消費は持ち直しているが、所得の伸びが物価の伸びを下回り、力強さを欠く）

　ＧＤＰの約55％を占める個人消費は、2022年秋頃から徐々に持ち直しの動きがみられており、名目では、比較可能な1980年以降で過去最高の水準に達している。一方、物価上昇の影響もあって、実質では、コロナ禍前の水準を超えて持ち直してはいるものの、力強さを欠いている（第１－１－２図（1））。

　この背景として所得面をみると、雇用者報酬は、名目では、30年ぶりの高い賃上げもあって増加基調にあるものの、名目賃金の上昇が物価上昇を下回っていることから、実質では減少傾向が続いている（第１－１－２図（2））。次に、雇用者報酬に加え、自営業主の利益や利子・配当等の財産所得、年金等の給付を加え、税や社会保険料等の負担を控除した家計可処分所得をみると、名目では、コロナ禍における各種給付金の影響による振れはみられるが、大宗を占める雇用者報酬の動きを反映して、緩やかな増加基調にある。ただし、今回の物価上昇局面における名目家計可処分所得の動きを分解すると、過去２年間で、雇用者報酬を中心に収入は増加した一方、所得税等の直接税や社会保険料が増加していることから、可処分所得の伸びは雇用者報酬の伸びをやや下回っている。また、実質では、名目可処分所得の伸びが物価の伸びに追い付いていないため、雇用者報酬と同様に減少傾向が続いている（第１－１－２図（3））。

　次に、個人消費を耐久財（自動車、家電等）、半耐久財（衣服等）、非耐久財（食料品や消耗品等）、サービスの４形態別にみると、約56％と過半を占めるサービス消費は、2023年５月に新型コロナが５類に移行し、経済社会活動の正常化が進んだことにより、飲食や宿泊等の対面サービスを中心に回復が続いている（第１－１－２図（4）、（5））。一方、財消費については、物価上昇の影響で食料品等の非耐久財が2023年４－６月期以降前期比マイナスで推移し、耐久財も後述する自動車における特殊要因もあって減少しているなど、全体として個人消費が力強さを欠く要因となっている。

　このように、物価上昇による雇用者報酬など所得の実質ベースでの減少傾向は、財消費の下押し要因となっているが、個人消費全体として、実質所得に比べて、2023年４－６月期以降の減少が抑制されているのは、過半を占めるサービス消費が、コロナ禍での消費機会の制約による大きな落ち込み・停滞からの回復過程の中で着実に増加してきていることによる。

第1－1－2図　消費と所得の動向

個人消費は持ち直しているが、所得の伸びが物価の伸びを下回り、力強さを欠く

（1）個人消費の推移 （2）雇用者報酬と家計可処分所得の推移

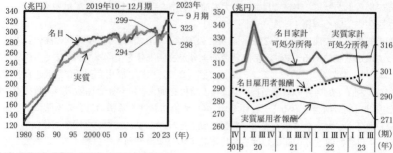

（3）家計可処分所得（名目）の変化の要因分解

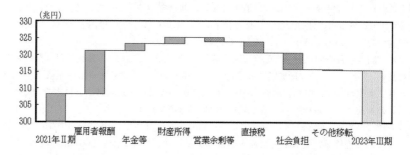

（4）形態別実質消費の推移 （5）形態別消費のシェア（2022年度）

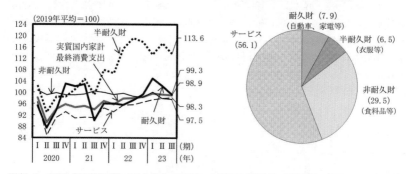

（備考）　1．内閣府「国民経済計算」により作成。2023年7－9月期2次速報時点。季節調整値。実質値は2015暦年連鎖価格。
　　　　　2．（1）について、1980～93年は簡易遡及系列。
　　　　　3．（3）について、営業余剰等は営業余剰・混合所得、年金等は現物社会移転以外の社会給付（受取）、直接税は
　　　　　　 所得・富等に課される経常税（支払）。

（経済社会活動の正常化が進む中で、対面サービス消費は増加傾向が継続）

　次に、サービス消費の動向を、各種統計・データから確認する。まず、旅行について、日本人の国内延べ宿泊者数は、全国旅行支援が2022年秋以降の押上げ要因となっていたが、2023年のゴールデンウィークに一時停止されたことなどから[3]、一旦減少した。その後、各都道府県で支援策が終了に向かう中にあっても、持ち直しの動きが続いている（第１－１－３図（１））。また、鉄道旅客数や航空旅客数共に持ち直し傾向が続いている（第１－１－３図（２）、（３））。一方、海外旅行について、出国日本人数をみると、コロナ禍後、着実に回復しているものの、コロナ禍前対比では６割程度の水準にとどまっている（第１－１－３図（４））。海外旅行消費（居住者家計の海外での直接購入）の名目値は、コロナ禍前の９割弱まで回復しており、この間、デフレーター[4]はコロナ禍前（2019年平均）対比で５割強上昇していることから、海外の物価上昇と為替レートの円安により、海外旅行需要の回復が抑制されているといえる。

　外食については、物価上昇もあり名目額の増加が続くとともに、物価変動の影響を除いた実質でみても緩やかな増加基調にあり、コロナ禍前の水準をほぼ回復している（第１－１－３図（５））。内訳をみると、ファーストフードの回復が顕著である一方、居酒屋等では名目でみてもコロナ禍前対比で７割までの回復となっており、第２章で述べるように、テレワークの一定の定着もあって、こうした一部サービスにおいては消費水準が構造的に低下している可能性がある（第１－１－３図（６））。

---

[3] 全国旅行支援については、2023年１月に割引率が引き下げられたことも延べ宿泊者数の変動に影響していると考えられる。

[4] 居住者家計の海外での直接購入のデフレーターは、主な出国旅行先の消費者物価指数（総合）を為替レートで円ベースに換算したものが用いられている。

第1－1－3図　サービス消費の動向

経済社会活動の正常化が進む中で、旅行や外食といった対面サービス消費は増加傾向が継続

（1）日本人延べ宿泊者数の推移

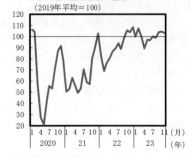

（2）鉄道旅客数の推移

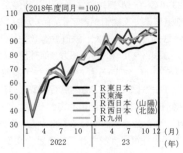

（3）航空旅客数の推移

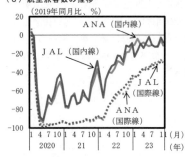

（4）出国日本人数・海外旅行消費額の推移

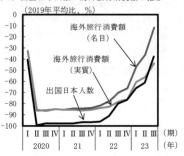

（5）外食売上高の推移

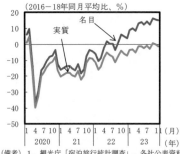

（6）業種別の外食売上高

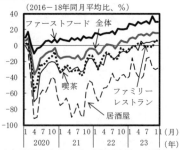

（備考）1．観光庁「宿泊旅行統計調査」、各社公表資料、日本政府観光局（JNTO）「訪日外客数」、内閣府「国民経済計算」、日本フードサービス協会「外食産業市場動向調査」、総務省「消費者物価指数」、経済産業省「第3次産業活動指数」により作成。
　　　　　2．（1）は、内閣府による季節調整値。2023年1月～10月は2次速報値、11月は1次速報値。
　　　　　3．（2）のJR西日本及び（3）については、公表の前年比を用いて伸び率・指数を算出している。
　　　　　4．（4）の海外旅行消費額は、居住者家計の海外での直接購入。2023年7－9月期2次速報時点。季節調整値。実質値は2015暦年連鎖価格。
　　　　　5．（5）・（6）について、飲食店全体は消費者物価指数の「一般外食」を用いて実質化。業態別は、「第3次産業活動指数」を参考に対象項目を加重平均した統合値を用いて実質化。

（財消費は、物価上昇の影響もあって減少）

　次に、財消費に目を向けると、新車販売台数は、2022年後半頃から、生産面における半導体の供給制約が徐々に緩和されてきたことにより、2023年に入る頃から大きく増加し、消費の持ち直しを支えてきた。秋頃にかけては、生産水準がコロナ禍前近くの水準に回復し、これまで供給制約で積み上がってきた受注残高が徐々に取り崩される中で、新車販売台数の増加ペースは落ち着いてきた。この間、7月から10月にかけて、部品工場の火災やシステムの不具合等による工場稼働停止という一時的要因が重なり、増減を繰り返す不安定な動きが続いた。さらに、12月下旬には、一部メーカーにおいて、国の認証取得の不正問題に伴う全面的な生産・出荷停止が生じたこともあって、新車販売台数は下押しされている（第1−1−4図（1））。

　家電販売は、コロナ禍での巣ごもり需要による増加の後、テレビやパソコンを中心に、2023年前半まで弱い状況が続いたが、2023年夏以降は増加傾向で推移している（第1−1−4図（2））。背景には、①エアコンが、2023年夏の猛暑の影響で販売が増加したこと、②インバウンドの回復に伴い外国人旅行者による理美容家電やゲーム機、携帯電話などの持ち帰り可能な家電消費も増加しているとみられること、③関西地方でプロ野球チームの優勝に伴い家電消費が9月及び11月に大幅に増加したことなど複合的な要因がある。こうした要因を割り引いて考えると、家電販売は、全体としては下げ止まり、おおむね横ばい圏内の動きとなっている[5]。

　財のうち食料品や日用品といった非耐久財消費の動向として、食料品については、コロナ禍以降の中期的なスパンでは、外食消費との代替により減少傾向にある。スーパーの食料品売上高と外食の売上高を実質化して、コロナ禍前対比の水準を比較すると、コロナ禍で外食消費は大きく落ち込んだ後、振れを伴いながらも徐々にコロナ禍前水準に回復しているのに対し、スーパーの食料品については、対照的に、巣ごもり需要で大きく増加した後は減少傾向にある（第1−1−4図（3））。さらに、足下までみると、2023年初以降、外食がコロナ禍前水準におおむね回復する一方、スーパーマーケットの食料品はコロナ禍前の水準を下回っており、物価上昇による押下げも影響しているとみられる[6]。ＰＯＳデータを用い、スーパーマーケット、コンビニエンスストア、ドラッグストアの売上動向を確認すると、スーパーマーケットやコンビニエンスストアの売上高は、食料品を中心に価格転嫁が進んだことで、価格効果[7]が主な押上げ要因となり、2022年末以降、前年比で増加が続いている（第1−1−4図（4）、（5））。一方、数量効果は、食料品等の価格

---

[5] 2023年秋以降の携帯電話の増加は、新製品発売の効果のほか、2023年末に導入された携帯電話端末の割引上限に関する新たな規制の導入に伴う駆け込み需要の影響があるとみられる。

[6] ここでの食料品の実質化は、消費者物価指数の対応品目の指数を用いて行っているが、本章第2節でも触れるように、消費者物価指数は家計が実際に購入している商品の購入単価に比べてこのところ高い伸びを示しており、そのことが実質値の押下げに寄与している可能性もある。

[7] ここで、価格効果、数量効果は、それぞれ既存商品の価格変更による売上高の増減、既存商品の数量増減による売上高の増減要因を示す。このほか、新商品の導入、旧商品の引揚げによる売上の増減は、商品入替効果として把握される。

上昇による買い控えを背景に前年比でマイナス傾向が続いていると考えられる。

　また、ドラッグストアの動向をみると、2022 年央以降、商品入替効果によって前年比での売上高増加が続く中で、数量効果についてはわずかなマイナスにとどまっている（第１－１－４図（６））。コロナ禍前からの比較でみると、ドラッグストアは売上高を約４割増加させており、増分の６割強は食料品や日用品による（第１－１－４図（７））。ドラッグストアでは、保存性が高い商品を比較的安価で取り扱っていることから、物価上昇の中での消費者の低価格志向に対応し、需要を取り込んでいると考えられる。

第１－１－４図　財消費の動向
財消費は、物価上昇の影響もあって減少

（１）新車販売台数の推移

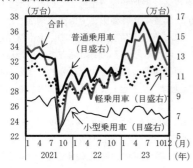

（２）家電販売の推移

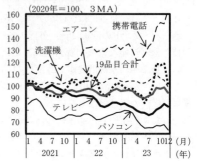

（３）スーパーの飲食料品と外食（実質）

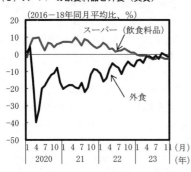

（４）スーパーの売上高の推移

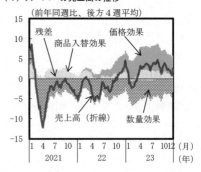

（５）コンビニの売上高の推移
（前年同週比、後方４週平均）

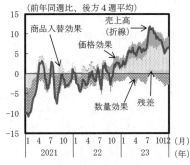

（６）ドラッグストアの売上高の推移
（前年同週比、後方４週平均）

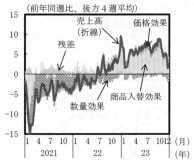

（７）ドラッグストアの売上の伸び
（2023年１月～11月平均）

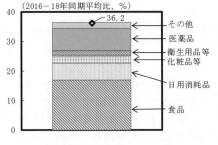

（備考）１．日本自動車販売協会連合会、全国軽自動車協会
連合会、ＧｆＫジャパンデータ、一橋大学経済
研究所経済社会リスク研究機構、全国スーパー
マーケット協会及び株式会社インテージ「ＳＲ
Ｉ一橋大学消費者購買指数」、経済産業省「商
業動態統計」、日本フードサービス協会「外食
産業市場動向調査」、総務省「消費者物価指
数」により作成。
２．（１）・（２）は内閣府による季節調整値。
３．（３）について、スーパー（飲食料品）は消費
者物価指数の「食料」から「外食」を除いた系
列で、外食は「一般外食」でそれぞれ実質化。
４．（４）・（５）・（６）について、対象商品は、
ＪＡＮコード等のソースマーキングされた約
300カテゴリーで約100万商品。ＪＡＮコードの
ない商品（お弁当など日配品、店頭で提供され
るコーヒーなど）、宅配等の各種サービスは対
象外。

（個人消費の持続的な回復には、実質所得の継続的な増加が重要）

　個人消費の先行きに関しては、まず消費者マインドは、コロナ禍後の経済正常化の本格
化への期待もあって、2023 年春頃から持ち直してきたが、秋頃には物価上昇の影響から
一時的に持ち直しに足踏みがみられた（第１－１－５図（１））。食料品等の物価上昇は特
に低所得者層への影響が大きく（第１－１－５図（２））、消費者が物価動向への警戒感を
高めていたとみられるが、後述するように食料品の値上げ一服によって消費者物価の上
昇がこのところ緩やかになっており、2023 年末には、消費者マインドは再び持ち直して
いる。また、本節次項で後述するように、コロナ禍で積み上がった家計の超過貯蓄は全体
として引き続き高水準にあり、これが取り崩されていけば、個人消費の増加を支える要素
となる。

　一方、個人消費の持続的な回復には、購買力の増加、すなわち、名目所得の伸びが物価
の伸びを上回って推移する姿が継続的に実現するという見通しが重要である。この観点

からは、本章第2節でも述べるように、2024年度において、春闘に代表される賃上げが力強いものとなることが極めて重要となる。

第1－1－5図　消費者マインド

　　　　消費者マインドは物価上昇の影響で持ち直しに足踏みがみられたが、再び持ち直し

（1）消費者マインドの推移

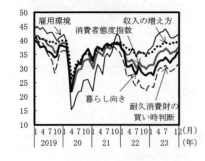

（2）消費支出に占める食料・エネルギー支出

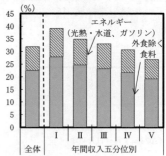

（備考）　1．内閣府「消費動向調査」、総務省「全国家計構造調査」により作成。二人以上の世帯。
　　　　　2．（1）は季節調整値。
　　　　　3．（2）について、各分位の年収は、第Ⅰ分位は350万円以下、第Ⅱ分位は351万円～494万円、第Ⅲ分位は495万円～661万円、第Ⅳ分位は662万円～910万円、第Ⅴ分位は911万円以上。

（雇用情勢は改善の動きが続く一方、人手不足感はバブル期以降の過去最高水準に）

　雇用情勢については、改善の動きが続いている（第1－1－6図（1））。完全失業率は、コロナ禍からの経済の回復に伴い、2021年、22年と緩やかな低下傾向を続けた後、2023年に入ってからは、自己都合による離職や新たな求職活動の増加により上昇するなど、やや振れのある動きとなったが、コロナ禍前の2019年の平均（2.4%）に近い水準で推移している。就業率（15歳以上人口に占める就業者数の割合）については、第2章でも述べるように、女性の正規雇用者の増加を主な要因として、2023年春にコロナ禍前のピークを上回った後も、緩やかな上昇傾向で推移している。就業者数としては、コロナ禍前の2018年から約190万人増加しているが、産業別にみると、卸売・小売業が2018年対比で減少しているほか、コロナ禍で大きく減少した宿泊・飲食は、2022年以降、回復傾向にあるが、依然としてコロナ禍前の水準を下回っている。一方、医療・福祉や情報通信の就業者数は、コロナ禍前に比べ大幅に増加しており、それぞれ高齢化の進行の下での需要、デジタル化の進展を背景とした需要の増加が影響しているものとみられる（第1－1－6図（2））。

　企業の人手不足感に目を転じると、日銀短観の雇用人員判断DIは、全規模全産業で、バブル期以降最大の不足超となっている。特に、中小企業の非製造業については、バブル期やコロナ前のピークも超えて過去最大の不足超となっている（第1－1－6図（3））。非製造業における人手不足感を業種別にみると、コロナ禍後の経済正常化やインバウン

ド復活で需要が回復している宿泊・飲食のほか、建設、運輸など幅広い業種で不足超幅の拡大傾向が続いている（第1－1－6図（4））。

　一方、公共職業安定所（ハローワーク）における求人動向をみると、新規求人数は、2022年末までは緩やかに増加してきた後、2023年以降は全体として横ばい圏内で推移し、有効人倍率も同様の動きとなっている（第1－1－6図（5））。有効求人倍率は1倍を超え、求職者一人に対して一つ以上の求人数があるという、需給ひっ迫の状態を示す。職種別にみると、建設や介護・医療、宿泊・飲食、自動車運転といった職種の有効求人倍率は平均を大きく上回っているという点では、上述の人手不足感における傾向と同様である（第1－1－6図（6））。しかしながら、過去においては、人手不足感と有効求人倍率の相関が高かったが、コロナ禍からの回復局面では、人手不足感（全規模全産業）がコロナ禍前ピーク近くまで高まっているのとは対照的に、有効求人倍率は、コロナ禍前ピークを下回った状態にあり、かい離が近年大きくなっている（第1－1－6図（7））。

第1－1－6図　雇用の動向
雇用情勢は改善の動きが続く一方、人手不足感はバブル期以降の過去最高水準に

（1）失業率と就業率の推移

（2）産業別の就業者数の推移

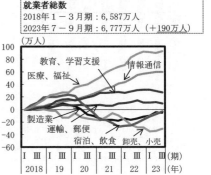

（3）雇用人員判断ＤＩ

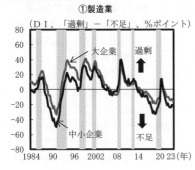

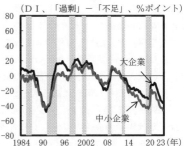

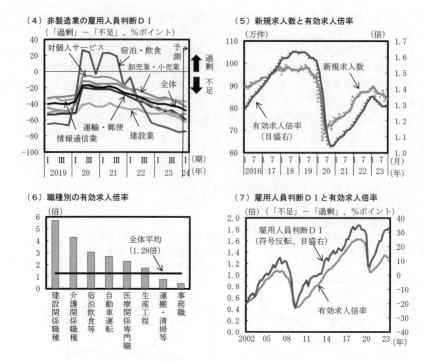

（4）非製造業の雇用人員判断DI

（「過剰」－「不足」、%ポイント）

対個人サービス　宿泊・飲食　予測

卸売業・小売業

過剰　不足

全体

情報通信業　運輸・郵便　建設業

2019　20　21　22　23　24（年）

（5）新規求人数と有効求人倍率

（万件）　（倍）

新規求人数

有効求人倍率
（目盛右）

2016　17　18　19　20　21　22　23（年）

（6）職種別の有効求人倍率

（倍）

全体平均
（1.28倍）

建設関係職種　介護関係職種　宿泊飲食等　自動車運転　医療関係専門職　生産工程　運搬・清掃等　事務職

（7）雇用人員判断DIと有効求人倍率

（倍）（「不足」－「過剰」、%ポイント）

雇用人員判断DI
（符号反転、目盛右）

有効求人倍率

2002　05　08　11　14　17　20　23（年）

（備考）1. 総務省「労働力調査」、日本銀行「全国企業短期経済観測調査」、内閣府「景気基準日付」、財務省「法人
企業統計調査」、厚生労働省「職業安定業務統計」により作成。
2. （2）は2018年1－3月差、4期移動平均の値を用いている。
3. （3）は2023年10－12月期までの四半期の値を用いており、図中のシャドーは景気の山から谷までの期間を示す。
従業員数のウエイトは、2022年度における金融業、保険業を除く全産業ベースの値に占める割合。
4. （5）は季節調整値を用いており、単月は破線、3MAは実線。（6）は原数値、全体平均は季節調整値（いず
れも2023年11月時点）。

（求人動向の把握に際しては、ハローワークに加えて、多様な経路を確認する必要）

　こうしたかい離の背景の一つには、労働需給のマッチングの場が、ハローワークから民間職業紹介を含む多様なチャンネルにシフトしていることがある。実際、入職経路別の入職者の割合をみると、ハローワークのシェアはこの10年程度で約27%から15%まで低下し、広告のほか、民間職業紹介所のシェアが高まっている（第1－1－7図（1））。民間職業紹介の求人件数をみると、正社員の求人件数は着実に増加が続き、パート・アルバイトは、直近では頭打ち傾向にあるものの、コロナ禍前を超えた高水準で推移している（第1－1－7図（2））。また、デジタル化に伴う求職手段の多様化が進む中、ハローワークを通じた求職者の属性の変化も、有効求人倍率の上昇が相対的に弱い背景となっている可能性もある。具体的には、ハローワークを活用している失業者数の動向を求職経路

別・年齢階級別にみると（第1−1−7図（3））、2019年対比で、高年齢層で増加し、相対的に若い年齢層では減少している。仕事に就けない理由別にみると、2019年対比で増加しているのは、希望する職種・内容の仕事がない等となっている。ハローワークを主に利用する求職者において、比較的マッチングが難しい高年齢層が増加していることが、有効求人倍率の改善を抑制する一因となっている可能性がある。加えて、宿泊・飲食など比較的若年の非正規雇用へのニーズが高い分野では、若年層がハローワークを利用しない傾向が強まっていることから、ハローワークには求人を出さず、他の媒体に求人をシフトさせるという変化が生じている可能性もある。特に、パート・アルバイトについては、民間職業紹介や広告等を介しない、いわゆるすき間時間を活用したスポットワークという形での求人・求職が増加しており[8]、ハローワークにおける求人のみならず、上述の民間職業紹介等を通じたパート・アルバイト求人件数の頭打ち傾向にもつながっている可能性も考えられる。

　なお、ハローワークを活用している失業者の動向を失業期間別にみると、コロナ禍前対比で、1か月未満の短期失業者が増加傾向にある（第1−1−7図（3））。雇用保険における失業給付の支給状況をみると、基本手当と比べ、高年齢求職者給付金の受給者数は高止まっている。高年齢受給者は、求職活動を継続していることが失業給付の受給要件とはならないこと等により[9]、就職意欲がない場合であっても、短期的にハローワークを利用することで失業給付を受給している者が存在している可能性も考えられる。こうした点も、統計上、有効求人倍率の改善を抑制し得る要因となる（第1−1−7図（4））。

　このように、求人動向を把握する上では、ハローワークのデータのみならず、民間職業紹介を通じた求人動向、さらには、近年、企業・労働の双方で活用が広がっているスポットワークのマッチングサービスなど幅広いデータをみていくことが重要である。

---

[8] 内閣府政策統括官（経済財政分析担当）（2023）によると、スポットワークのマッチングサービスに関するアプリについて、主要4社の合計の登録者数（延べ）は2019年の300万人から2022年には1,100万人となっている。

[9] 雇用保険の失業給付には、20歳以上65歳未満を対象とする基本手当と、65歳以上を対象とする高年齢求職者給付金がある。このうち、基本手当を受給するには、原則として4週間に1度、ハローワークへ赴き、その間に二回以上の求職活動を行った上で失業していることの認定を受ける必要がある。これに対し、高年齢求職者給付金は、失業認定が一回限りであり、一括して支給される。

第1－1－7図　公共・民間の職業紹介の動向

求人動向の把握に際しては、ハローワークに加えて、多様な経路を確認する必要

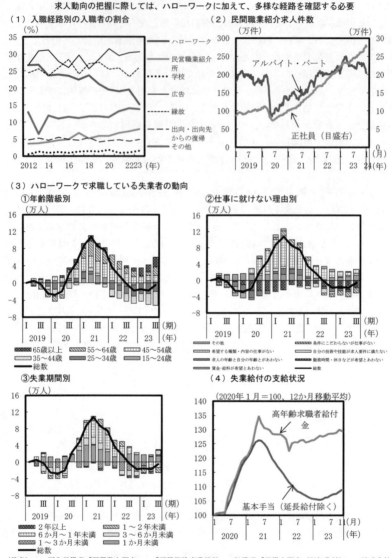

（備考）1．厚生労働省「雇用動向調査」、「雇用保険事業統計」、総務省「労働力調査（詳細集計）」、株式会社
　　　　　HRog公表データにより作成。
　　　　2．（1）は企業規模計の値を用いて算出している。
　　　　3．（2）は2024年1月第1週集計時点までの値を用いている。
　　　　4．（3）は、主な求職方法について、「公共職業安定所に申し込み」と回答している失業者の人数を用いて
　　　　　いる。4四半期移動平均2019年第1四半期差の値。

（住宅の新設着工戸数は、建築費の高止まりから、持家を中心に弱含みが続く）

　住宅建設については、新設着工戸数が、年率80万戸程度に減少し、全体として弱含んでいる（第1－1－8図（1））。利用関係別にみると、持家（注文住宅）の着工戸数は、木材価格の上昇は一服したものの、コンクリート等の資材価格の上昇が続いていることや、労務費の上昇により、建築費は高止まりしている（第1－1－8図（2））。こうしたコスト高が個人の持家の建設需要の下押しにつながっていると考えられる。

　貸家の着工戸数は、横ばいとなっている。建築主別にみると、会社（不動産会社やREIT）による建設は、住宅購入価格が上昇する中で、二人以上世帯向けの旺盛な賃貸需要を背景に、引き続き底堅い。一方、個人建築主による建設は、2022年末以降、前年比で減少傾向が続いているが、これは、建築費が上昇する下で、賃料の上昇が限定的であり、長期金利の上昇もあいまって、収益性が低下していることが背景にあると考えられる（第1－1－8図（3））。

　分譲住宅の着工戸数については、戸建分譲（建売住宅）は、持家（注文住宅）と同様に、主に建築費の高止まりにより弱含んできたが、持家に比べコスト面での優位性があることも反映し、下げ止まりつつある。共同分譲（マンション）は、大規模物件の着工の有無によって振れが大きいが、建築費の上昇のほか、適当な用地の取得に時間を要するといった供給制約[10]もあいまって弱含んでいる（第1－1－8図（4））。

　このように住宅の新設着工戸数は全体として弱含んでいるが、ＧＤＰ上の住宅投資の約1割を占める既存住宅の改装・改修（リフォーム）の動向をみると、住宅リフォームの受注は、省エネリフォームへの各種補助金の効果[11]もあって、2023年以降、工事費上昇の影響を除いた実質ベースでも対前年比で増加している（第1－1－8図（5））。住宅については、中長期的には人口減少の進行が新設着工戸数の下押し要因となり続ける中で、既存の住宅をリフォームにより維持、機能向上して使用する動きが増していく可能性があり、景気動向を判断する上でも、住宅建設のみならず住宅リフォームの動向も確認していくことが重要である。

---

[10] ヒアリング情報によると、権利関係の複雑な再開発事業や、老朽化マンションの建て替えなどにおいて、適地の取得に時間を要する場合が増えているとの声が聞かれる。

[11] 例えば、経済産業省、国土交通省、環境省の3省連携により行う住宅の省エネリフォームへの支援強化のため、2022年度第二次補正予算で2,800億円が計上された（このうち、こどもエコすまい支援事業1,500億円には高い省エネ性能を有する新築住宅の取得に係る支援も含む）。支援内容としては、例えば高性能の断熱窓の設置について、1戸当たり200万円を上限に補助される。なお、住宅の省エネリフォームへの支援強化は2023年度補正予算及び2024年度当初予算案においても盛り込まれている（4,615億円）。上述の高性能の断熱窓の設置については、2022年度第二次補正予算の事業と同様に1戸当たり200万円を上限に補助される。

第1-1-8図　住宅建設の動向

住宅の新設着工戸数は、建築費の高止まりから、持家を中心に弱含みが続く

（1）住宅着工の推移

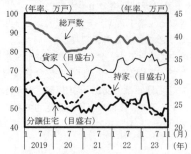

（2）建築費の推移

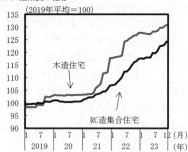

（3）貸家着工の推移（建築主別）

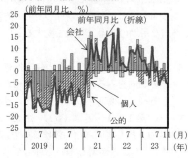

（4）分譲住宅着工の推移（戸建・共同建別）

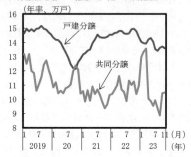

（5）住宅リフォーム受注高の推移

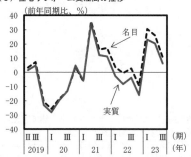

（備考）1．国土交通省「住宅着工統計」、「建築物リフォーム・リニューアル調査」、「建設工事費デフレーター」、一般
　　　　財団法人建設物価調査会「建築費指数」により作成。
　　　　2．（1）は季節調整値。3MA。（4）は内閣府による季節調整値。3MA。
　　　　3．（2）は純工事費。東京。
　　　　3．（5）において、実質化は受注高を「建築補修」区分のデフレーター（2015年基準）で除したもの。

（企業の業況や収益は共に好調）

　次に、企業部門の動向を確認する。日銀短観から企業の業況判断ＤＩをみると（第1－1－9図（1））、売上高の7割を占める非製造業では、コロナ禍から平時へと移行する中で、娯楽や宿泊・飲食などの対面サービス、卸売・小売などを中心に、2023年12月調査にかけて7期連続で改善している。業況判断ＤＩの水準は、大企業・中小企業共に、バブル期以降の最高水準にある。また、製造業では、大企業は、自動車生産の回復や世界的な半導体市況の底打ちなども背景に、3期連続で改善している。また、これまではマイナス圏で推移し、厳しさが残っていた中小企業でも、2期ぶりに改善し、2019年3月調査以来、4年3期ぶりに「良い」が「悪い」を上回り、プラス圏に浮上した。このように、企業の業況は、規模・業種を問わず幅広く改善がみられる。

　こうした業況の改善の背景には、企業の収益の改善がある。企業の経常利益や、本業の利益を示す営業利益は、売上の回復が続く中、2023年7－9月期には過去最高を更新した（第1－1－9図（2））。業種別に経常利益の前年同期比の動向をみると（第1－1－9図（3））、製造業では、供給制約の緩和による自動車販売の回復及び円安による収益改善があった輸送用機械や、2022年以降原材料費等の高騰を販売価格に転嫁することに成功した食料品製造業が大きくプラスに寄与する一方、これまでの半導体市況の低迷により情報通信機械がマイナスに寄与している。非製造業については、経済社会活動の正常化を受けて、小売業や飲食サービスを含め、幅広い業種において増益となっている。

　製造業、非製造業ごとに売上高経常利益率の前年同期からの変化幅を要因分解すると（第1－1－9図（4））、製造業では、売上高原価率の寄与は、今回の輸入物価を起点とする物価上昇局面で原価コストの増加によりマイナス寄与が続いてきたが、資源価格の落ち着きにより、2023年7－9月期にはプラス寄与に転じている。非製造業についても、売上高原価率の寄与は、2022年中はマイナス寄与が続いていたが、中間投入に占める財の割合が低いことから原材料価格上昇の影響が相対的に小さく、2023年以降は、経済社会活動の正常化が進む下で、売上が大きく回復したこともあり、プラス寄与に転じている[12]。このように、企業部門は全体として好調であるが、収益の回復が賃金や投資に必ずしも回っていない状況にある点は留意が必要である。

---

[12] 一方、製造業・非製造業とも、売上高販管費率は、2023年7－9月期はマイナス寄与となっており、人件費の増加を反映している可能性がある。

第1－1－9図　企業の業況・収益の動向

企業の業況や収益はともに好調

（1）業況判断DI（業況が「良い」－「悪い」）

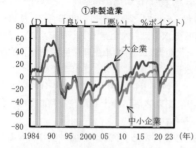

①非製造業

（DI、「良い」－「悪い」、%ポイント）

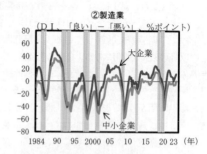

②製造業

（DI、「良い」－「悪い」、%ポイント）

（2）経常利益等の推移

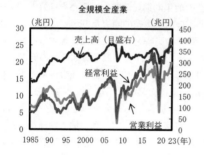

全規模全産業

（3）経常利益の増減への業種別寄与度

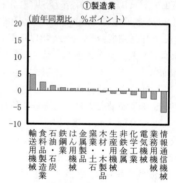

①製造業

（前年同期比、%ポイント）

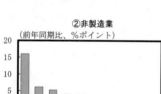

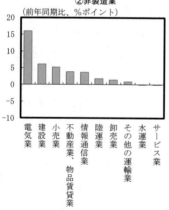

②非製造業

（前年同期比、%ポイント）

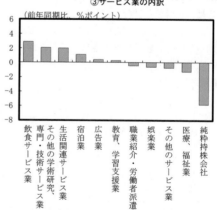

③サービス業の内訳

（前年同期比、%ポイント）

（4）売上高経常利益率の変化の要因分解

①製造業

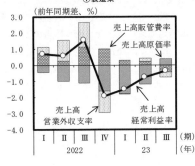

②非製造業

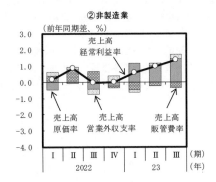

（備考）1．日本銀行「全国企業短期経済観測調査」、内閣府「景気基準日付」、財務省「法人企業統計季報」により作成。
　　　　2．（1）のシャドー部分は景気の山から谷までの期間を示す。
　　　　3．（2）は季節調整値。

（倒産件数はコロナ禍前の水準を超えて高まっているが、長期的には低い水準）

　企業収益が好調さを増す中で、倒産件数をみると、コロナ禍の2020年中は、各種の資金繰り支援もあり低下傾向で推移し、2021年に入ってからは月当たり500件程度に抑制されていたが、2022年秋以降、経済活動が正常化に向い、資金繰り支援が終了していく中で増加傾向に転じ、2023年12月は月841件（季節調整値）と、2014年9月（868件）以来の水準となっている（第1－1－10図（1））。倒産件数を業種別・規模別にみると、飲食や娯楽といったサービス関連業種で件数が多く、増加基調にあり（第1－1－10図（2））、従業員規模別では10人未満の小規模企業が約9割、負債金額別では1億円未満の企業が約4分の3と多くを占めている（第1－1－10図（3））。このように、現在の倒産は、過去の金融危機等による景気悪化局面でみられたような大規模企業の倒産が増加するという状況にはない。また、長期的な倒産件数の動向をみると、バブル期前の1980年代前半は、現在の倍程度の月1,500件前後で、負債金額が比較的大きい倒産が多いなど構成も異なっていたことが分かる（第1－1－10図（4））。

　なお、コロナ禍において民間金融機関を通じた実質無利子・無担保融資（以下「ゼロゼロ融資」という。）を受けた中小事業者は、元本返済が不要な据置期間を3年に設定するケースが多くみられた。支援開始から3年以上が経過する中で、支援先中小事業者にどのような変化が現れているのかを確認する。具体的には、2023年3月末時点から8月末時点にかけての支援先中小事業者の状況の変化をみると（第1－1－10図（5））、据置期間中の割合は低下する中で、完済や借換の割合が増加する一方、条件変更や代位弁済の割合は微増にとどまっている。借換については、2023年1月から開始されたコロナ借換保証（ゼロゼロ融資等の返済負担軽減のための保証制度）の利用事業者の増加によるものであるが、同制度は、事業者が経営行動計画書を作成した上で、金融機関による継続的な伴

走支援を受けることを条件に、借入時の信用保証料を引き下げるものであり、中小事業者の事業再構築につながることが期待される。条件変更については、金融機関の応諾率（実行率）は99％程度と高い水準にあり（第１－１－10図（６））、中小企業の資金繰り判断ＤＩも安定している（第１－１－10図（７））。現時点において、ゼロゼロ融資の返済開始が中小事業者の事業継続に悪影響を及ぼしているわけではないといえる。人手不足や物価上昇の影響を含め[13]、中小事業者の倒産動向には注視していくことが必要である。

---

[13] 東京商工リサーチ「企業倒産白書」によれば、人手不足関連倒産はコロナ禍前の2019年に156件となった後、コロナ禍で減少し、2023年に158件となっている。

第1-1-10図　倒産の動向

倒産件数はコロナ禍前の水準を超えて高まっているが、長期的には低い水準

（1）倒産件数推移

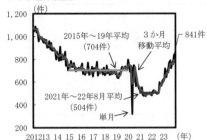

（2）業種別の倒産件数

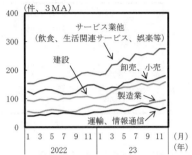

（3）倒産件数の規模別の構成（2023年1～12月）

①従業員規模別

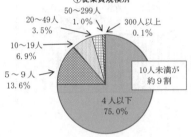

②負債金額別

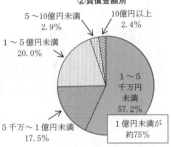

（4）一か月当たり倒産件数推移（負債金額別）

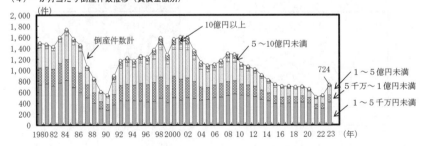

（5）民間金融機関を通じたゼロゼロ融資を受けた中小事業者の返済等の状況

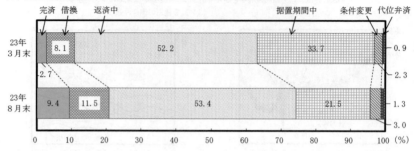

（6）金融機関による中小企業への条件変更

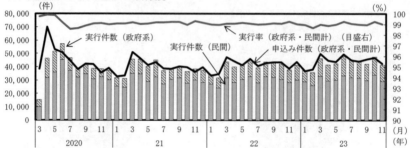

（7）中小企業資金繰りDI

①日銀短観　　　　　　　　　　　　　　②日本商工会議所LOBO

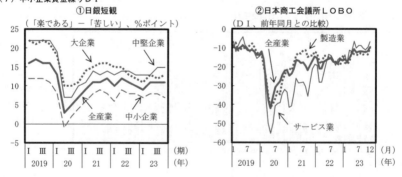

（備考）1．東京商工リサーチ「倒産月報」、中小企業庁「中小企業政策審議会金融小委員会（第10回、第11回）配布資料」
　　　　「政府系金融機関における貸付条件の変更等の状況」の資料、日本銀行「全国企業短期経済観測調査」、金融庁
　　　　「金融機関における貸付条件の変更等の状況について」の資料、日本商工会議所「商工会議所LOBO」により
　　　　作成。
　　　　2．（1）は内閣府による季節調整値。

（生産は、一部自動車メーカーの生産・出荷停止の影響に注意が必要）

　2023年の生産動向について、鉱工業生産指数から確認すると（第1－1－11図（1）)、年初は、市況の悪化に伴う半導体の在庫調整と、それを受けた海外での半導体製造装置の投資先送り等により、電子部品・デバイスや生産用機械でマイナス傾向となるなど弱含んでいた。一方、2021年秋から続いてきた半導体の供給制約が緩和される中で、2023年春以降、輸送用機械の増加傾向が強まり、また、半導体市況の底打ちにより、2023年半ば以降、電子部品・デバイスが下げ止まり、振れを伴いながら増加傾向に転じるなど、生産は、全体として持ち直しの兆しがみられてきた。

　輸送用機械は、2023年の夏から秋にかけ、火災やシステム不具合等による工場稼働停止の影響を受けつつも底堅い動きで推移してきた。ただし、12月下旬には、国の認証取得の不正問題により、一部自動車メーカーにおける全工場の生産・出荷が停止されることとなった。同社は、他メーカーの車種の受注生産を含め自動車国内生産台数の1割強を占めるほか、部品をはじめとする裾野分野への影響もあることから、今後の輸送用機械の生産動向等には注意が必要な状況となっている（第1－1－11図（2)）。

　生産用機械については、2022年秋頃にかけて、半導体製造装置や建設・鉱山機械を中心に大きく増加したが、半導体製造装置は、世界的な半導体需要の減少の影響もあって、納期延長等がみられたことで、2023年初にかけて減少し、その後もおおむね横ばいの動きとなっている。先行きについては、世界の半導体製造産業は2023年10－12月期を底に回復したものと見込まれており、今後、我が国の生産にも前向きな影響をもたらすことが期待される。また、建設・鉱山機械は、アメリカを中心に、住宅需要や資源開発等が堅調に推移する中で増加傾向が続いている（第1－1－11図（3)）。

　電子部品・デバイスは、2023年初以降、在庫の前年比増加幅の縮小が進み、夏以降は増加から減少に転じる一方、出荷の前年比減少幅が縮小することで、出荷・在庫ギャップがプラスに転じており、在庫循環上、回復局面に転じているとみられる（第1－1－11図（4)）。先行きについては、生成AI向けの需要が堅調であるほか、世界のPCやスマートフォン出荷台数も底打ちしたとみられ（第1－1－11図（5)）、世界的なIC売上高は、2024年にはプラスに転じ、2022年の水準を超えると見込まれている（第1－1－11図（6)）。これらに伴って我が国の電子部品・デバイスの生産も持ち直しが続くことが期待される。

第1-1-11図　生産の動向
生産は、一部自動車メーカーの生産・出荷停止の影響に注意が必要

（1）鉱工業生産の推移

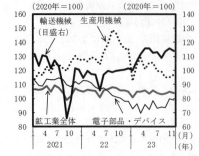

（2）主要メーカー別の乗用車生産シェア

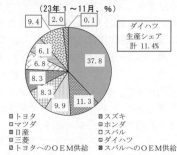

（3）半導体製造装置と建設・鉱山機械の推移

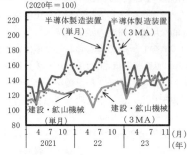

（4）電子部品・デバイスの出荷・在庫ギャップ

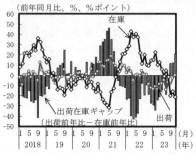

（5）世界のPCとスマートフォンの出荷台数

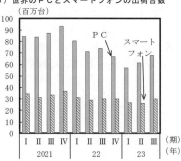

（6）世界のIC売上高

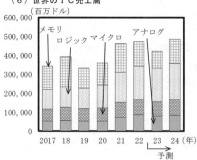

（備考）1．経済産業省「鉱工業指数」、MARKLINES、各社生産実績、米調査会社IDCの調査、WSTS（世界半導体市場
　　　　　統計）日本協議会「2023年秋季半導体市場予測」により作成。
　　　　2．（1）、（3）、（4）は季節調整値。
　　　　3．（2）はMARKLINES、各社生産実績より主要8メーカーの23年1～11月の生産台数を集計し、内閣府作成。
　　　　4．（5）は米調査会社IDCの調査より、内閣府作成。

（企業の設備投資計画は堅調である一方、実際の投資に結び付いていない）

　設備投資は、2020 年 4 － 6 月期に大きく減少した後、振れを伴いながらも持ち直し、名目では、2023 年 1 － 3 月期に年率 99 兆円と、バブル期以来の 100 兆円に迫る水準にまで増加した。しかしながら、2023 年度に入ってからは、名目ではほぼ横ばい、実質では 2 四半期連続で減少するなど、持ち直しに足踏みがみられる状況となっている。一方で、日銀短観の設備投資計画では、2023 年 12 月調査時点で、2023 年度の設備投資は前年度比＋12.6％と堅調な伸びが示されている。このように、企業の投資意欲は強いものの、これが実際の設備投資として現れていない状況にあるといえる（第 1 － 1 － 12 図（1）、（2））。

　まず、設備投資の約 45％を占める機械投資をみると、一致指数である資本財総供給（除く輸送用機械）は、その約 7 割を占める国産品を中心に軟調に推移している（第 1 － 1 － 12 図（3））。国内出荷分に加えて輸出分を含む点に留意する必要があるが、資本財出荷を品目別にみると、研究開発等に広く用いられる分析機器等は堅調に推移する一方で、半導体製造装置や産業用ロボットがこのところ減少傾向にある（第 1 － 1 － 12 図（4））。原材料費等のコスト上昇やこれまでの世界的な半導体需要の減少の影響のほか、不動産市場問題が長引く中国を中心とした海外経済に係る不透明感等を背景に、機械設備を購入する需要側において納入の延期等があったものと考えられる。

　機械投資の先行指標である機械受注の民需（除く船舶・電力）も、2023 年半ば以降はおおむね横ばいとなっているが、電力を含む民需全体では、2022 年末頃以降、振れはあるものの相対的には堅調に推移してきた（第 1 － 1 － 12 図（5））。日本政策投資銀行「2023年度設備投資計画調査」によると、電力会社では原子力関連投資や既存火力の維持更新投資等が計画されており、それらが反映されていると考えられる。また、機械受注の受注残高は高水準が続いており、物価上昇の影響を受けないとみられる手持月数も高水準となっている（第 1 － 1 － 12 図（6））。受注残高には、民需のほか外需や公需が含まれる点には留意が必要であるが、民需分についても相応の受注残が蓄積されているとみられる。発注企業による納入の延期や、キャンセルの動きが大きくならない限りは、こうした受注残が、今後、実際の販売すなわち設備投資として顕在化するものと期待される。

　次に、設備投資の約 25％を占める建設投資をみると、ＧＤＰの設備投資に反映される民間の建築・土木の工事出来高は、2023 年春頃から減少傾向にあった（第 1 － 1 － 12 図（7））。この背景には、既往の大型案件の工事が進捗した結果、工事出来高の増加が一服したことが影響している。具体的には、先行指標である建設工事費予定額は、2022 年春から秋頃にかけて、大手半導体メーカーの工場新設を中心とした大型案件が相次いだことで大きく増加した。着工が開始された案件は、進捗に応じて工事出来高として徐々に表れるため、建設工事出来高は、予定額の動きにある程度遅れる形で 2022 年の後半から2023 年初にかけて大きく増加したが、建設工事費予定額が 2022 年秋以降減少局面に転じたことを受け、2023 年春以降は減少した。ただし、建設工事費予定額は、2023 年秋以降、半導体や倉庫関連の大型案件のほか、製造業等で広く工事着工がみられ、再び増加に転じ

ている（第1－1－12図（7））。今後、これらの案件の進捗が進むにつれて、工事出来高についても、再び増加局面に転じると見込まれる。なお、建設コスト増や労働者不足に伴う工事の着工延期や工期長期化の可能性には留意が必要である。

設備投資の約30%を占める知的財産生産物のうちソフトウェア投資をみると、販売側統計である「特定サービス産業動態調査」、購入側統計である「法人企業統計」のいずれでみても増勢が続いている（第1－1－12図（8）（9））。労務費上昇に伴いソフトウェアの販売価格が上昇している面はあるが、実質化した場合でも、前年比で高い伸びが続いている。デジタル化の進展、人手不足への対応としての省力化投資が相応に進んでいるとみられ、ソフトウェア投資は総じて堅調といえる。また、設備投資の20%を占める研究開発投資も、2023年度は堅調に増加する見込みとなっている（第1－1－12図（10））。

このように、機械投資や建設投資を中心に、設備投資は持ち直しに足踏みがみられているが、堅調な企業収益に加え、機械受注残高や建設工事費予定額等の動向を踏まえれば、今後再び持ち直しに向かうことが期待される。

第１－１－12図　設備投資の動向

企業の設備投資計画は堅調である一方、実際の投資に結び付いていない

（１）日銀短観の設備投資計画（ソフトウェア・研究
　　　開発を含む設備投資額（除く土地投資額））

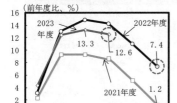

（２）設備投資計画と投資実績

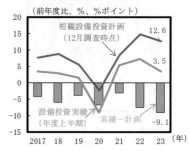

（３）資本財総供給（除く輸送機械）

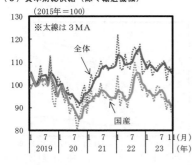

（４）主要な資本財の出荷

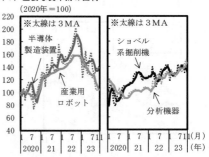

（５）機械受注

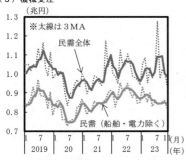

（６）機械受注残高と手持月数

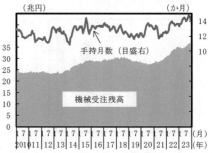

（備考）1．日本銀行「全国企業短期経済観測調査」、内閣府「国民経済計算」、「機械受注統計調査報告」、経済産業省
　　　　　「鉱工業総供給表」、「鉱工業指数」により作成。
　　　　2．（３）、（４）、（５）、（６）の手持月数は季節調整値。
　　　　3．（６）の受注残高、手持月数ともに、民需のほか外需と公需を含む。

（7）建設投資と最近の大型案件事例

建設工事出来高と建設工事費予定額

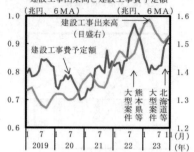

（参考）最近の大型案件事例

着工時期	業種（立地）	内容
22年春	製造業（岩手県）	メモリー半導体の第2製造棟
	製造業（熊本県）	ロジック半導体の新工場
22年夏	運輸業（埼玉・愛知県）	大手小売業用の物流センター
23年9月	製造業（北海道）	先端ロジック半導体の新工場
23年10月	運輸業（兵庫県）	マルチテナント型物流施設

（8）受注ソフトウェア売上高
（特定サービス産業動態調査）

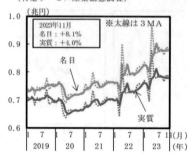

（9）ソフトウェア投資（法人企業統計）

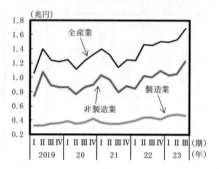

（10）研究開発投資の実績と計画

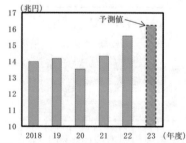

（備考）　1．国土交通省「建築着工統計調査」、「建設総合統計」、経済産業省「特定サービス産業動態統計調査」、財務省「法人企業統計季報」、日本銀行「全国企業短期経済観測調査」により作成。
　　　　　2．（7）は原数値の6か月後方移動平均。（8）は内閣府による季節調整値。（9）は季節調整値。
　　　　　3．（7）の最近の大型案件事例は各種報道により作成。
　　　　　4．（8）の実質値は、日本銀行「企業向けサービス価格指数」の受託開発ソフトウェア（除組込み）を用いて算出。
　　　　　5．（10）2023年度の値は、2020年度を除く過去5年における12月時点計画と実績の伸び率のかい離を調整して作成。

（財の輸出は、自動車生産の回復を中心とした持ち直しの動きに足踏み）

　次に、外需の動向をみる。まず、財の輸出（輸出数量指数）は、2022 年半ばから半導体市況が悪化する中で、アジア向けを中心に弱い動きが続いてきたが、2023 年に入り、供給制約の緩和を背景に自動車の輸出が急速に持ち直し、また、2023 年央には、世界的な半導体需要の底打ちも背景としてＩＣを中心に情報関連財も下げ止まるなど、輸出全体として、持ち直しの動きがみられるようになった（第 1 － 1 － 13 図（1））。ただし、中国向け工作機械などアジア向けの資本財輸出は低調であるほか、欧州経済の弱さを反映して、2023 年末には持ち直しの動きに足踏みがみられている。

　日本の輸出先の約 56％を占めるアジア向けについてみると（第 1 － 1 － 13 図（2））、上述のとおり、2022 年半ば以降、情報関連財を中心に機械機器が減少に大きく寄与してきたが、ＩＣ等情報関連財の下げ止まりや自動車関連財の増加等により、持ち直しの動きがみられてきた。この間、輸出先の約 19％を占める中国向けについては、中国の製造業部門が軟調に推移していることを受け、工作機械の減少が続いている一方、ＩＣや半導体製造装置といった情報関連財は回復している（第 1 － 1 － 13 図（3）、（4））[14]。また、これまで悪化が続いてきた世界的な半導体需要の底打ちにより、経済状況が改善している台湾や韓国向けの輸出も情報関連財を中心に下げ止まっている。

　一方、輸出先の約 19％を占めるアメリカ向け輸出についてみると（第 1 － 1 － 13 図（5））、アメリカ経済が、堅調な個人消費を中心に回復が続いていることを背景に、2023 年に入って以降、機械機器を中心に増加し、持ち直し基調が続いている。供給制約の緩和を背景とした自動車の増加に加え、住宅需要や資源開発等が堅調に推移する中で建設用・鉱山用機械の増加がけん引してきた。また、ＥＵ向け輸出（輸出先の約 10％）は（第 1 － 1 － 13 図（6））、2023 年春以降、持ち直し傾向にあったが、ドイツを中心とする欧州経済の弱まりを受けて、情報関連財や資本財を中心に弱含んでいる。中南米や中東などその他地域向け（輸出先の約 15％）は（第 1 － 1 － 13 図（7）、（8））、輸出金額の半分近くを占める輸送用機械の輸出にけん引されて増加してきたが、2023 年夏以降はこの動きが一服し、おおむね横ばいで推移している[15]。

　先行きについては、世界経済の持ち直しが続く中、持ち直していくことが期待される。ただし、アメリカにおける既往の金融引締めが同国の経済に与える影響、不動産市場の停

---

[14] 2023 年 7 月 23 日以降、先端半導体の製造装置など 23 品目が輸出管理の規制対象に加わったが、ヒアリングによれば、中国の半導体各社は、輸出規制に抵触しない成熟プロセスの半導体への投資を加速しているため、輸出規制の影響は限定的だったという見方がある。
　また、中国では 2023 年 8 月 24 日より、東京電力福島第一原子力発電所ＡＬＰＳ（多核種除去設備）処理水の海洋放出開始を受け、原産地を日本とする水産物の輸入を全面的に停止し、香港でも 10 都県から水産物の輸入を停止したが、日本からこれら地域への水産物輸出のシェアは 2022 年で世界向け輸出総額の 0.2％以下（アジア向け輸出総額の 0.3％以下）であったことから、輸出数量全体への影響は限定的であったといえる。
[15] その他地域への輸出の動向には、2023 年 8 月 9 日にロシア向けの輸出規制措置が拡大され、それまで増加傾向にあった中古自動車のロシア向け輸出が 9 月にかけて大きく減少したことも影響している。

滞が続く中国の下振れリスク及びこれに伴うアジア経済への影響など輸出の先行きについては十分な注意が必要である。

　一方、財の輸入（輸入数量指数）は、2022年秋以降減少してきたが、2023年春以降は下げ止まり、全体としておおむね横ばいの動きが続いている（第1－1－13図（9））。品目別に[16]みると（第1－1－13図（10））、輸入総額の28.4％を占める鉱物性燃料は、電力向けのLNG在庫の積み上がりもあって、2023年4－6月期にかけて減少したが、その後は下げ止まっている。また、27.5％を占める機械機器は、国内のパソコン需要の低迷等を受けてアジアからの電算機類やICの輸入が軟調に推移する一方、2023年夏頃にかけて大きく減少した携帯電話機は、新製品発売の効果もあって8月から急回復し、全体として横ばいで推移した。11.5％を占める化学製品は、新型コロナワクチンの減少もあって、2023年央にかけて減少してきたが、2023年秋開始接種に伴いワクチンの輸入が増えるなど持ち直しの動きがみられた。

---

[16] 地域別輸入の品目別動向は付図1－2を参照。

第1－1－13図　輸出と輸入の動向
財の輸出は、自動車生産の回復を中心とした持ち直しの動きに足踏み

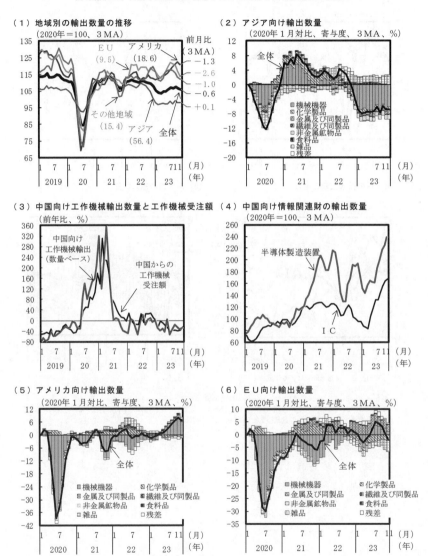

（1）地域別の輸出数量の推移

（2）アジア向け輸出数量

（3）中国向け工作機械輸出数量と工作機械受注額

（4）中国向け情報関連財の輸出数量

（5）アメリカ向け輸出数量

（6）ＥＵ向け輸出数量

（7）その他地域向け輸出数量

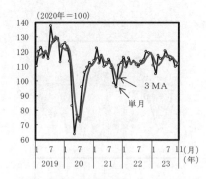

（8）その他地域向け自動車輸出台数

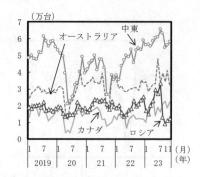

（9）地域別の輸入数量の推移

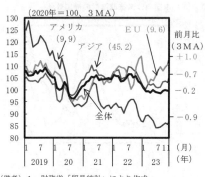

（10）品目別の輸入数量

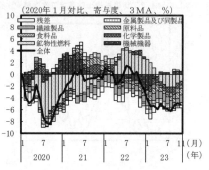

（備考）1．財務省「貿易統計」により作成。
　　　　2．内閣府による季節調整値。
　　　　3．（1）及び（9）の（）内は、2022年の輸出・輸入金額シェア。
　　　　4．（2）、（5）、（6）及び（10）の要因分解は、基準年と比較時点における輸出・輸入金額のウエイトの
　　　　　 平均値を用い、品目別の数量指数を加重平均して作成した。

（サービス貿易はインバウンドで輸出が回復の一方、デジタル関連中心に輸入が増加）

　サービス貿易に目を転じると、輸出については、2022 年 10 月に政府の水際対策が緩和[17]されて以降、インバウンドが大幅に回復した。訪日外客数は 2023 年 10 月に 252 万人と、コロナ前の 2019 年同月の水準に回復し、2023 年 12 月時点では 2019 年同月を 1 割弱上回っている（第 1 － 1 － 14 図（1））。国・地域別にみると、コロナ禍前に 3 割前後で最大の割合を占めていた中国からの旅行者数は、持ち直し傾向にはあるものの、コロナ禍前の水準の回復にはなお距離がある[18]。他方、訪日外客数の回復をけん引しているのは、韓国、台湾などであり、中国以外からの旅行者数は、2023 年 7 月以降、コロナ禍前（2019 年同月）の水準を継続的に上回っている。

　訪日外国人消費額をみると、2019 年の 4.8 兆円から 2023 年には 5.3 兆円に増加し、過去最高となった。一人当たり消費額では、同期間に 15.9 万円から 21.2 万円に増加している。1 人当たり消費額の増加は、この間、為替レートが大幅な円安となっている影響も大きいとみられるが、訪日外国人の平均宿泊日数をみると 2019 年の 6.1 日から 2023 年は 6.9 日に増加しており、為替変動の影響を割り引いてみても、訪日外国人の消費は堅調に回復しているといえる（第 1 － 1 － 14 図（2））。

　一方、アウトバウンドについては、個人消費の項でも触れたとおり、持ち直しはみられるものの、海外における物価上昇と円安を受け、出国者数や実質海外旅行消費額のコロナ禍前への回復は道半ばにある（前掲第 1 － 1 － 3 図（4））。

　こうした旅行関係を除いたサービスの輸出入[19]の動向をみると、近年、輸入が拡大傾向にあり、実質ＧＤＰ成長率を押し下げる要因となっている[20]。これらサービス輸出入のＧＤＰ成長率への寄与度について 2018 年を起点とした動きをみると、コロナ禍までは、サービス輸入の拡大がＧＤＰ成長率を押し下げる方向に作用し、コロナ禍でサービス輸出入が共に減少し、一旦、この動きが落ち着いたが、コロナ禍を経て、近年、再びサービス輸入の拡大がＧＤＰ成長率を押し下げる方向に寄与している（第 1 － 1 － 14 図（3））。

　この背景について、国際収支統計から、2018 年対比で、サービス収支の変化を項目別にみると、専門・経営コンサルティングサービス（ウェブ広告サービスを含む）や著作権

---

[17] 2022 年 9 月 26 日に、10 月 11 日以降、①外国人の新規入国について、国内の受け入れ責任者による申請を求めないようにするとともに、外国人観光客の入国をパッケージツアー以外も認めること、②ビザ免除措置の適用再開、③新型コロナ感染が疑われる者を除き入国時検査を行わないこと、④入国者総数の上限（1 日 5 万人を目途）の撤廃、⑤国際線を受け入れていない空港・海港における国際線受入を順次再開すること、が決定された。

[18] 中国は 2023 年 8 月 10 日に訪日団体旅行を 3 年半ぶりに解禁したが、報道情報等によると、日本からの水産物輸入の全面停止も受け旅行控えの動きがあったことや、中国経済の弱さなどが訪日客の回復が弱い背景として指摘されている。

[19] 非居住者家計の国内での直接購入や居住者家計の海外での直接購入（業務外の旅行サービス）を除いたサービスの輸出入。

[20] なお、サービス輸出入に関する物価統計は、必ずしも整備されておらず、ＧＤＰ統計においても、品目によっては、企業向けサービス価格指数の国内価格等が使用されているため、為替レート変動による価格変動を十分反映できていない点に留意が必要である。

使用料（動画配信サービスを含む）といったデジタル関連で赤字が拡大しているほか、自然災害の頻発による損害保険の再保険料の上昇等を背景に保険・年金サービスの赤字も拡大している（第1－1－14図（4））[21]。これらには円安の影響も多分に含まれると考えられるが、コロナ禍を契機にデジタル化の流れが一層進む中、デジタル関連サービスを中心とした日本のサービスの競争力の向上も課題となっている。

第1－1－14図　サービス収支の動向

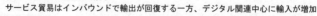

サービス貿易はインバウンドで輸出が回復する一方、デジタル関連中心に輸入が増加

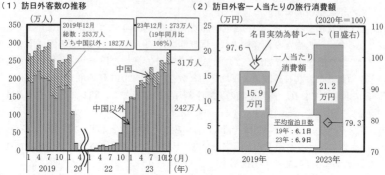

（1）訪日外客数の推移

（2）訪日外客一人当たりの旅行消費額

（3）旅行関係を除くサービス収支の実質ＧＤＰへの寄与

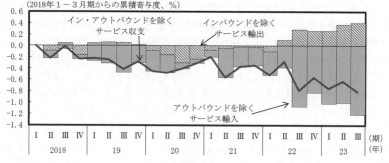

---

[21] これらサービスの輸入先をみると、著作権使用料を含む知的財産権使用料はアメリカが約40%、アイルランドを含むその他欧州が約34%と大宗を占めている（付図1－3）。専門・経営コンサルティングサービスを含むその他業務サービスは、アメリカが約36%。シンガポールが約19%、保険・年金サービスは、ケイマン諸島とその他中南米を合計すると5割超、次いでアメリカが約22%となっている。

（4）サービス収支の変化の要因分解

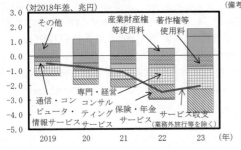

（備考）1．日本政府観光局（JNTO）「訪日外客数」、観光庁「訪日外国人消費動向調査」内閣府「国民経済計算」、財務省・日本銀行「国際収支統計」により作成。
　　　　2．（2）の平均泊数は観光・レジャー目的の訪日外客が対象。
　　　　3．（3）は旅行関係として、非居住者家計の国内での直接購入、居住者家計の海外での直接購入を除いたサービス収支。
　　　　4．（4）の2023年は2023年1月から11月の2018年同期差。その他は「輸送サービス」「旅行サービス（業務）」、「委託加工サービス」、「維持修理サービス」、「金融サービス」、「研究開発サービス」、「技術・貿易・その他業務サービス」、「個人・文化・娯楽サービス」の合計。建設サービス等については、SNA概念に近づけるため含んでいない。

（脱炭素化の流れを踏まえた自動車関連財の競争力の強化が重要）

　デジタル化に加えて、グリーン化・脱炭素化の流れも、日本の外需に大きな影響を与えている。上述のとおり、2023年の輸出の持ち直しの動きは、主に自動車の生産回復に支えられており、乗用車の輸出台数は、2023年10月には2019年平均を上回った（第1－1－15図（1））。これをパワートレイン（エンジンやモーター、変速機や車軸などを含めた動力を駆動輪に伝える装置）別にみると（第1－1－15図（2））、総台数の大半を占めるガソリンエンジン車・ディーゼルエンジン車（ICEV）は、持ち直しに寄与してはいるものの、コロナ前との比較では8割程度の回復にとどまっており、電動車（ハイブリッド車：HV、プラグインハイブリッド車：PHV、電気自動車：EV）がコロナ禍前の水準への回復のけん引役となっている。この背景には、各国における気候変動対策としての脱炭素化の動きがあり、各国・地域において自動車の電動化の目標等が掲げられる中[22]、世界の乗用車輸出台数に占める電動車のシェアは、2019年から2022年にかけて、ガソリンエンジン車・ディーゼルエンジン車は91.4%から75.6%に低下した一方、HVは4.8%から11.1%に、PHVは1.1%から3.8%に、EVは2.3%から8.0%にそれぞれ上昇した（第1－1－15図（3））。日本の主な乗用車輸出先国・地域における乗用車国内販売台数に占める電動車の比率をみると、いずれも2019年から2022年にかけて上昇しており、乗用車の電動車シフト、とりわけEVへのシフトが顕著であることが分かる（第1－1－15図（4））。

　こうしたEV化に伴い、自動車部品についても需要構造が変化するとみられる。自動車

[22] 各国における自動車の電動化の目標等としては、アメリカは2030年に新車販売台数の半数をゼロエミッション車（EV、PHV、燃料電池車（FCV））とすること、中国は新車販売に占めるゼロエミッション車の比率を2027年に45%とすること（2024年1月11日に発表）、EUや英国は2035年以降、新車販売をEVとFCVに限ることを掲げている。詳細は小林（2023）を参照。

部品について、2022年のデータをもとに顕示比較優位（ＲＣＡ）指数[23] を算出すると（第
１－１－15 図（5））、日本はトランスミッション、点火・始動用装置、エンジン部品な
どで輸出競争力が高いが、こうした部品はＩＣＥＶに利用され、ＥＶには基本的に搭載さ
れないため、世界的な自動車のＥＶ化が進展するにつれて需要が縮小する可能性が高い。
この点、中国の自動車部品のＲＣＡ指数をみると、リチウムイオン電池やスタティックコ
ンバーターなど、自動車の電動化の進展により需要の拡大が見込まれる部品の輸出競争
力が高いことが分かる。2022年の世界の輸出金額について2019年からの変化を品目別に
みると、トランスミッションとエンジン等は2019年の水準を下回る一方、スタティック
コンバーター等は同水準を大幅に上回っている。

　自動車は日本の輸出において主力品目であるうえ、産業としての裾野が広く、輸出の多
寡は生産や雇用など経済に大きな影響を与える。世界的に自動車のＥＶ化が進展する中、
部品も含めた自動車産業全体の競争力維持のため、ＥＶ化に向けた生産へのシフトや、そ
のための研究開発、新規の設備投資が一層重要となろう。

---

[23] ある品目ｉについて、当該国の輸出総額に占めるｉの輸出額のシェアを、世界の輸出総額に占
めるｉの輸出額のシェアで除した指数。１を超えると比較優位があるとみなす。

第１－１－15図　脱炭素化の流れと乗用車輸出

脱炭素化の流れを踏まえた自動車関連財の競争力の強化が重要

（１）日本の乗用車輸出台数の推移

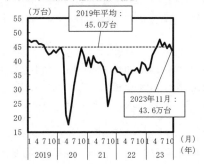

（２）日本のパワートレイン別の乗用車輸出台数

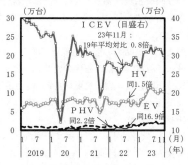

（３）世界の乗用車輸出台数に占める
　　パワートレイン別比率の変化

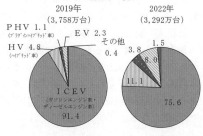

（４）日本の主要輸出先国・地域における
　　乗用車販売台数の電動車比率

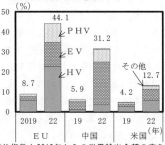

（５）2022年の日米欧中における自動車部品の顕示比較優位指数と2019年からの世界輸出金額の変化

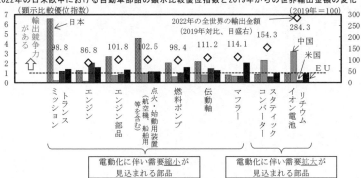

（備考）　1. 財務省「貿易統計」、マークラインズ、ACEA、UN Comtradeにより作成。
　　　　　2. （1）及び（2）は内閣府による季節調整値。（2）のEVはFCVを含む。
　　　　　3. （4）のマークラインズのデータにおける集計対象は、中国は基本型乗用車(セダン・ハッチバック)、ＳＵＶ、
　　　　　　ＭＰＶ、微型バン。米国は乗用車と小型トラック。電動車とＩＣＥＶが混在しており内訳台数が不明のものは電
　　　　　　動車に含んでいない。「その他」はＦＣＶのほか、電動車のうち内訳台数が不明のもの。ＥＵはＦＣＶの販売台
　　　　　　数が不明なため含まない。

（潜在成長率は主要先進国の中で低水準にとどまり、供給力の引上げが課題）

　これまでみてきたように、コロナ禍からの経済社会活動の正常化が進む中で、景気は緩やかな回復基調にあり、企業部門は業況や収益の観点で非常に好調であるものの、その好調さが賃金や投資に必ずしも回っておらず、個人消費や企業の設備投資などの内需は力強さを欠いている。

　加えて、供給力の面でも課題がある。1990年代のバブル崩壊以降、長引くデフレ等を背景に、企業は収益の確保のために、賃金や成長の源泉である投資を抑制し、結果として低成長が続いた。設備投資の抑制は、生産的資本ストックの蓄積を妨げ、これを主因として我が国の潜在成長率は０％台と、Ｇ７諸国の中でも最も低くとどまっている（第１－１－16図（１））。

　具体的に、我が国のこれまでの景気拡大局面における潜在成長率について、資本投入、労働投入、全要素生産性（ＴＦＰ）の３つの要素に分解すると、1980、90年代の景気拡大局面では、労働投入の寄与がわずかなプラスないしマイナスの中、資本投入と生産性（ＴＦＰ）の伸びが潜在成長率を引き上げていたが、近年は、特に資本投入の寄与が0.1％程度にまで低下している（第１－１－16図（２））。潜在成長率の引上げのためには、３つの要素それぞれについて対処が必要となる。労働投入の面では、人口減少の進展が下押し圧力となる中で、人々が意欲と能力に応じて労働市場で活躍できるよう、就業調整を解消するための「年収の壁」への対応や、リ・スキリングの拡充、副業の促進などが重要となる。関連する論点は第２章で扱う。また、資本投入、全要素生産性という面では、過去四半世紀にわたり、企業収益に比して抑制的であった国内設備投資の拡大や、研究開発等の無形資産投資の促進による新しい価値の創造等が鍵となる。こうした論点については第３章で議論することとする。

第1-1-16図　潜在成長率の動向

我が国の潜在成長率は０％台の低水準にとどまる

（1）潜在成長率の国際比較

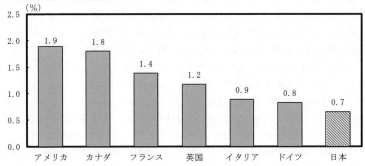

（2）景気拡大局面における潜在成長率

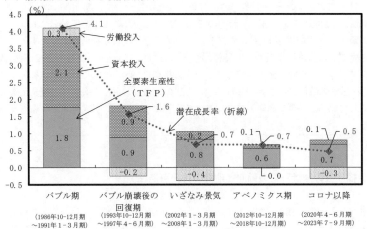

（備考）1．ＯＥＣＤ“Economic Outlook No.114”、「2023年7-9月期四半期別ＧＤＰ速報（2次速報）」等に基づ
　　　　く内閣府試算値より作成。
　　　2．潜在成長率については、前提となるデータや推計手法によって結果が大きく異なるため、相当の幅をもって
　　　　みる必要がある。
　　　3．（1）について、日本は直近4四半期（2022年10-12月期～2023年7-9月期）の平均値、日本以外は2022
　　　　暦年の値。
　　　4．（2）について、景気拡大局面の呼称は、便宜的に記載したもの。

コラム1－1　令和6年能登半島地震の経済に与える影響

　2024年1月1日16時10分に、石川県能登地方の深さ約15kmでマグニチュード7.6（暫定値）の地震が発生した。この地震により、石川県羽咋郡志賀町や輪島市で最大震度7を観測したほか、能登地方の広い範囲で震度6弱以上の揺れを観測した。

　この地震により特に被害の大きかった石川県は、県内総生産が約4.5兆円（日本全体の約0.8%）であり、電子部品や半導体メーカー等の工場が多く立地している。2024年1月下旬時点で、これらの工場の大部分は、生産再開又は再開の目途が立っているものの、一部については、再開に時間を要する模様となっている。また、石川県は、日帰りを含む観光客数が年間1,800万人を超え（2022年）、能登地域については年間約540万人（同）であるが、同地域では旅館やホテルの休業がみられるなど観光にも影響が出ている。

　内閣府政策統括官（経済財政分析担当）においては、今回の地震による経済への影響を分析する一環として、東日本大震災（2011年3月）や熊本地震（2016年4月）の際の試算方法を踏まえ、市町村ごとの震度等をもとに、過去の大地震における損壊率を参照しつつ、住宅や社会資本等のストックがどの程度毀損したかについて、暫定的な試算を行った。試算結果によれば、石川・富山・新潟の三県において合計約1.1兆円から2.6兆円のストックが毀損した可能性がある[24]。ただし、この試算は、被害額を積み上げたものではなく、市町村ごとの震度等に基づいた機械的な試算であり、幅をもってみる必要がある。

　今回の地震では、住宅や社会資本等のストックの損壊に加え、停電や断水が広範囲に発生した。これらは地域住民の生活のみならず、上述のとおり、生産や観光など経済活動に影響を及ぼしている。今回の地震が経済に与える影響については、引き続き十分留意する必要がある。

2　コロナ禍前後の家計貯蓄の動向と消費の持続可能性

　前項で述べたように、我が国のGDPの55%を占める個人消費は、サービスを中心に持ち直し基調が続いているものの、これまでの物価上昇の影響もあって、財消費を中心に力強さには欠けている。後述するように、輸入物価上昇を起点とする物価上昇のテンポは緩やかになり、消費者マインドが再び持ち直すなど明るい動きもみられるが、個人消費の持続的な回復には、まず何よりも名目賃金や名目可処分所得の伸びが物価上昇を継続的に上回ることが重要であり、この点は、本章第2節においてデフレ脱却に向けた展望を行う中で議論する。ここでは、コロナ禍において消費機会が制約されるなどで積み上がってきた超過貯蓄の実態を様々な角度から整理し、我が国でも、2021年後半以降のアメリカ

[24] 詳細については、令和6年1月の月例経済報告等に関する関係閣僚会議における内閣府提出資料を参照。

のように取崩しが進み、個人消費の回復を支えるかどうか、といった点を中心に議論を行う。

（コロナ禍で大きく上昇した家計貯蓄率は、コロナ禍前をやや下回る水準に低下）

　コロナ禍以降のマクロの消費や所得の動向について、国民経済計算（ＳＮＡ）からみると、コロナ禍発生直後の2020年4－6月期は、個人消費は、緊急事態宣言による行動制限や外出自粛の中で大幅に落ち込んだ一方、可処分所得は、一人当たり10万円の特別定額給付金等の政策支援により大きく増加した（第1－1－17図）。その後、2021年以降は、可処分所得は、2021年末から2022年初にかけての子育て世帯や住民税非課税世帯への10万円の臨時特別給付の影響を除いても、緩やかな増加傾向で推移する中で、個人消費も、感染症再拡大の影響を受けて振れを伴いながらも増加傾向で推移してきた。この間、家計の貯蓄率をみると、個人消費の急減と可処分所得の急増により2020年4－6月期に20％超まで一時的に高まった。その後、貯蓄率は、特別定額給付金等の要因の剥落により大きく低下し、2020年末以降は緩やかなペースで低下しており、2023年以降は、コロナ禍前の2018年頃の貯蓄率の水準（1％程度）をやや下回る程度となっている。

第1－1－17図　家計の消費、可処分所得と貯蓄
　　　　　　　家計貯蓄率はコロナ禍で大きく上昇した後、コロナ禍前水準近くに低下
（1）消費・可処分所得・貯蓄（名目）の推移　　　（2）家計貯蓄率の推移

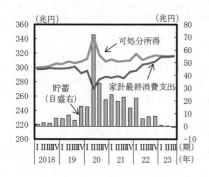
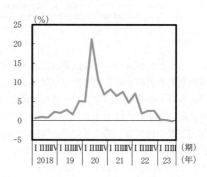

（備考）　1．内閣府「国民経済計算」により作成。
　　　　　2．（2）について、分母の可処分所得は年金受給権の変動調整を加味したもの。

（コロナ禍で積み上がった家計の超過貯蓄の取崩しは未だ緩慢）

　このように、コロナ禍の発生以降、これまでの間の家計貯蓄率の動きをみると、コロナ禍前の平時といえる水準を上回って推移してきた。毎四半期の貯蓄は、その期における可処分所得（収入）と消費（支出）との差額というフローの意味での貯蓄であり、コロナ禍以降は、コロナ禍前のトレンドに比べて、こうした毎期のフローの貯蓄が過剰に積み上が

ってきたことになる。このように、コロナ禍で積み上がった貯蓄は「超過貯蓄」と呼ばれるが、その規模について、ＳＮＡベースで一定の仮定[25]を置いて試算すると、2020年以降増加し、2022年10－12月期をピークに、2023年に入って以降、若干減少し、2023年7－9月期には53兆円（ＧＤＰ比9％程度）となっている（第1－1－18図（1））。

第1－1－18図　日本における家計の超過貯蓄（試算）

超過貯蓄は50兆円前後まで積み上がり、取り崩しは限定的

（1）ＳＮＡベース

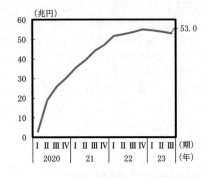

（2）資金循環統計ベース

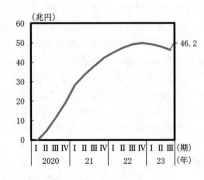

（備考）　1．内閣府「国民経済計算」、日本銀行「資金循環統計」により作成。
　　　　　2．（1）の超過貯蓄は、2020年以降各期と2015～19年平均との貯蓄率の差と、20年以降各期の可処分所得等との積の、2020年初からの累積。持ち家の帰属家賃と同営業余剰を一定の仮定を置きつつ除いている。
　　　　　3．（2）の超過貯蓄は、家計の現預金と過去（2015年Ⅰ期～19年Ⅳ期）のトレンドの差分で算出。後方4四半期移動平均。

　こうしたＳＮＡベースの試算値に加え、「資金循環統計」から得られる家計部門の現金・預金残高の動向からも超過貯蓄を試算することができる。具体的には、コロナ禍前は、家計の現金・預金残高は安定的な増加傾向にあったことから、2015年3月末以降、コロナ禍直前の2019年12月末までのトレンドを計算し、2020年以降、このトレンドで現金・預金残高が増加した場合と、実際の現金・預金の残高を比較し、その差をとる。この現金・預金残高からのアプローチによると、2022年12月末時点でピーク（50兆円程度）を打ち、その後は、極めて緩やかなペースで減少し、2023年9月末時点では46兆円程度となっている（第1－1－18図（2））。

　このように、用いる基礎統計や試算方法によって結果に幅があることに留意が必要であるが、両試算値で共通しているのは、コロナ禍で超過貯蓄はＧＤＰ比10％程度まで積み上がり、その後取崩しはみられるものの、未だ限定的である、という点である。

---

[25] コロナ禍前（2015～2019年）の平均的な貯蓄率と各期の可処分所得（可処分所得に年金受給権の変動調整を加算したもの）を乗じて求められる仮想的な貯蓄額を、各期の実際の貯蓄額を比較し、後者が前者を上回る分をコロナ禍以降の期間で累積して求めている。仮想的な貯蓄額の計算方法によって結果が異なり得ることには留意が必要である。

　この点、諸外国の状況と比較するために、ＳＮＡベースで、上述の日本の場合と同様の考え方で試算した結果をみると、アメリカは2021年7－9月期にピーク（2.6兆ドル、ＧＤＰ比10.7％）を打った後、超過貯蓄は減少に転じ、2023年7－9月期には1.8兆ドル（ＧＤＰ比6.5％）まで減少している（第1－1－19図（1））。一方、ユーロ圏については、超過貯蓄の増加ペースは緩まっているものの、減少に転じることはなく、2023年4－6月期で1.2兆ユーロ（ＧＤＰ比8.2％）まで積み上がっている（第1－1－19図（2））[26]。諸外国との比較では、日本は、個人消費が持ち直していることからユーロ圏ほど超過貯蓄が積み上がり続けているわけではないが、アメリカでは、着実に超過貯蓄を縮小し、個人消費に回ってきたという違いがある（第1－1－19図（3））。こうした姿は、前掲第1－1－1図で確認したコロナ禍後の個人消費の動きと同様である。

第1－1－19図　諸外国における家計の超過貯蓄（試算）

超過貯蓄のＧＤＰ比は、日本は米欧よりも高い

（1）アメリカ

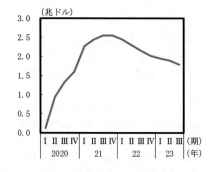

（2）ユーロ

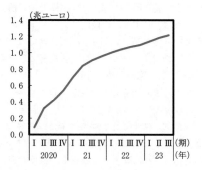

---

[26] これら諸外国についても、試算の方法等の違いにより結果は異なり得る。ＩＭＦ（2023）では、欧米各国について、Hamilton filter によりトレンドの貯蓄率を求め、実際の貯蓄率とのかい離から超過貯蓄を推計しているが、これによると、アメリカについては、2021年7－9月期にピークを付けた後、急速に減少し、2023年初頭には超過貯蓄がマイナスに転じている一方、欧州各国については、おおむね2022年初にピークを打った後、極めて緩やかなペースで超過貯蓄が減少している姿となっている。

（3）日米欧の超過貯蓄のＧＤＰ比

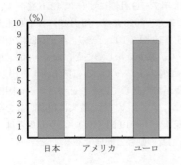

（備考）1．アメリカ商務省、ユーロスタット、内閣府
「国民経済計算」により作成。
2．アメリカの超過貯蓄の計算の前提となる家計
可処分所得と家計最終消費支出は、公表の年換
算額を4で除した値。また、家計可処分所得は
日本の家計可処分所得の定義に合わせ、当局公
表値から個人の利子支払及び経常移転支出を除
いた数値を使用。
3．超過貯蓄は第1－1－18図（1）と同様に算
出。

（相対的に低所得、低資産の消費者は超過貯蓄を取り崩している可能性）

　超過貯蓄については、コロナ禍で消費機会が制限された結果、積み上がった貯蓄であるとすれば、いずれかの段階で、アメリカのように本格的に取崩しが起こり、個人消費を支えていくと期待されるが、なぜ日本では、超過貯蓄の取崩しが現時点では目立って起きていないのであろうか。この点を確認するため、まず、家計の属性別に超過貯蓄を確認する。

　第一に、「家計調査」を用い、ＳＮＡベースの試算と同様の考え方により超過貯蓄を試算する。家計調査の場合、二人以上世帯が対象となるが、一世帯当たりの貯蓄率[27]をみると、ＳＮＡベースと同様に、コロナ禍発生直後に急上昇した後、緩やかに低下するという傾向は同じであるが、コロナ禍前よりもより高く切り上がった水準にまでしか貯蓄率は低下していないことが分かる（第1－1－20図（1））。ＳＮＡベースと家計調査ベースの貯蓄率には、概念上や計測上の様々な違いからこうしたかい離が生じるため、ＳＮＡベースの超過貯蓄と整合的な形での家計属性別の分析は困難である点を念頭に置きつつ、二人以上世帯について、勤労者世帯と高齢無職世帯[28]に分け、それぞれ高所得世帯と低所得世帯[29]の動向を確認する（第1－1－20図（2））。これによると、勤労者世帯平均としては、超過貯蓄が一貫して増加し積み上がっているが、その程度は高所得層の方でより顕著となっている。一方、高齢無職世帯では、平均では、2022年10－12月期をピークとして、その後、超過貯蓄がやや減少している。高所得層では、2022年10－12月期以降おおむね横ばいで推移する一方、低所得層では2021年後半以降、超過貯蓄が減少傾向で推移し、直近の2023年7－9月期ではゼロ近傍でややマイナスとなっている[30]。

[27] 家計調査上においては、「黒字率」との用語が使われている。
[28] 高齢無職世帯は、男65歳以上、女60歳以上の者のみからなる無職世帯。
[29] 勤労者世帯は、低所得の平均年収は472万円。高所得の平均年収は1067万円。高齢無職世帯について、低所得は年収250万円未満、高所得は年収350万以上の世帯。
[30] なお、「家計調査」では、単身世帯について同様の分析を行うことがサンプル数の限界などから難しい。単身世帯については、二人以上世帯とは異なる超過貯蓄の動向となっている可能性には留意が必要である。

第１－１－20図　家計の属性別に見た超過貯蓄
勤労世帯のうち高所得世帯では超過貯蓄の積み上がりが続いている
（１）二人以上の世帯の貯蓄率

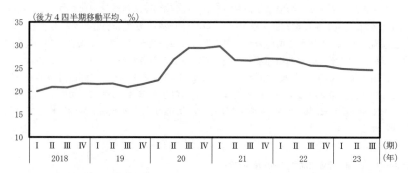

（２）家計の属性別に見た超過貯蓄

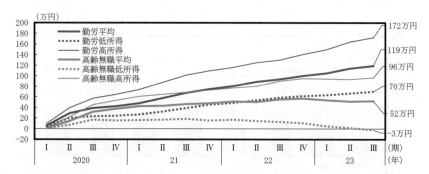

（備考）1.　総務省「家計調査」により作成。二人以上の世帯。2018年以前の数字は家計簿（調査票）変更による断層を
補正。なお、詳細属性別の変動調整値は公表されていないため、勤労世帯平均または無職世帯平均の調整計
数を各区分に準用している。
　　　　2.　（1）は二人以上の世帯のうち、世帯主が勤労者の世帯及び無職世帯。（2）について、勤労低所得世帯は
年収五分位別の第Ⅰ分位と第Ⅱ分位、勤労高所得世帯は第Ⅳ分位と第Ⅴ分位。高齢無職世帯は男65歳以上、
女60歳以上の者のみからなる無職世帯で、低所得は年収250万円未満、高所得は年収350万円以上の世帯。
　　　　3.　（2）の超過貯蓄は、2020年以降各期と2015～19年同期平均との貯蓄率の差と、2020年以降各期の可処分所
得との積の、2020年初からの累積額。超過貯蓄の算出に用いた可処分所得・消費支出は、月次の可処分所得
（年金を受給している高齢無職世帯については後方二か月平均）と消費支出の各四半期合計の値。

　　第二に、日本銀行「預金者別預金」統計を用い、個人部門の預金残高を残高階層別に
確認する。「預金者別預金」は、日本銀行と取引のある国内銀行（ゆうちょ銀行を除
く）と信用金庫について捕捉しており、日本全体の個人預金残高（約1,000兆円）の7
割弱をカバー[31]している。加えて、預金残高階層別の預金額が把握可能であり、おおま

---

[31]　「預金者別預金」でカバーされていない預金は、ゆうちょ銀行のほか、信用組合、在日外銀、
農林漁業金融機関等。

かには、「資金循環統計」に基づく預金残高の動向を預金残高階層別に確認することが
可能となる。ただし、本預金残高階層別のデータは、預金口座を複数保有する個人が多
くいるとみられる中で、あくまで銀行一口座当たりの情報を集約したものであり、個人
ごとの名寄せができるものではないという点には留意が必要である[32]。その上で、預金
残高階層別に、「資金循環統計」を用いた試算と同様の手法で超過貯蓄を試算すると、
預金残高が1,000万円～１億円未満の層を中心に預金残高が大きい層では、超過貯蓄の
取崩しがみられず、むしろ増加傾向が続いていることが分かる（第１－１－21図）。一
方で、預金残高1000万円未満の合計では、2022年３月末をピークに超過貯蓄が減少に
転じており、特に300万未満の口座では取崩しの動きが顕著であることが分かる。300
万円～1,000万円未満についても直近では、わずかながら超過貯蓄が減少に転じている
とみられる。

第１－１－21図　預金残高別にみた超過貯蓄
預金残高が少ない口座では取崩しがみられる
（１）預金残高別積み上げ

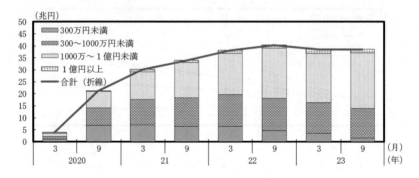

[32] 国内銀行と信用金庫の口座総数は８億 5000 万口座。預金残高別に一口座当たりの平均預金残
高をみると、300 万円未満は 23 万円、300 万円以上 1000 万円未満は 511 万円、1000 万円以上１
億円未満は 1789 万円、１億円以上は２億 972 万円となっている。

－ 48 －

（2）預金残高別の現預金残高とトレンド

①300万円未満

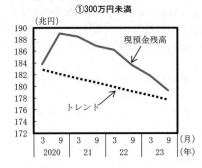

②300～1,000万円未満

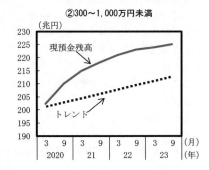

③1,000万～1億円未満

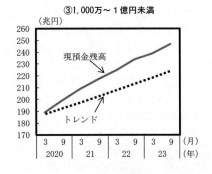

④1億円以上

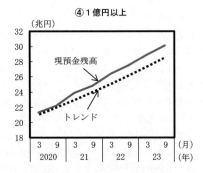

（備考）　1．日本銀行「預金者別預金」により作成。日本銀行と取引のある国内銀行（ゆうちょ銀行を除く）及び信用
金庫における個人預金の残高。対象となる金融機関の2023年9月末の個人預金残高は約682兆円。
　　　　　2．（1）は、各半期現在の預金額と2015年3月～19年9月までのトレンドが続いた場合の預金額との差分を
超過貯蓄と定義した。
　　　　　3．（2）のトレンドは、2015年3月～19年9月のもの。

　これらの属性別の分析からは、必ずしも確定的な含意が得られるわけではないが、総じていえば、相対的に高所得の世帯や、預金残高という意味で比較的大きな資産を持っている層では、超過貯蓄の取崩しが起きておらず、逆に、第1－1－20図（2）における高齢無職世帯や第1－1－21図（2）の預金資産が相対的に少ない世帯では、超過貯蓄の取崩しが起きているという傾向が読みとれる。今回の40年ぶりとなった物価上昇局面の中で、相対的に低所得、低資産の消費者は超過貯蓄を取り崩して消費に回さざるを得なかった一方、より高所得、高資産の消費者は、貯蓄を取り崩すほどには消費支出を積極的に行わなかった可能性がある。

（所得が相対的に高い勤労世帯では、貯蓄率はコロナ禍前に比べて切り上がっている）

　以上のように、我が国において、経済全体として超過貯蓄の取崩しが緩慢であるのは、相対的に所得ないし資産が大きい層の消費・貯蓄行動に起因する可能性がある。高所得層において超過貯蓄がより積み上がったという現象は海外でも指摘され、様々な議論が行われている[33]。

　そこで、そもそもより所得が高い層において、超過貯蓄の取崩しが進まない（むしろさらに積み上がっている）背景について、いくつかの観点から議論を進める。まず、フローの貯蓄率の世帯属性別のコロナ禍前後の変化に着目する。ＳＮＡベースでは世帯属性別の動きをみることはできないため、「家計調査」（二人以上世帯。勤労者世帯、無職世帯を含む）から作成した属性別の貯蓄率をみると（第１－１－22図）、高齢無職世帯については、高所得層ではほぼコロナ禍前に貯蓄率の水準が戻り、低所得層ではコロナ禍前を下回って低下が進んでいる。一方、勤労者世帯については、低所得世帯でもコロナ禍前に比べた貯蓄率水準が切り上がっているものの、徐々にコロナ禍前水準に近づく傾向がみられる一方、超過貯蓄の積み上がりが顕著な高所得世帯では、コロナ禍後の貯蓄率は、コロナ禍前に比べて切り上がり（消費性向としては切り下がり）、かつ、直近においては上昇傾向にある。勤労者の低所得世帯、高所得世帯について、2018 年初を起点とした貯蓄率の変化を消費支出要因と可処分所得要因に分解すると、低所得世帯では、可処分所得がコロナ禍前よりも増加した状態にあり、貯蓄率の引上げ要因となっている中、直近では、この要因はおおむね横ばいとなっている一方で、消費支出要因はマイナスに転じ、貯蓄率を押し下げる要因に効いている。これに対し、高所得世帯では、可処分所得はコロナ禍前よりも切り上がった状態にあり、貯蓄率の引上げ要因となっている点は共通しているが、直近では、所得要因がやや縮小する一方で、消費支出が減少し、貯蓄率の押上げに効くようになっている。これら世帯では、コロナ禍後、2022 年終わりから 2023 年前半の期間に消費支出要因が 2018 年初対比で若干マイナスとなったが、総じて、所得の拡大に比べて消費の水準が抑制されていることが分かる。コロナ禍で外出の機会が減少したことから、外出関連の選択的な消費を減らした状態に適応し、コロナ禍が収束した中でも、これらを中心に消費を抑制した状態を維持しているという、一種の習慣形成が働いていることも考えられる。

---

[33] 例えば、Auclert et al.（2023）は、コロナ禍後のアメリカにおける超過貯蓄について、より高所得層に偏るようになっているという点に着目し、より低所得の消費者は、生活維持のために超過貯蓄を取り崩して消費支出に回さざるを得ないが、こうした財貨・サービスの消費・売上の増加が、これらの生産過程に参加する者に賃金所得等の形で配分され、超過貯蓄を取り崩さなくてよい（より高所得の）消費者の超過貯蓄がかえって増加するという議論（超過貯蓄のトリクルアップ）を展開している。

第1－1－22図　コロナ禍前後における家計の属性別の貯蓄率
高所得の勤労世帯の貯蓄率はコロナ禍前を超えて、上昇傾向が続いている

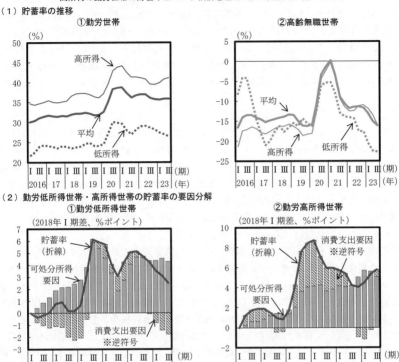

（1）貯蓄率の推移

①勤労世帯 ②高齢無職世帯

（2）勤労低所得世帯・高所得世帯の貯蓄率の要因分解

①勤労低所得世帯 ②勤労高所得世帯

（備考）1．総務省「家計調査」により作成。二人以上の世帯。後方4四半期移動平均。
　　　　2．2018年以前の数字は家計簿（調査票）変更による断層を補正。なお、詳細属性別の変動調整値は公表され
　　　　　ていないため、勤労世帯平均または無職世帯平均の調整計数を各区分に準用している。
　　　　3．世帯分類は、第1－1－20図と同様。

（過去の経済ショック時は、実質賃金の減少が続くと超過貯蓄が積み上がる傾向）

　次に、コロナ禍で超過貯蓄が蓄積した中で、経済ショックが生じる場合の貯蓄の増加の
背景として、Voinea and Loungani（2022）等が提唱している、「補償的貯蓄（compensatory
saving）」という仮説について考察する。Voinea らは、貯蓄率の高まりを説明する議論と
して用いられることが多い予備的貯蓄（precautionary saving）は、将来の所得等に対す

る不確実性が高まると貯蓄が積み増される[34]とするのに対し、補償的貯蓄とは、将来の不確実性ではなく、既に生じている資産の損失を取り戻す（補償する）ために貯蓄を積み上げる行動としている。具体的には、実質賃金が減少する際に、減少し始めて以降の累積減少額（累積賃金ギャップ）が拡大する過程で、貯蓄が増加し、逆に実質賃金が増加に転じ、その後、累積賃金ギャップが縮小していく過程で、貯蓄が減少するという考え方となっている。Voinea らは、アメリカを例に、世界金融危機後及びコロナ禍発生後の経済ショック局面でこうした補償的な動機による超過貯蓄の蓄積が生じた可能性が高いとの議論を行っている。

　そこで、日本について、同様の考え方で、①アジア通貨危機や金融危機前後の 1998 年頃以降、②リーマンショック前後の 2008 年以降、③コロナ禍発生前後の 2020 年以降の動きを確認する。家計貯蓄率はＳＮＡベースの値を用い、実質賃金も同様にＳＮＡベースの実質雇用者報酬を使用する（以下、ここでは「実質賃金」という。）。ただし、日本の場合、①や②の局面で実質賃金は、減少が始まって数年のスパンでは減少前の水準を下回り、累積賃金ギャップはマイナス幅が常に拡大する姿となり[35]、その間でも貯蓄率が上昇し続けたわけではないことから、補償的貯蓄の仮説はそのままの形では日本のケースに当てはまるわけではない（第１－１－23 図（１））。

　そこで、賃金ギャップについて、累積ではなく、実質賃金の減少前水準と各期の水準の差とした場合をみる[36]。また、家計貯蓄率については、特に①の局面前後は長期的な低下トレンドがあったことから、トレンドと実績のかい離として評価する（第１－１－23 図（２））。この場合、①（1998 年頃以降）については、当初、実質賃金の下落局面で貯蓄率がトレンドよりも高く推移し、その後 1999 年頃から実質賃金が増加に転じ、賃金ギャップが解消に向かう中で、貯蓄率もトレンドに回帰していった。また、②（2008 年以降）については、賃金ギャップ拡大の中、貯蓄が上昇した後、①ほど明確ではないが、2009 年後半から実質賃金が増加傾向に転じる中、貯蓄率は 2010 年にかけてトレンドに回帰する状況が生じていた。

---

[34] 厳密には、消費者の効用関数において限界効用が逓減する中で、効用関数の３階微分が正である（限界効用は消費水準の増加とともに逓減するが、低下のスピードが緩くなる）という仮定の下で成立するとされる。

[35] ①の局面では累積賃金ギャップが解消することなく、2008 年以降再びマイナスが拡大。②の局面では 2017 年に累積賃金ギャップが解消した。

[36] 実質賃金が減少を始める前から、当期までに通算でどれくらい損失が生じたか（累積賃金ギャップ）でなく、実質賃金が減少する前の水準と比較して、現時点でどれくらい低い水準にあるかによって、実質賃金の対前期比の減少が続き、このギャップが拡大している間は、貯蓄が上昇・高止まりし、増加に転じれば、貯蓄率の低下が起きるという考え方となる。

第1－1－23図　家計貯蓄率と賃金ギャップ
　　　　　過去の金融危機時は、マクロの実質賃金の減少・回復が貯蓄率に影響した可能性
（1）日本の金融危機、リーマンショック前後以降の累積賃金ギャップと貯蓄率

①1998年以降　　　　　　　　　　　　　　②2008年以降

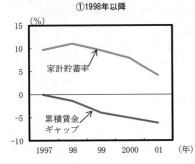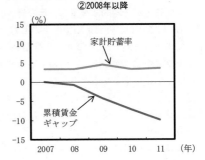

（2）過去3回の経済ショック時の賃金ギャップと貯蓄率

①1998年以降　　　　　　　　　　　　　　②2008年以降

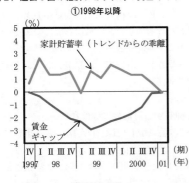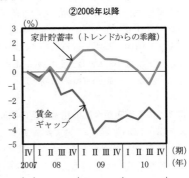

③2020年以降

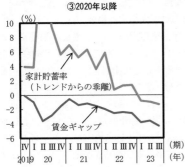

（備考）1．内閣府「国民経済計算」により作成。（2）は
　　　　　季節調整値。賃金は、実質雇用者報酬。
　　　　2．（1）の累積賃金ギャップは、実質雇用者報酬
　　　　　が減少する前年からの減少分を各年で累積し、
　　　　　減少前水準に対する比率をとったもの。（2）
　　　　　の賃金ギャップは、実質雇用者報酬が減少する
　　　　　前の期の水準に対する、各期の減少幅の比率。
　　　　3．（2）の家計貯蓄率のトレンドは、①・②はHP
　　　　　フィルターによる。③はコロナ禍前の2018暦年
　　　　　の貯蓄率。

（実質賃金が上昇に転じていくことが超過貯蓄の本格的な取崩しにつながる可能性も）

　次に、③のコロナ禍発生の2020年以降については幾分様相が異なる。コロナ禍発生直後に実質賃金が一時的に減少し、その後2021年前半に賃金ギャップが一旦解消に近づいた一方、貯蓄率は、特別定額給付金の影響の剥落の後も、トレンドよりも高い水準にとどまっていた。また、2022年4〜6月期から物価上昇の下で実質賃金が下落をはじめ、賃金ギャップが拡大する中で、貯蓄率は緩やかに低下しつつ、2023年に入って以降はコロナ禍前水準をやや下回る水準となっている。このように、賃金ギャップが拡大する中でも貯蓄率が上昇しているわけではない点を含め、過去の経済ショック時とは動態が異なり、補償的貯蓄の仮説と整合的であるとは言えない。

　一方、前掲1－1－22図で見たように、超過貯蓄の積み上がりが顕著な二人以上勤労世帯の高所得世帯は、2022年後半から貯蓄率が上昇に転じている。実質賃金の下落が続く中で、これらの消費者が、賃金ギャップの拡大を踏まえ、貯蓄率を高めている可能性も考えられる。他方、勤労者のうち低所得世帯については、コロナ禍前の水準は上回るものの貯蓄率の緩やかな低下傾向が続いており、賃金ギャップを踏まえた動きというよりは、物価上昇により実質賃金・購買力の下落が続く中で、必要な消費支出額を賄うため、貯蓄率を低下させて対応していると推察される。補償的貯蓄仮説は、必ずしも現在の超過貯蓄の高止まり傾向を説明できるものではないが、仮に、実質賃金が上昇トレンドに転じ、賃金ギャップが縮小を始めれば、比較的高所得の消費者等において、貯蓄率がトレンドを下回るようになり、超過貯蓄の取崩しに転じる可能性もある。

（将来への不安等が今後の超過貯蓄の取崩しを抑制する可能性には留意）

　最後に、予備的貯蓄について議論する。予備的貯蓄に関しては、我が国の若年世代において、従来のような年功序列の下で長く勤続すれば賃金所得が増加していくという見通しが立てづらくなっていること、平均余命の伸長により長生きリスクがより意識されるようになっている可能性があること等、老後の生活への不安が高まっていることから、より多くの貯蓄残高を保有するようになっているという考え方は根強い。

　「家計の金融行動に関する世論調査」によれば、若年層について、老後の生活資金を理由として金融資産を保有する者の割合が、2000年代後半から2020年前後にかけての過去10年超の間に増加している[37]。この間、厚生労働省「完全生命表」によれば、平均余命については、2005年から2020年にかけて、男性であれば78.56歳から81.56歳に3年、女性であれば85.52歳から87.71歳に2年程度それぞれ伸長している。加えて、これはあくまで余命の平均値であり、死亡者数が最も多い年齢（最頻値）は、2020年において男性で88歳、女性で93歳と平均余命をそれぞれ5〜6年上回るなど長生きリスクという意味での不確実性は高いといえる[38]。このように、中長期的な観点では、老後の不確実性

---

[37] 内閣府（2023）。

[38] 最頻値は、2005年からは男女ともに3年ほど上昇している。また、死亡年齢の中央値をみると、

に対する予備的貯蓄動機が働いているとも考えられる。他方、コロナ禍前後の数年間の状況（2018-2019年から2021-2022年）をみると、コロナ禍の影響もあって、平均余命はほぼ横ばいから微減であるのに対し、現役世代[39]のうち老後の生活資金を理由として金融資産を保有する者の割合は増加している[40]（第1－1－24図（1））。ここで、同じ二時点間において、現役世代が実際に保有する金融資産額の分布と、目標とする金融資産額の分布を比較すると、二人以上世帯については、コロナ禍前からコロナ禍以降にかけて、保有額はより低い方へ分布がシフトしているのに対し、目標額はより高い方にシフトしている（第1－1－24図（2））。単身世帯については、コロナ禍前からコロナ禍以降にかけて、保有額はわずかながらより高い方にシフトしているが、目標額についてもより高い方へシフトしている。

　このように目標とする金融資産残高が近年引き上がる中で、現役世代の家計にとって、コロナ禍で積み上がった超過貯蓄水準が「参照点」となり、その水準からの取崩しが一種の損失と認識され得るため、これを回避するべく消費水準を抑制して超過貯蓄残高を維持しようとする行動が生じている可能性もある。こうした場合は、比較的若い世代を中心に超過貯蓄が取り崩される可能性が低くなり得る。

　以上のように、我が国において、現時点でコロナ禍後に積み上がった家計の超過貯蓄の取崩しが目立ってみられない背景には複合的な要因があると考えられる。継続的な賃金上昇が実現し、実質賃金の改善につながれば、超過貯蓄の取崩しにつながり得る面がある一方で、コロナ禍を経た習慣の変化が生じていたり、老後不安に対する予備的動機が強ければ、今後の超過貯蓄の取崩しが制約される可能性もある。

第1－1－24図　コロナ禍前後における貯蓄理由と金融資産の保有額・目標額
　　コロナ禍を経て、老後の生活資金のために貯蓄する現役世代が増加し、目標資産額も引上げ

（1）現役世代における貯蓄行動の背景

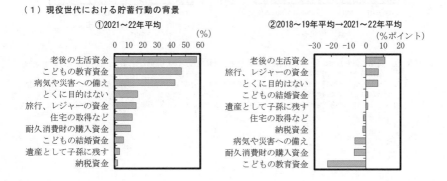

①2021～22年平均　　　　　　　　　（％）

②2018～19年平均→2021～22年平均　　　（％ポイント）

男性は83～84歳、女性は89～90歳と、平均余命よりそれぞれ2年程度高くなっている。

[39] ここでは、金融資産保有額が相応に存在する30歳代、40歳代とした。

[40] 「家計の金融行動に関する世論調査」の時系列データについては、調査方法の変更の影響や、サンプル数の拡大の影響に留意する必要がある。

（2）金融資産の保有額と目標額の分布
①二人以上の世帯

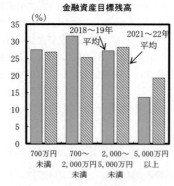

②単身世帯

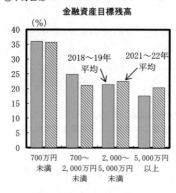

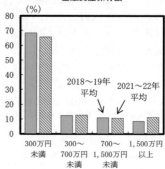

（備考）1．金融広報中央委員会「家計の金融行動に関する世論調査」により作成。なお、2020年調査と2021年調査の
　　　　　間に調査方法・調査対象の変更に伴う影響があることに留意が必要。
　　　　2．（1）は、金融資産を保有する二人以上世帯のうち、世帯主の年齢30～49歳。金融資産の保有目的を選択
　　　　　肢から三つまで複数回答。
　　　　3．（2）は、金融資産を保有しない世帯を含む。世帯主の年齢30～49歳。無回答の世帯を除いて分布を作成
　　　　　している。

第2節　デフレ脱却に向けた展望

　我が国の物価情勢をみると、今回の物価上昇局面は、2021年から2022年にかけて、コロナ禍を経た世界的な需要回復や、ロシアのウクライナ侵略による資源価格の高騰を契機として始まった。為替レートの減価もあいまって、輸入物価を起点に国内物価が上昇し、2023年初頭には、消費者物価（生鮮食品を除く総合）は、前年比上昇率でプラス約4％と40年ぶりの物価上昇となったが、その後、2023年9月～12月は2％台まで低下している。政府は、「物価が持続的に下落する状況」を「デフレ」と定義しており、また、「物価が持続的に下落する状況を脱し、再びそうした状況に戻る見込みがないこと」を「デフレ脱却」と定義している[41]。この意味で、我が国経済はデフレの状況にはないが、デフレから脱却しているか否かについては、物価の基調や背景を総合的に判断し、今後もデフレに「戻る見込みがない」ことを確認する必要がある。

　30年ぶりの高さとなる春闘の賃上げや、過去最大規模の名目設備投資、解消されつつある負のGDPギャップなど、経済には前向きな動きもみられ、デフレ脱却に向けて、千載一遇のチャンスを迎えている。本節では、2020年後半以降の物価の動向やその背景を確認し、我が国経済のデフレ脱却に向けた進捗を確認する。

1　2020年後半以降の物価動向

　ここではまず、2020年後半以降の物価の動きを振り返る。2023年末にかけては、食料品など財を中心に、消費者物価の前年比上昇率は低下傾向にある一方、物価上昇の裾野が、財だけでなくサービスにも広がってきていることを確認する。

（資源価格の上昇は、総じて落ち着いてきている）

　今回の物価上昇局面は、新型コロナウイルス感染症の影響により落ち込んだ世界経済が回復に向かう中で始まった。まず、原油をはじめとした国際商品の市況を、契約通貨ベースでみると（第1-2-1図（1））、コロナ禍の経済悪化の影響により、原油価格は

---

[41] 内閣府の参議院予算委員会提出資料「デフレ脱却の定義と判断について」（2006年3月）において、次のとおりデフレ脱却の定義を示している。
　○「デフレ脱却」とは、「物価が持続的に下落する状況を脱し、再びそうした状況に戻る見込みがないこと」
　○その実際の判断に当たっては、足元の物価の状況に加えて、再び後戻りしないという状況を把握するためにも、消費者物価やGDPデフレーター等の物価の基調や背景（注）を総合的に考慮し慎重に判断する必要がある。
　　（注）例えば、需給ギャップやユニット・レーバー・コスト（単位当たりの労働費用）といったマクロ的な物価変動要因
　○したがって、ある指標が一定の基準を満たせばデフレを脱却したといった一義的な基準をお示しすることは難しく、慎重な検討を必要とする。
　○デフレ脱却を政府部内で判断する場合には、経済財政政策や経済分析を担当する内閣府が関係省庁とも認識を共有した上で、政府として判断することとなる。

2020年4月に大きく落ち込み、石炭価格も2019年中から供給が過剰気味となっていた中で、2020年にかけても経済活動の低迷により低水準で推移した。その後、各国で経済活動の再開が徐々に進み、需要が回復してくることにより、原油や石炭価格は2020年後半から2021年中にかけて上昇傾向に転じた。2022年に入ると、2月24日のロシアによるウクライナ侵略を契機に、各種商品価格は大幅に上昇した。その後、原油と小麦は同年の前半、石炭も年後半にはピークを付け、それぞれ下落傾向に転じ、2022年後半以降、ウクライナ侵略前よりもおおむね低い水準で推移している[42]。

この間、円ベースの国際商品価格の動向をみると、2021年から、欧米において金融政策の引締めが進み、我が国との金利差が拡大する中で、為替レートが円安方向で推移した。特に、ロシアによるウクライナ侵略後から同年10月にかけてその動きが加速したため、円ベースの国際商品価格の伸びは、契約通貨ベースより更に大きくなった（第1－2－1図（2））。円安の進行は、2022年10〜12月頃は一服したが、2023年1月から再び円安方向に転じた。ウクライナ侵略前に比べると引き続き減価した水準となっており、その結果、原油価格については、ウクライナ侵略前とほぼ同じ水準となっている。

---

[42] 原油価格については、2023年7月以降、産油国の減産に伴い再び上昇基調に転じ、更に、同年10月には中東地域をめぐる情勢もあり、不安定な動きとなったが、アメリカにおけるガソリン需給が緩んだこともあり、本稿執筆時点（2024年1月）では、ウクライナ侵略前より低い水準で推移している。

第1－2－1図　国際商品市況の動向
資源価格の上昇は、総じて落ち着いてきている
（1）国際商品市況（契約通貨ベース）

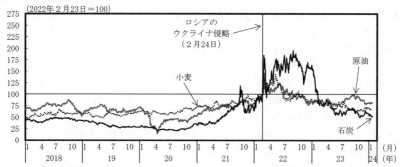

（2）国際商品市況（円ベース）

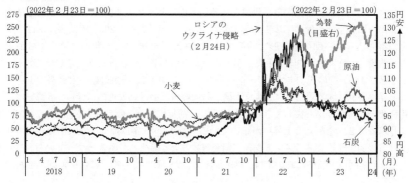

（備考）日経NEEDS、Bloombergにより作成。

（資源価格上昇や世界的な物価上昇が輸入物価を通じて国内企業の取引価格に転嫁）

　こうした国際商品の価格高騰に加え、米欧では財政刺激策の効果もあって、コロナ禍からの需要の回復が進む中で、2021年に入って以降、これら諸国において急速な物価上昇が生じた（第1－2－2図（1））。

　我が国の輸入物価は、上述した資源価格の上昇を受けて2020年後半から上昇傾向に転じ、更には世界的な物価上昇、そして円安の影響も受けて、急速に伸びを高め、円ベースの前年比はピークとなる2022年7月には、第二次石油危機時の1980年6月以降では最大の＋49.5%に達した（第1－2－2図（2））。このピーク時点での寄与度について、為替の要因（すなわち円ベースと契約通貨ベースとの差）とそれ以外の要因を分けると、両

者の寄与が同程度となっている[43]。2022 年秋以降は、資源価格の落ち着きに伴い、それまでの急速な上昇の反動もあって輸入物価の前年比は低下し、2023 年4月には2年2か月ぶりにマイナスに転じた。

　輸入物価の上昇は、海外からの輸送期間に伴う若干の時間差を伴いつつ、国内企業の取引価格に転嫁される。財の取引価格である国内企業物価は、まず、原油・石炭市況の上昇を受けて、ガソリンなど国内の石油・石炭製品の価格が上昇し、次いで、燃料費調整制度[44]を通じて電力料金が上昇することなどにより、大きく押し上げられた（第1－2－2図（3））。2022 年秋には、国際商品市況が落ち着いてきたことで輸入物価の前年比はプラス幅が縮小に転じていたものの、電気等の燃料費調整が時間差を伴って徐々に行われることや、輸入物価上昇によるコスト増が国内価格に転嫁されるに当たってもプラスチック製品等の加工品では一定の時間差を伴うことから、国内企業物価の前年比ピークは、輸入物価の前年比ピークからおおむね半年遅れの 2022 年 12 月（＋10.6%）となった。その後、輸入物価の上昇幅の縮小が進み、下落に転じる中で、国内企業物価の前年比プラス幅も縮小し、2023 年末の国内企業物価は前年比＋0％程度まで縮小している[45]。

　一方、サービスの企業間取引価格である企業向けサービス物価は、2020 年前半に、コロナ禍の影響を強く受けて広告や不動産を中心に下落した後、2021 年前半にかけては、その落ち込みから回復する形で前年比がプラス圏に戻り、2022 年初め頃までは前年比1％前後と、輸入物価や国内企業物価と比べると落ち着いた状況となっていた（第1－2－2図（4））。その後、まず、リース・レンタルにおいて、取扱対象の財価格の上昇を受け上昇幅が拡大するとともに、コロナ禍からの経済社会活動の再開に伴い、宿泊をはじめ各種サービス需要が回復してきたことにより、前年比プラス幅の拡大が継続し、2023 年7月以降は2％を超える上昇率が続いている。特に 2023 年以降では、人件費の高まりも受け情報通信サービス（ソフトウェア開発等）の上昇幅拡大が顕著となっている。このように、企業間取引価格においては、財に加えて、サービスでも徐々に価格転嫁が進んでいる。

---

[43] なお、為替以外の要因は、2022 年7月のピーク時点でみると、鉱物性燃料である石油・石炭・天然ガスの価格上昇がほとんどを占めているが、2021 年から 2022 年前半にかけての時期は、鉄鉱石や銅などの影響を受ける金属・同製品の価格上昇なども輸入物価の上昇に一定の寄与をしている。

[44] 電気料金は、燃料費調整制度により四半期ごとに、2四半期前の貿易統計における各燃料（原油、石炭、LNG）の輸入価格の平均値（3か月分）に基づき自動的に調整される。例えば、1～3月の燃料価格を反映して同年7～9月の電気料金が決定される。

[45] 輸入物価と国内企業物価は、指数の水準でみると、2020 年平均との比較で、国内企業物価は＋2割程度、輸入物価は＋6割程度となっている。

第１－２－２図　世界の消費者物価と日本の輸入物価・企業物価の推移

資源価格上昇や世界的な物価上昇が輸入物価を通じて国内企業の取引価格に転嫁

（１）世界の消費者物価（総合）の推移

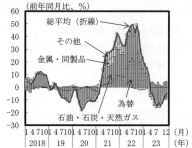

（２）日本の輸入物価（円ベース）の推移

（３）日本の国内企業物価の推移

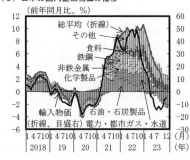

（４）日本の企業向けサービス物価の推移

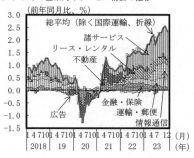

（備考）１．総務省「消費者物価指数」、OECD. Stat、日本銀行「企業物価指数」、「企業向けサービス価格指数」により作成。

　　　　２．（３）の輸入物価は、円ベース。

　　　　３．（４）の企業向けサービス価格は、消費税を除く。

（消費者物価は当初エネルギー価格、次いで食料価格の上昇により 40 年ぶりの上昇）

　輸入物価や企業物価の動きが徐々に波及する形で、消費者物価の前年比は 2022 年中に大きく上昇した（第１－２－３図（１））。結果として、総合の前年比は 2023 年１月に＋4.3％と、1981 年 12 月の＋4.3％以来、また、生鮮食品を除く総合（コア）の前年比は、同じく 2023 年１月に＋4.2％でピークを付け、1981 年９月の＋4.2％以来、それぞれ約 41 年ぶりの上昇率となった。

　今回の物価上昇局面における総合・コアの上昇は、世界的な物価上昇による輸入物価の上昇を起点としたものであったが、この間、政府としては、ガソリン・灯油等の燃料油価格や、電気・ガス価格について、激変緩和対策事業を実施し、物価高に対応してきた（第

１－２－３図（2）、（3））。そうした政策要因が消費者物価に与えた影響をみると[46]、ま
ず燃料油価格激変緩和事業が 2022 年 1 月 27 日から開始され[47]、2023 年初頭にかけてコ
アの前年比上昇率を最大 0.8%ポイント抑制してきた。2023 年 4 月以降、前年比上昇率
の押上げに寄与しているが、これは、前年同月の押下げの反動によるものであり、ガソリ
ン等の価格水準が抑制されていたことに変わりはない。次に、電気・ガス価格激変緩和対
策事業は 2023 年 1 月使用分から開始され、その効果は 2023 年 2 月以降から反映され始
め[48]、同年 9 月までは、コアの前年比上昇率を最大 1.1%ポイント押し下げる効果があっ
た。同年 10 月以降は、補助の半減により、コアの前年比上昇率の押下げ幅は 0.5%ポイ
ントとなっている。加えて、この間、観光需要喚起が目的であるが、2022 年 10 月から全
国旅行支援が実施され、旅行商品の単価の引下げが行われ、コアの前年比上昇率を最大
0.3%ポイント押し下げる効果があった[49]。

　こうしたエネルギー関係の激変緩和措置や全国旅行支援といった政策要因が仮になかっ
た場合のコアの前年比上昇率を試算し、その前年比上昇率の内訳をみる。2022 年前半
頃にかけてはガソリンや電気・都市ガス代などのエネルギー価格の上昇が寄与し、同年後
半になると、それまでの資源価格や穀物価格の上昇の価格転嫁が進んだことにより、食料
（食料品及び外食）の寄与が大きくなった（第１－２－３図（4））。コアの前年比は、政
策要因がなければ、2022 年 11 月、12 月の＋4.7%をピークに、2023 年 3 月以降は縮小傾
向となっているが、これは、電気代やガス代について、既往の資源価格の落ち着きが燃料
費調整制度を通じて徐々に反映されたことや、食料価格の前年比も 2023 年春頃から上昇
寄与としては拡大が止まったことによる。

　一方、生鮮食品及びエネルギーを除く総合（コアコア）について、全国旅行支援等の政
策要因を除いたベースでみると（第１－２－３図（5））、2023 年に入ってからも、食料
品の寄与が頭打ちとはいえ高止まりしてきたこと、その他の財の寄与も拡大したこと、更
に、経済社会活動の正常化、インバウンド需要の回復に伴い、外食や宿泊料などサービス
物価の上昇が続いたことにより、前年比 4％台前半でのプラス幅拡大が続いた。ただし、
輸入物価上昇を起点とした食料品の値上げの動きが一服したことから、前年比上昇率で
みると、2023 年秋頃からは食料品のプラス寄与が縮小傾向に転じている。この点は、速
報性が高いビッグデータである、スーパーのＰＯＳデータの動きからも確認される（第１
－２－３図（6））。一方で、価格転嫁の広がりもあって、外食を除くサービス物価も緩や

---

[46] ここでは、激変緩和措置等の政策要因の影響のみをみる観点から、2021 年 4 月等の携帯電話通
信料の引下げについては、政策要因に含めていない。（4）、（5）も同様。
[47] 燃料油価格激変緩和事業は、2022 年 1 月 27 日から開始されているが、消費者物価における燃
料油価格の調査時点が毎月中旬のため、消費者物価指数への押下げ効果が表れるのは翌月からと
なっている。
[48] 電気・ガス価格激変緩和対策事業は、2023 年 1 月の電気・ガス使用分から適用されているが、
消費者物価指数への反映は、検針時点から反映されるため、2023 年 2 月からとなっている。その
後の制度の変更についても消費者物価指数への反映は、制度適用月の翌月となっている。
[49] 全国旅行支援は、2023 年末までに終了した。なお、2023 年 8 月時点で消費者物価の前年比への
押下げ寄与がほぼゼロとなった。

かに上昇を続けている（外食の上昇は、食料品価格の影響も含まれると考えられる）。この点は、後述するように、デフレ脱却に向けた道筋を展望する上で注目すべき動きである。

第1−2−3図　消費者物価の推移

消費者物価は当初エネルギー価格、次いで食料価格の上昇により40年ぶりの上昇

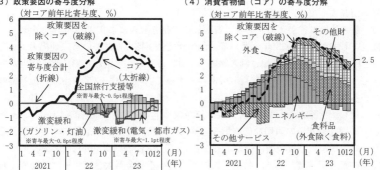

（1）消費者物価の推移

（2）政策要因による消費者物価指数（コア）への影響

（3）政策要因の寄与度分解

（4）消費者物価（コア）の寄与度分解

（5）消費者物価（コアコア）の寄与度分解

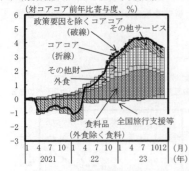

（6）ＰＯＳデータ（食料品）の前年比推移

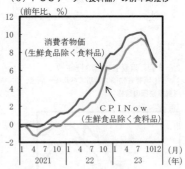

（備考）　1．総務省「消費者物価指数」、資源エネルギー庁「燃料油価格激変緩和補助金」、株式会社ナウキャスト「日経
　　　　　　ＣＰＩＮｏｗ」により作成。消費者物価指数は、固定基準。
　　　　　2．全国旅行支援等には、イベント需要喚起事業による影響を含む。

（財物価の上昇が緩和していく一方、今後はサービス物価の安定的上昇が重要）

　このように、今回の物価上昇局面においては、当初は資源価格を含む世界的な物価上昇
を背景に、輸入価格の上昇を起点として、消費者物価の約半分を占める財物価、具体的に
は７％を占めるエネルギー、そして 22％を占める食料品を中心に波及する形で消費者物
価上昇率が高まってきた（第１－２－４図（１））。

　他方、輸入物価は、上述のとおり、資源価格の落ち着きにより 2022 年７月をピークに
急速に低下しており、2023 年４月以降、前年比では下落に転じている（前掲第１－２－
２図（２））。財の消費者物価は、輸入物価の上昇に６か月程度遅れる形で動く傾向がある
ことから（第１－２－４図（２））、2023 年に入って以降、ピークアウトし、上昇幅は緩
やかながら縮小しつつある[50]。

　これに対し、今後は、景気の緩やかな回復が続く下で、賃金が継続的に上昇し、それが
消費需要の増加や賃金の適切な価格転嫁を通じて物価の緩やかな上昇につながり、そし
て企業の売上増が再び賃金増につながることで、賃金・物価が安定的に上昇していくとい
う好循環の実現が重要である。特に、人件費の占める割合が大きいサービス物価におい
て、賃金と連動した形で安定的な物価上昇が生じていくことが重要となる。消費者物価指
数のウエイトの半分を占めるサービスの物価は、これまで財物価の上昇に比べて遅れて
いたが、2023 年に入って以降、上昇率を徐々に高め、消費税率引上げの影響を除くと 1995
年以来の２％台となっている。内訳をみると（第１－２－４図（３））、外食や宿泊料が大
幅に伸びていることに加え、その他サービス（家賃や公共サービス、通信料を除く）につ

---

[50] ただし、2013 年頃の輸入物価の上昇局面と比べると、当時は 2013 年央に輸入物価の上昇幅が
縮小を始め、2015 年初から下落に転じているが、その際と比べて、財の消費者物価の上昇幅の縮
小は幾分緩やかなものとなっている。これは、40 年ぶりという物価上昇に直面する中で、企業が
価格設定行動を変容させている可能性がある。

いても、2023年春頃には2％台半ばまで上昇している。需要回復とともに、サービス業の人手不足などを反映して賃金が上昇し、それが価格に転嫁される動きが進んできている可能性がある。

第1－2－4図　消費者物価の財・サービスの動向
財物価の上昇が緩和していく一方、今後はサービス物価の安定的上昇が重要
（1）財とサービスのウェイト

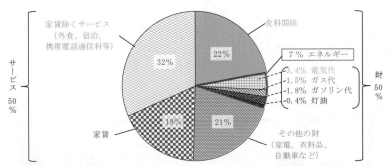

（2）輸入物価と消費者物価（財）の推移　　（3）サービス物価の推移

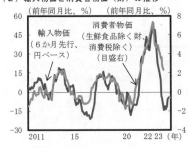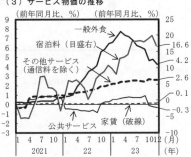

（備考）1. 総務省「消費者物価指数」、日本銀行「企業物価指数」により作成。消費者物価指数は、固定基準。
　　　　2.（3）は、政策等による特殊要因を除く値。ウエイトは、宿泊料81、一般外食434、その他サービス1,143（携帯電話通信料を除く）、公共サービス1,219、家賃1,833（1万分比）。

（GDPデフレーター上昇率は、輸入物価の下落により、伸び率を高めている）

　最後に、国内で生産された付加価値の価格であるGDPデフレーターの近年の動向を確認する。GDPデフレーターの前年比上昇率は、2020年は主に輸入物価の下落により若干のプラスで推移した後、2021年から2022年半ばにかけては、輸入物価が上昇しGDPデフレーターの下落に寄与する一方で、輸出物価の上昇、そしてラグを伴って始まった国内需要デフレーターの上昇が相殺する形で、ゼロ近傍で推移した（第1－2－5図）。その後、2022年7－9月期をピークに輸入物価、輸出物価の双方の上昇幅が縮小する中、

国内物価の上昇は続き、ＧＤＰデフレーターの前年比上昇率は明確なプラスに転じた。2023 年 7 ― 9 月期には＋5.3％と、比較可能な 1981 年以降では最も大きな伸びとなっているが、これは、輸入物価が下落に転じ、ＧＤＰデフレーターの押上げに大きく寄与する一方で、この間、国内需要デフレーターの上昇幅の縮小が緩やかなことによる。この背景には、①2023 年 7 ― 9 月期にかけては、輸入物価上昇の転嫁により財物価の上昇率が高止まっていたほか、②これまで粘着的であったサービス物価にも徐々に上昇がみられるようになっていることが考えられる。今後、輸入物価が安定化していく場合には、国内需要デフレーターの動きがＧＤＰデフレーターの動きを規定していくことになるが、消費者物価と同様、サービスを中心に賃金と物価の好循環が実現する下で、安定的なプラスが確保されていくことが重要である。

第 1 ― 2 ― 5 図　ＧＤＰデフレーターの動向

ＧＤＰデフレーター上昇率は、輸入物価の下落により、伸び率を高めている

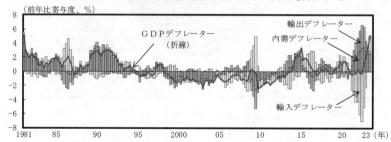

（備考）1．内閣府「国民経済計算」により作成。
　　　　2．1994年以前の系列は、「国民経済計算（2015年基準）」の簡易的な遡及方法による参考系列を用いて接続。

コラム１－２　食料品に係る消費者物価と購入単価の比較

　今般の物価上昇の影響を大きく受けてきた食料品について、家計の購買行動を分析するため、「消費者物価指数」と「家計調査」における購入単価の動きを比較してみよう。「消費者物価指数」は、家計の消費構造（購入する品目のウエイト）を一定の時点に固定し、全国の家計が購入する財とサービスの価格を総合した物価の変動を指数化して測定するものであり、各品目のウエイトには総務省「家計調査」の結果が主に用いられている（現行のウエイトは2019年と2020年の平均が用いられている）。また、各品目の価格は、食料品については、原則として、総務省「小売物価統計調査」による小売価格が用いられており、品目ごとに代表的な銘柄を選定し、その価格を継続的に調査している。これに対し、「家計調査」は、各世帯が家計簿を付け、日々の収入・支出、購入数量を記録するものであるから、支出額と購入数量から得られる平均購入単価は、消費者が実際に購入した商品の単価を示している。したがって、同じ食料品について、消費者物価指数と家計調査の購入単価の推移を比較することで、調査銘柄が限られる消費者物価指数では捕捉しきれない家計の購買行動をみることができる。

　具体的には、消費者物価指数については個別品目の価格指数を 2019 年・2020 年のウエイトで加重平均し、家計調査については家計の平均購入単価を 2019 年・2020 年の平均消費支出額で加重平均し、それぞれの推移を比較する（コラム１－２図（１））。これをみると、2021 年 1 月以降、消費者物価指数に比べて家計調査の購入単価が下回って推移しており、家計が様々な節約行動をとっている可能性が示唆される[51]。

　特に、短期間のセール時の買いだめについては、消費者物価指数においては上述のとおり価格指数を作成する際に原則として小売物価統計調査による調査価格を用いているため、短期間（7 日以内）の特売価格等が価格指数に反映されないが、家計調査ではこのような銘柄も含めて購入単価が算出される。実際に、鶏肉とケチャップを比較してみると、保存性が高く買いだめしやすいケチャップにおいては家計調査の購入単価が消費者物価指数を下回って推移してきたのに対して、生もので相対的に買いだめしにくい鶏肉ではこのような傾向がみられない（コラム１－２図（２））。

　こうした食料品における消費者物価の小売価格と実際の購入単価の差については、小売の業態におけるシェアの変化も背景として考えられる。本章第 1 節で述べたように、ドラッグストアは、コロナ前の 2016〜2018 年対比で＋36％販売額が増加し、その半分近くが食料品となっており、食料品価格の高騰の中で、ドラッグストアが、相対的に安価な食料品への需要を取り込んでいると考えられる。こうした消費行動の変化も、購入単価には反映されるが、消費者物価指数には必ずしも反映されない点に注意が必要である。

---

[51] 割安の代替品が購入された場合、消費者物価では当該銘柄が価格調査の対象に指定されておらず価格指数にその価格情報が取り込まれない可能性がある。一方、対象家計の購入銘柄を基に作成される家計調査においては当該銘柄の価格も含まれた形で購入単価が算出されるため、家計調査の購入単価が消費者物価の価格指数を下回る。

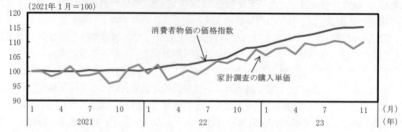

コラム１－２図　消費者物価指数と家計調査上の購入単価の比較
家計調査の購入単価が消費者物価の価格指数を下回っている
（1）食料品の消費者物価指数と家計調査上の購入単価の比較（総合）

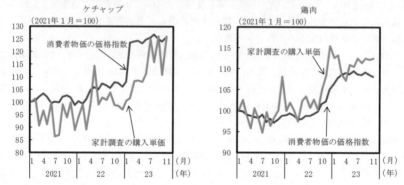

（2）食料品の消費者物価指数と家計調査上の購入単価の比較（具体的品目）

（備考）　1．総務省「消費者物価指数」、「家計調査」により作成。
　　　　　2．各品目を加重平均する際のウエイトは2019年・2020年の平均値を使用（家計調査は2019・2020年の平均消費支出額）。

2　デフレ脱却に向けた進捗と今後の展望

　前項では、コロナ禍を経て、輸入物価の上昇を起点として国内物価への波及が徐々に生じ、40年ぶりの物価上昇に至ったことを振り返った。現在の状況は、持続的に物価が下落する状況にはないという意味で、明らかにデフレではないが、名目賃金の上昇が物価上昇に追いついておらず、個人消費など内需は力強さを欠いており、こうした状況が続けば再びデフレに戻りかねない。本項では、我が国がデフレに入る前の状況との比較や、海外における物価安定の状況との比較を通じて、どのような状況になればデフレ脱却を展望できるのか、様々な角度から検討を行う。

（四半世紀にわたるデフレとの闘い：過去３回の物価上昇局面は結果的に持続せず）

　はじめに、我が国経済がデフレに陥る前の 1980 年代以降の 40 年超の長期的な消費者物価の動向について振り返る中で、我が国がデフレに陥った後、今回の物価上昇局面より前の三度の物価上昇の際にデフレから脱却できなかった背景等を確認する。

　消費者物価（コア）の前年同月比上昇率をみると（第１－２－６図）、まず 1980 年代の初めは 1978 年秋からの第２次石油危機の影響があり、ピークの 1980 年６月の前年比は＋8.5％に達している。急激なインフレが鎮静化した後、1983 年頃から 1985 年９月のプラザ合意までの間は２％前後の安定的な上昇率で推移していたが、急速な円高もあって 1987 年１月には一時的にマイナスに転じた。その後はいわゆるバブル景気の到来もあり物価上昇率はプラスとなり、1989 年４月には消費税の導入もあって上昇幅は拡大していったが、1990 年 12 月の＋3.3％をピークとして、バブル崩壊とともに上昇幅は縮小傾向に転じていった。その後、1995 年春に一時的に小幅なマイナスとなった後、1997 年秋頃にかけて同年４月の消費税率引上げの影響を除いた前年比で＋１％程度まで物価上昇率が高まる局面もあったが、1997 年７月以降のアジア通貨危機、同年 11 月以降の我が国の金融危機の中で景気が悪化し、1998 年夏頃から物価上昇率はマイナス傾向に転じていくこととなった。

　過去、政府の月例経済報告において「デフレ」と記述していた期間は、2001 年４月から 2006 年６月までの期間と、2009 年 11 月から 2013 年 11 月までの期間の二度ある[52]。最初のデフレ期間に関しては、上述のとおり、コアの前年比のマイナス傾向は 2001 年より前の 1998 年夏頃には始まっており[53]、日本経済は、1990 年代の終盤からデフレ状況に陥っていたといえる。その後、月例経済報告において「デフレ」との記述が一旦なくなった 2006 年７月から 2009 年 10 月までと、二度目に記述がなくなった 2013 年 12 月以降、現在に至るまでの期間については、物価が持続的に下落する状況という意味でのデフレではないものの、デフレに再び戻る見込みがないというという意味での「デフレ脱却」の判断には至っていない。このように、我が国経済のデフレとの闘いは、既に約四半世紀に及んでいる。

　この四半世紀の間においても、消費者物価の前年比上昇率が、一定程度の期間、プラスを継続する局面は何度か訪れた。それは、①2007 年秋頃からリーマンショックを経た 2008 年終わり頃までの期間、②アベノミクスの「三本の矢」の取組が始まった後の 2013 年夏頃から 2015 年の初め頃までの期間、③2017 年初め頃からコロナ禍の 2020 年初め頃までの期間である。しかし、①については、資源価格高騰による輸入物価上昇が主にエネルギ

---

[52] 2001 年３月の月例経済報告において、本文ではないが、「今月のトピック」において「『持続的な物価下落』をデフレと定義すると、現在、日本経済は緩やかなデフレにある」と記載しており、翌月の 2001 年４月の月例経済報告において、本文中（各論の物価判断）で「持続的な物価下落という意味において、緩やかなデフレにある」と記載している。
[53] 1998 年７月からコアの前年比のマイナス傾向は始まっており 1999 年５～９月のゼロ％を挟み、1999 年 10 月からマイナスが継続することとなった。

一や食料に波及して生じたコスト・プッシュ型のインフレであり、リーマンショックに端を発する世界金融危機の発生に伴い、資源価格が下落に転じる中で、再びデフレに陥ったという点で持続性のないものであった。②と③についても、後述するように物価上昇の大宗がエネルギーや食料であった中、②は原油価格の下落、③はコロナ禍の影響の中で、消費者物価上昇率は一時的にマイナス圏に戻った[54]。外生的なショックの影響もあるとはいえ、物価上昇が持続的でなかったという点では、いずれも、事後的にみて、デフレ脱却の判断を行う局面ではなかったといえる。

　その上で、今回の世界的な物価上昇から始まった物価上昇局面についても、既に確認したように、当初はエネルギー、そして輸入物価上昇の価格転嫁による食料の上昇が多くを占め、専ら外生的なコスト・プッシュにより主導されてきた。こうした物価上昇は、上記①や②の局面を振り返っても分かるように、資源価格や輸入物価の動向に左右されやすく、「再びデフレに戻る見込みがない」という意味で、デフレ脱却の環境が整ったとは評価し難かった。しかしながら、2023年の終わり頃にかけて、輸入物価の上昇を起点とした食料等の物価上昇が落ち着きをみせつつある一方、価格が上昇している品目の割合が8割を超え、価格粘着的なサービス分野も含めて物価上昇の広がりが生じているなど、局面の変化がみられる。こうした中、再びデフレに戻る見込みがないかどうかを判断する上で、どのような指標を確認していくべきか、本稿では様々な角度から議論していく。

---

[54] この時期の消費者物価上昇率には、2019年10月からの消費税率引上げ及び幼児教育・保育無償化の影響、2020年7月事業開始のGo Toトラベル事業の影響（同年12月停止）、2021年4月からの通信料（携帯電話）下落の影響が含まれていることに留意が必要であるが、これらの要因の影響を受けない2021年1月のコア前年比は−0.7％と、エネルギー価格の下落を反映して比較的大きなマイナス幅となっていた。

第１－２－６図　消費者物価の推移とデフレの状況

過去３回の物価上昇局面は結果的に持続せず

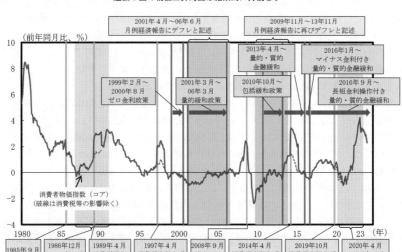

（備考）1．総務省「消費者物価指数」により作成。固定基準。
　　　　2．2019年10月の消費税率引上げ時には幼児教育・保育の無償化も行われており、破線はこれらの影響も除いている。

（ＧＤＰギャップ等はデフレ脱却に向けた進捗を示唆するが、総合的な判断が必要）

　上述した内閣府が 2006 年に示したデフレ脱却の定義においては、デフレ脱却の実際の判断に当たって総合的に考慮すべき物価の背景として、需給ギャップやユニット・レーバー・コスト（単位当たりの労働費用）といったマクロ的な物価変動要因を例として挙げている。そこで、マクロ経済の需給を表すＧＤＰギャップをみる（第１－２－７図（１））。コロナ禍の影響により、2020 年４－６月期にＧＤＰ比約－９％と過去最大のマイナス幅を記録したが、その後は、経済の回復に伴い、振れを伴いながら改善傾向で推移し、2023年４－６月には＋0.3％と、2019 年７－９月期以来、３年３四半期ぶりに小幅なプラスに転じた。その後、2023 年７－９月期は、実質ＧＤＰ成長率が４四半期ぶりのマイナスとなったことから、－0.6％となったが、大局的にみて、負のＧＤＰギャップが解消に向かいつつあるという流れに変わりはない。

　負のＧＤＰギャップが解消されることは、需要不足により物価下落圧力がかかる状況ではなくなるという点で、デフレ脱却に対して前向きな動きといえる。しかしながら、第１節でも確認したとおり、現状、我が国経済は、企業部門の好調さが賃金や投資に必ずしも回っておらず、個人消費や設備投資といった民間需要が力強さを欠く状態にあり、注意が必要である。特に、名目賃金上昇率が物価上昇率を下回り、実質賃金上昇率のマイナスが続いている中で、ＧＤＰの 55％を占める個人消費は、財消費を中心に回復力に欠ける

状況にある。

　また、賃金に由来する物価上昇圧力を示すユニット・レーバー・コスト（単位労働費用。以下「ＵＬＣ」という。）の前年比を確認すると、2022 年は若干のプラスで推移した後、2023 年はゼロ近傍で推移している（第１－２－７図（２））。雇用者の一人当たり名目雇用者報酬（賃金のほか雇主の社会保険料負担を含む）の伸びが、雇用者一人当たり実質労働生産性の伸びを傾向的に上回ってはいないということであり、労働コスト面からの物価上昇圧力が明確に高まっているとはいえない状況にある。

　次に、ＧＤＰギャップやＵＬＣ上昇率と、消費者物価上昇率との相関関係を確認する（第１－２－７図（３）、（４））。ＧＤＰギャップと消費者物価上昇率（コアコア）の関係、すなわちフィリップス曲線については、我が国経済がデフレに陥る前の 1984 年〜2000 年においては、プラスの相関関係があり、切片もプラスであったのに対し、2001 年からコロナ禍前の 2019 年までをみると、傾きがフラット化し、相関関係が緩やかなものとなると同時に、切片がゼロ近傍に低下している。デフレに陥って以降のフィリップス曲線の変化は、①切片の低下については、家計や企業など経済主体の予想物価上昇率が低下したこと、②傾きのフラット化については、需給が引き締まる方向に動いても物価が上昇しにくい構造に変化したということであり、価格転嫁が弱まるなど企業の価格設定行動が消極化していったことを示している。

　また、ＵＬＣ上昇率と消費者物価上昇率（コアコア）の関係については、デフレに陥った後は、同様に切片、傾き共に低下していることが分かる。これは、①デフレ以前に切片がプラスであったのは、同じ単位労働費用の伸びで、より高い物価上昇率が実現していたということであり、議論を単純化するため費用は労働費用のみと考えると、単位利潤の伸びがプラスであったことを示している[55]。換言すれば、2000 年以降の期間については、企業のマークアップが低下するなど価格設定力が低下したことを意味する。また、②傾きのフラット化については、人件費の変化が販売価格に転嫁されにくい構造に変化していたことを示唆している。なお、コロナ禍後の今回の物価上昇局面については、消費者物価は、輸入物価の急激な上昇に伴うコスト・プッシュ要因により、過去のＧＤＰギャップやＵＬＣ上昇率との関係からかい離して、上昇率を高めている。

　以上のように、単に、ＧＤＰギャップやＵＬＣ上昇率がプラスになったかどうかという基準により、デフレ脱却の判断を行うことには慎重であるべきである。デフレに後戻りする見込みがないかを判断するに当たっては、物価上昇の中で名目賃金がこれを持続的に上回る状況となるか、コストに占める人件費の割合が高いサービス分野を中心に労務費が適切に価格転嫁されるか、企業の価格設定行動が積極化しているか、幅広い品目で物価上昇がみられるようになるか、家計や企業の予想物価上昇率が安定的なプラスを維持するようになるか、など経済全体の動向について様々な角度から総合的に確認していくことが重要である。

---

[55] 厳密には、物価上昇率がＧＤＰデフレーターの場合の議論であり、ＧＤＰデフレーターと消費者物価上昇率の概念・カバレッジ・計測方法の違いも影響している。

第１－２－７図 ＧＤＰギャップ、ＵＬＣの動向
　　　　　　ＧＤＰギャップ等はデフレ脱却に向けた進捗を示唆するが、総合的な判断が必要
（１）ＧＤＰギャップ

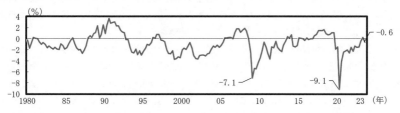

（２）ＵＬＣ

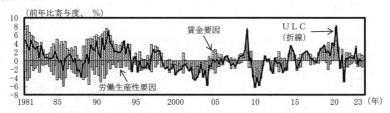

（３）ＧＤＰギャップとＣＰＩコアコア　　　（４）ＵＬＣとＣＰＩコアコア

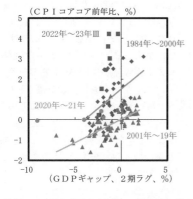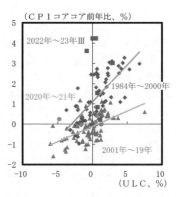

（備考）1．内閣府「国民経済計算」、厚生労働省「毎月勤労統計調査」、総務省「消費者物価指数」、「労働力調査」により作成。
　　　　2．（2）において、名目雇用者報酬と実質ＧＤＰは、1995年以降は「国民経済計算（2015年基準）」の系列。1994年以前は、名目雇用者報酬は「国民経済計算（2000年基準）」の系列、実質ＧＤＰは「国民経済計算（2015年基準）」の簡易遡及系列。賃金要因及び労働生産性要因は、1991年以降は「毎月勤労統計調査」の事業所規模が５人以上の事業所の系列により作成し、1990年以前は同調査の事業所規模が30人以上の事業所の系列を用いて接続。
　　　　3．ＧＤＰギャップ＝（実際のＧＤＰ－潜在ＧＤＰ）／潜在ＧＤＰ
　　　　4．ＳＮＡベースのユニットレーバーコスト＝名目雇用者報酬／実質ＧＤＰ＝（名目雇用者報酬／労働投入）／（実質ＧＤＰ／労働投入）により算出。
　　　　5．（3）、（4）の消費者物価指数は政策等による特殊要因を除く。固定基準。なお、消費者物価の前年比変化率に消費税率引上げの影響が含まれる期間のデータは除いている。

（春闘以外でも賃上げの流れが広がっていくことが重要）

　以上の議論を踏まえ、デフレ脱却に向けて確認すべき様々な指標や動向として、賃金上昇、価格転嫁、物価上昇の広がり、予想物価上昇率に焦点を当てて確認する。ここではまず、賃金上昇の持続性という観点で、今回の物価上昇局面における賃金上昇の実態を整理するとともに、今後の継続的な賃上げに向けた展望を行う。

　まず、2023年の春闘の結果と、それがどのように労働者の給与に反映されているかを確認する。40年ぶりの物価上昇が生じる中で、2023年の春闘では、いわゆる月例賃金労働者について、定期昇給分を含む賃上げ率として＋3.58％と、30年ぶりの高い賃上げが実現した（第1－2－8図（1））。この賃上げ率は、雇用者一人一人にとっての年齢や勤続年数等に応じて上昇する定期昇給分と、賃金表の改定などのいわゆるベースアップからなる。このベースアップについても、2023年は＋2.12％と、やはり30年ぶりの賃上げとなった。

　春闘におけるベースアップ分は、概念的には、「毎月勤労統計調査」では、一般労働者の所定内給与の上昇率に近しい[56]。過去10年（2013～22年）において、その年の企業の賃金の改定が、いつ頃から給与計算に反映され始めたかの平均的な姿をみると、5月に47％となった後、9～10月頃には100％近くに達するとされる（第1－2－8図（2））。2023年4月以降の一般労働者の所定内給与の水準をみると、今回もおおむねこのパターンと同様に賃金水準が高まってきたことがわかる（第1－2－8図（3））。

　前年比増加率という点でみると、毎月の回答事業者の構成比の変化もあって、月々の変動がみられる点に留意が必要であるが、2023年5月以降、＋1.6％～＋2.0％と、春闘ベースアップの2.12％より幾分低い伸びで推移している（第1－2－8図（4））。これは、一つには、①春闘における賃上げ率は、賃上げを行った企業と賃上げを行わなかった企業（0％と記録）のみが報告されているため、賃下げ事業所分も含む平均賃金上昇率を示す「毎月勤労統計調査」の方が低くなる面がある[57]。加えて、②「毎月勤労統計調査」は、公務を含んでいないが、国公立の学校や、診療報酬や介護報酬といった公定価格により賃金を受ける医療・福祉が含まれること、③春闘でカバーされる労働組合を持たない企業やそもそも労働組合を持たない企業の事業所が含まれることなどが影響し得る。このうち②について、医療・福祉や教育・学習支援業を除く産業計の一般労働者・所定内給与について、月々の事業所規模・産業別の常用雇用者の構成が2022年から一定とすると、おおむね2％程度の前年比増加率となっていることがわかる（第1－2－8図（6））。逆に言

---

[56] ただし、「毎月勤労統計調査」の一般労働者所定内給与の上昇率については、事業所における前年からの労働者構成比の変化（賃金水準が相対的に高い高齢の雇用者の退職と、賃金水準が相対的に低い若年の雇用者の採用など）の影響を含む。

[57] ①について、厚生労働省「賃金引上げ等の実態に関する調査」（公務、農林水産業等を除く常用雇用者100人以上の民営企業を対象）では、ベースアップ分の把握はできないものの、定期昇給分を含む2023年の賃上げ率をみると、賃下げ企業分を含む平均賃上げ率で＋3.2％、賃上げ企業分のみの平均賃上げ率で＋3.4％となっており、賃下げ企業の影響は幾分存在する（第1－2－8図（5））。

うと、2023 年は医療・福祉等における賃上げ率が相対的に低位にあることから、産業計の所定内給与の伸びとしては、春闘ベースアップから下振れている面がある。春闘のベースアップは対象労働者の実際の所定内給与の伸びに相応に反映されているが、経済全体の一般労働者の所定内給与の引上げという観点では、公定価格分野や中小企業を含めて、賃上げの流れの裾野が広がっていくことが重要である。この点、2024 年度は診療報酬・介護報酬・障害福祉サービス等報酬の三つが同時に改定され、その中で、医療・介護・障害福祉分野の職員の処遇改善のための加算措置が講じられることとなっている。こうした取組も通じ、公定価格分野で力強い賃金上昇が実現することが期待される。

第1−2−8図　春闘の結果等

春闘以外でも賃上げの流れが広がっていくことが重要

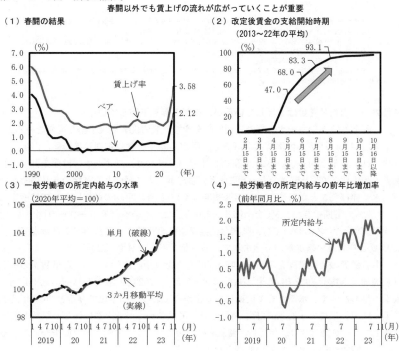

（1）春闘の結果

（2）改定後賃金の支給開始時期
（2013〜22年の平均）

（3）一般労働者の所定内給与の水準

（4）一般労働者の所定内給与の前年比増加率

（5）賃上げ率の推移
（賃金引上げ等の実態に関する調査）

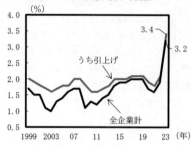

（6）産業別の名目賃金上昇率
（一般、所定内給与）

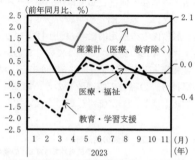

（備考）　1．日本労働組合総連合会「春季生活闘争回答集計結果」、中央労働委員会「賃金事情等総合調査」、厚生労働省
「毎月勤労統計調査」、「賃金引上げ等の実態に関する調査」により作成。
　　　　　2．（1）のベアの値は、1990～2013年度までは賃金事情等総合調査、2014年度以降は春季生活闘争回答集計結果に
よる。連合最終結果について最終集計の値。
　　　　　3．（3）は、内閣府による季節調整値。
　　　　　4．（6）は、一般労働者における産業別の所定内給与について、企業規模及び産業別の2022年平均常用労働者数を
用いた加重平均を計算している。

（名目の一人当たり賃金は上昇しているが、物価上昇を下回っている）

　次に、所定外給与やボーナス等の特別給与を含む一般労働者の現金給与総額をみると、
①製造業を中心に所定外労働時間が減少し、所定外給与を含む定期給与の伸びが所定内
給与のそれを若干下回っているが、②2023年夏（6～8月）のボーナスは産業計の一般
労働者で前年比3.0％と堅調であったことや、通常ボーナスがほとんどない5月の特別給
与が大きく伸びたことから[58]、2023年度前半（4～11月）平均の前年比としては所定内
給与＋1.7％、定期給与＋1.6％を上回る＋2.0％となっている（第1－2－9図（1））。
2023年末のボーナスについても、堅調な企業収益等を背景に、2023年12月時点では、
2023年夏よりも高い増加率が見込まれている（第1－2－9図（2））。

　パート労働者の賃金動向をみると、時給（時間当たり所定内給与）は、最低賃金の引上
げ（全国加重平均で2022年10月から前年比＋3.3％、2023年10月から前年比＋4.5％）
や人手不足もあって、水準として明確に切り上がっており、前年比でみると2023年度前
半（4～11月）平均で＋3.1％程度、特に6月以降は3～4％台と高い伸びが継続してい
る（第1－2－9図（3））。ただし、現金給与総額でみると、労働時間が減少傾向にある
ことから、時給ベースよりも低い伸びとなっている。

　一般労働者やパート労働者を合わせた就業形態計の平均賃金（現金給与総額）の前年比
増加率は、賃金水準が相対的に低いパートタイム労働者の比率の上昇傾向が継続してい
ることから、2023年度前半（4～11月）平均で＋1.5％程度と、一般労働者やパート労働

---

[58] 2023年5月の一般労働者の特別給与は、前年同月比＋37.1％（15,549円→21,316円）と大幅
に増加しているが、これは、2023年度の賃上げのうち、4月分が、同月の所定内給与ではなく、
5月の特別給与として遅れて支給された可能性がある。

者のそれぞれの伸びを下回っている（第1－2－9図（4））。

　次に、実質賃金の状況を確認すると、2022年4月以降、名目賃金（就業形態計の現金給与総額）の伸びが、消費者物価の伸びを下回っていることから、実質賃金の前年比は、1年半以上にわたりマイナスが続いている（第1－2－9図（5））。ここで、「毎月勤労統計調査」においては、名目賃金を消費者物価指数で除す際、慣習的に、消費者物価の総合ではなく、持家の帰属家賃を除く総合が用いられている。我が国の消費者物価指数で計測された家賃は粘着性が非常に高く（前掲第1－2－4図（3））、物価上昇が進む下でも、前年比で＋0.1％程度となっている。持家の帰属家賃のウエイトは15.8％であるため、持家の帰属家賃を除く総合の前年比としては、総合に比べて、物価上昇の高さに応じて0.5～0.8％ポイント程度高く推移している。この点、名目賃金を消費者物価の総合で実質化した姿をみると、マイナス幅は緩やかになるものの、1年半超にわたり実質賃金が減少傾向である点は変わらない。

　また、各雇用者にとっての賃金の購買力をみる観点で、一般労働者とパート労働者に分けてそれぞれ実質賃金を計算すると[59]、実質賃金の減少が続いている姿に変わりはないが、マイナス幅はそれぞれ幾分抑制され、パート労働者はプラス圏に近づいている。なお、一般労働者とパート労働者それぞれについて、月給ベースではなく、時給ベースの実質賃金を計算すると、一般労働者では明確なマイナス圏にあり月給ベースと比べて大きな姿は変わらないが、パート労働者では2023年10月には、名目時給の伸びが物価上昇を上回り、実質時給の前年比がプラスとなっている（第1－2－9図（6））。これは、第2章でもみるとおり、2023年10月の最低賃金引上げが影響している。また、同章で述べるように、「毎月勤労統計調査」は事業所調査であり、「一人当たり賃金」は、厳密には「仕事当たり」の賃金である。パート労働者を中心に副業実施などにより一人当たりの労働時間が拡大している場合は、月給ベースの「一人当たり賃金」は、毎月勤労統計が示すよりも強くなり得る点に留意が必要である。副業をめぐる状況や課題については第2章で詳述する。

第1－2－9図　現金給与総額の状況

名目の一人当たり賃金は上昇しているが、物価上昇を下回っている

（1）一般労働者の現金給与総額の推移

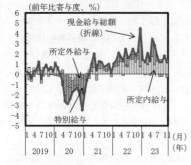

（2）ボーナスの支給見通し（労使の一時金交渉）

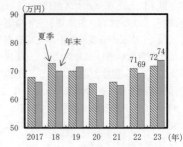

（3）パートの時給の動向

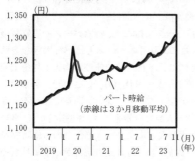

（4）就業形態計の現金給与総額の推移

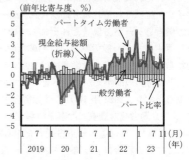

（5）実質賃金の推移

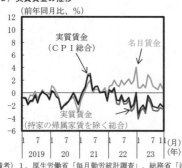

（6）実質賃金（就業形態別）の推移

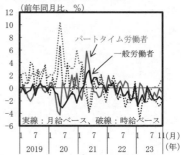

（備考）　1．厚生労働省「毎月勤労統計調査」、総務省「消費者物価指数」、日本労働組合総合連合会「要求集計・回答
　　　　　　集計結果」により作成。
　　　　　2．（2）は、夏季・年末賞与共に最終集計時点の妥結額を用いている。
　　　　　3．（3）は内閣府による季節調整値。
　　　　　4．（5）は雇用形態計の値。
　　　　　5．（6）は実線は月給、破線は時給をベースに算出している。消費者物価の総合（持家の帰属家賃含む）で実質化。

（物価上昇率に負けない名目賃金上昇率が実現、継続していくことが重要）

　このように、我が国では、今回の物価上昇局面において、名目賃金上昇率が物価上昇率に追い付いておらず、実質賃金上昇率のマイナスが続いている。この点、2021年以降、極めて高い物価上昇に見舞われた米欧諸国（アメリカ、英国、ドイツ）の実質賃金を確認すると、いずれの国でも、短くても1年、長い場合2年程度にわたり、実質賃金の減少局面が続いていた（第1－2－10図（1））。しかしながら、これらの諸国では、物価上昇率が2022年のピークから着実に縮小に向かう中、アメリカでは労働需給のひっ迫もあって名目賃金上昇率がコロナ禍前の3％程度を上回る4％台となり、独英では2023年に入り名目賃金上昇率が6〜8％に高まっていることから、実質賃金上昇率はプラスを回復している。

　これらの国を含む主要先進国では、過去20年程度を振り返ると、年による変動はあるものの、平均してみれば、消費者物価上昇率が2％前後の安定的な水準を確保する中で、名目賃金上昇率が物価上昇率を一定程度上回っている、すなわち一定のプラスの実質賃金上昇率が確保されてきたことが分かる（第1－2－10図（2））。これに対し、我が国においては、過去20年程度の平均的な姿としては、物価、名目賃金上昇率共にゼロ近傍であり、結果として実質賃金上昇率もほぼゼロであった。

　しかし、我が国の名目賃金上昇率と物価上昇率、そして実質賃金上昇率を長期に遡って確認すると、我が国経済がデフレ状況に陥るより前の1980年代初頭〜1990年代半ばまでは、上述の諸外国と同様に、物価上昇率が2％前後の中で、名目賃金上昇率が物価上昇率を1％前後上回る状況、つまり実質賃金上昇率について一定のプラスが実現していた（第1－2－10図（3））。

　物価上昇に負けず、これを上回る名目賃金上昇率が持続的に実現していくためには、最低限、雇用者の生活水準を維持する観点から、先行き想定される消費者物価上昇率並みの賃上げを実現することが必要である。これに加えて、実質賃金上昇率のプラスを実現していくためには、雇用者の生活水準が継続的に上昇することが必要であり、これは、労働生産性が向上し、その成果が賃金に反映されるということに他ならない。

　そこで、主要先進国における雇用者一人当たりの名目賃金の推移を、比較可能な2000年以降の期間で、物価、一人当たり労働生産性、労働分配率に分解する（第1－2－10図（4）①〜⑥）。各国によって姿は異なるところもあるが、コロナ禍前までの動きとしてある程度共通していえるのは、日本とイタリア以外では、一人当たり労働生産性と物価の上昇を主因に、一人当たり名目賃金が上昇する傾向にあったという点である[60]。

　これに対し、我が国においては、労働生産性の上昇を、物価の下落と労働分配率の低下が上回り、一人当たり名目賃金は2000年の水準を下回る水準で推移してきた。しかし、我が国においても、デフレに陥る前の1980年代初頭から1990年代初頭にかけては（第1－2－10図（4）⑦）、労働分配率の低下による押下げ要因もみられたが、物価と一人

---

[60] イタリアについては、労働生産性が低下する中で、名目賃金は物価上昇見合いの上昇にとどまっている。

当たり労働生産性の伸びにけん引されて、一人当たり名目賃金が高まっていたことが確認できる[61]。

　以上の理解の下、今後の持続的な賃金上昇に向けた展望と課題を整理する。30 年ぶりの高さとなった 2023 年度の賃上げに当たって企業が最も重視した要素を振り返ると、「企業の業績」が最も大きい点は 2022 年度から変わらないが、「労働力の確保・定着」という人手不足対応の動機がバブル期以来の大きさに、そして「物価の動向」が 40 年ぶりの大きさとなったことが特徴的である（第１−２−10 図（５））。

　このうち物価面については、消費者物価上昇率（コア）は２％台（2023 年 12 月時点で＋2.3％）にある。また、政府や日本銀行による 2024 年度の見通しは、２％台半ばが想定されており[62]、後述するように、企業の１年後の予想物価上昇率も２％程度に収れんしつつある。こうした中、企業業績は、経常利益や営業利益、あるいは売上高利益率でみるといずれも過去最高水準にあること等[63]から、力強い賃上げの継続に向けた環境は良好であるといえる。さらに、人手不足面については、本章第１節でみたように、企業の人手不足感はバブル期以来の高さとなり、人口減少が進行する中で強まり続けている。現下の環境にあっては、企業は人手不足への対応のために、雇用者の賃金引上げを積極的に用いるようになっており、労働需給面では、賃金が上昇しやすい環境にある（第１−２−10 図（６））。一方で、限られた人手でより高い付加価値を生み出すための省力化投資への取組は依然として限定的である（第１−２−10 図（７））。こうした省力化投資をはじめ、政策的な後押しを着実に進めることにより、有形・無形資産への国内投資の拡大を通じて、労働生産性の継続的な引上げを図り物価上昇に負けない持続的な賃上げを実現していくことが重要である。

---

[61] バブル崩壊後は、物価と労働生産性が共に伸び悩む中で、名目賃金も横ばいとなった後、1997 年前半頃にかけては、労働生産性の回復とともに名目賃金の緩やかな増加傾向もみられた。

[62] 政府経済見通し（「令和６年度の経済見通しと経済財政運営の基本的態度」（令和６年１月 26 日閣議決定））において、2024 年度の消費者物価上昇率（総合）の見通しは＋2.5％となっている。また、日本銀行の展望レポート（「経済・物価情勢の展望（2024 年１月）」）においては、2024 年度の消費者物価上昇率（コア）についての政策委員見通しの中央値は＋2.4％となっている。

[63] 2022 年には、輸入物価の上昇から交易条件が悪化し、企業が賃金を上げにくい環境につながっていた可能性があるが、2023 年に入って以降は、輸入物価の落ち着きにより、交易条件の面でも環境は良好であるといえる。

第１－２－10図　賃金と物価をめぐる状況
　　　　　　　　物価上昇率に負けない名目賃金上昇率が実現、継続していくことが重要
（１）米英独日の実質賃金等の推移

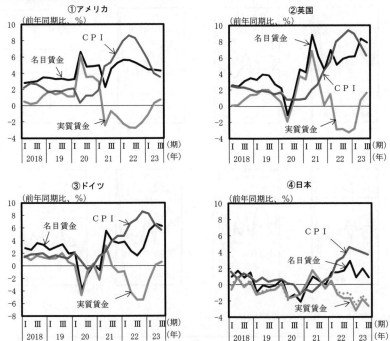

①アメリカ

②英国

③ドイツ

④日本

(備考) 1. アメリカ労働省、英国国家統計局、ドイツ連邦統計局、総務省「消費者物価指数」及び厚生労働省「毎月勤労統
　　　　　 計調査」により作成。
　　　 2. アメリカは、名目賃金は時間当たり賃金、物価は消費者物価（帰属家賃含む）。英国は、名目賃金は週平均賃金、
　　　　　 物価は消費者物価（帰属家賃含む）。ドイツは、名目賃金は月間平均賃金、物価は消費者物価（帰属家賃含む）。
　　　　　 日本は、名目賃金は月平均賃金、物価は消費者物価（帰属家賃を除く）、実質賃金は実線が総合（帰属家賃除
　　　　　 く）で、破線が総合（帰属家賃含む）で実質化したもの。

（2）主要先進国における名目賃金上昇率と物価上昇率の長期推移

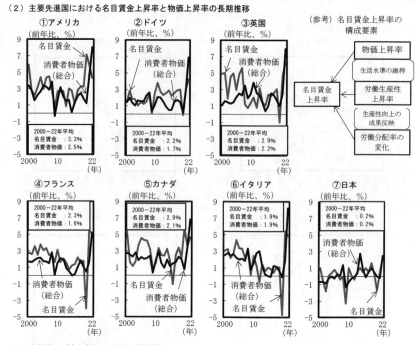

①アメリカ（前年比、%）
名目賃金
消費者物価（総合）
2000-22年平均
名目賃金 ： 3.3%
消費者物価 ： 2.5%

②ドイツ（前年比、%）
名目賃金
消費者物価（総合）
2000-22年平均
名目賃金 ： 2.2%
消費者物価 ： 1.7%

③英国（前年比、%）
名目賃金
消費者物価（総合）
2000-22年平均
名目賃金 ： 2.9%
消費者物価 ： 2.2%

（参考）名目賃金上昇率の構成要素

名目賃金上昇率 → 物価上昇率
生活水準の維持
労働生産性上昇率
生産性向上の成果反映
労働分配率の変化

④フランス（前年比、%）
2000-22年平均
名目賃金 ： 2.3%
消費者物価 ： 1.6%
消費者物価（総合）
名目賃金

⑤カナダ（前年比、%）
2000-22年平均
名目賃金 ： 2.9%
消費者物価 ： 2.1%
名目賃金
消費者物価（総合）

⑥イタリア（前年比、%）
2000-22年平均
名目賃金 ： 1.9%
消費者物価 ： 1.9%
消費者物価（総合）
名目賃金

⑦日本（前年比、%）
2000-22年平均
名目賃金 ： 0.2%
消費者物価 ： 0.2%
消費者物価（総合）
名目賃金

（3）春闘賃上げ率と物価上昇率の長期推移

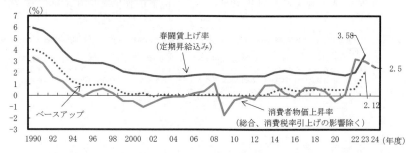

春闘賃上げ率（定期昇給込み）
3.58
2.5
ベースアップ
消費者物価上昇率（総合、消費税率引上げの影響除く）
2.12

（備考）1．OECD.Stat等、日本労働組合総連合会「春季生活闘争回答集計結果」、中央労働委員会「賃金事情等総合調査」、総務省「消費者物価指数」及び内閣府「令和6年度の経済見通しと経済財政運営の基本的態度」（令和6年1月26日閣議決定）により作成。
　　　　2．名目賃金はフルタイム雇用者の平均年収。日本の名目賃金は「毎月勤労統計調査」における一般労働者の現金給与総額。日本の消費者物価は消費税率引上げの影響を含む。
　　　　3．ベースアップ率の値は2013年までは「賃金事情等総合調査」、2014年以降は「春季生活闘争回答集計結果」による。消費者物価上昇率は、消費税率引上げの影響を除いた値。2023、24年度の消費者物価上昇率は「令和6年度の経済見通しと経済財政運営の基本的態度」による。

（4）主要先進国の一人当たり名目賃金の要因分解

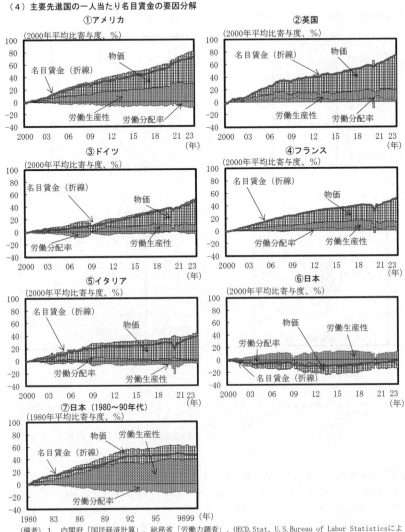

（備考）1．内閣府「国民経済計算」、総務省「労働力調査」、OECD. Stat、U. S. Bureau of Labor Statisticsにより作成。
　　　　2．名目賃金の寄与度分解は以下の式による。
$$\frac{W}{E_2} = \frac{W/E_2}{Y/E_1} \times \frac{Y/P_{GDP}}{E_1} \times P_{GDP} = 労働分配率 \times 労働生産性 \times 物価（GDPデフレーター）$$
　　　　　Wは雇用者報酬、Yは名目GDP、E_1は就業者数、E_2は雇用者数、P_{GDP}はGDPデフレーターを表す。
　　　　3．1993年以前の名目GDP及びGDPデフレーターは支出側GDP系列簡易遡及（2015年基準・08SNA）を用いている。また、1993年以前の雇用者報酬は2000年基準・93SNAの系列について、1994年第1四半期から2009年第1四半期までの値による、2015年基準・08SNAとの比率の平均を用いて接続している。
　　　　4．アメリカの就業者数及び雇用者数はU. S. Bureau of Labor Statisticsの値。
　　　　5．2023年は第2四半期までの値を用いている。

（5）企業が賃金の改定に当たり最も重視した要素

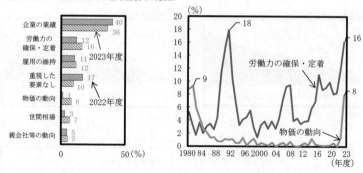

（6）名目賃金上昇率と人手不足感　　（7）企業の人手不足対応の取組

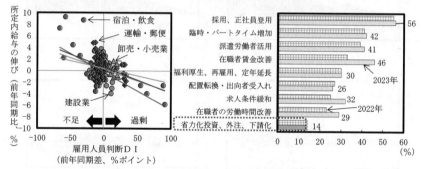

（備考）1. 厚生労働省「令和5年賃金引上げ等の実態に関する調査」、「毎月勤労統計調査」、「労働経済動向調査（8月調査）」、日本銀行「全国企業短期経済観測調査」により作成。
　　　　2. （6）は2009年第1四半期から2023年第3四半期までの値。
　　　　3. （7）は現在労働力が不足しており、労働者不足の対処をした事業所について、過去1年間に行った対処方法の割合（複数回答）を示す。

（企業の価格転嫁はアメリカに比べれば遅いものの、価格上昇はサービスにも広がり）

　次に、企業の価格転嫁の動きについて確認する。まず、今回の物価上昇局面は輸入物価の上昇を起点としたものであったことから、生産過程における川上から川下、更に最終需要といった各段階で投入される財やサービスについて、段階別の物価動向を、最終需要・中間需要物価指数（FD-ID指数）により確認する[64]。

---

[64] 最も川上に位置する中間需要のステージ1には、財では原油などの素原材料のほか、素原材料を直接の投入要素とする石油製品や粗鋼、また、サービスでは労働者派遣サービスが含まれる。ステージ2には、財ではステージ1の石油製品や粗鋼を加工して製造されるプラスチック製品や鋼材、また、サービスでは、広告や道路貨物輸送、インターネット附随サービスなどが含まれる。

　日本のFD－ID指数をみると（第1－2－11図（1））、資源の少ない我が国においては、輸入物価上昇の影響を受けて2021年以降、原油などの素原材料が含まれる中間需要ステージ1の物価が大幅に上昇している。しかし、その後のステージ2からステージ4にかけての物価上昇は川上から川下への転嫁が徐々に進む形で現れ、段階ごとに上昇率がおおむね半減していくような姿となっている。

　比較のため、アメリカにおけるFD－ID指数をみてみると、中間需要ステージ1の物価上昇は日本と比べて低く抑えられている中で、中間需要ステージ2やステージ3の物価はステージ1とほぼ同時に、かつ、時期によってはステージ1以上の上昇率を示している。また、中間需要ステージ4から最終需要にかけては上昇率が相対的に低くなるものの、日本と比べると、川上における物価上昇はかなりの程度が最終的に需要される財・サービスにまで価格転嫁されている。このように、アメリカに比べ、我が国においては、川上から川下にかけての転嫁が強くないといえる。

　日米における価格転嫁の速度の違いを捉えるために、中間需要ステージ1の物価と最終需要の物価の時差相関係数をみると（第1－2－11図（2））、アメリカでは、当月の最終需要の物価と中間需要ステージ1の物価との相関は、2か月のリード（ステージ1が最終需要に2か月先行）で最も高くなり、1か月前や当月のステージ1との相関も相応に高くなっているのに対し、我が国では、7か月前のステージ1の物価との相関が最も高くなっており、当月に近接する月のステージ1の物価との相関は低い。このように、日米で比べると、日本は価格転嫁の程度が弱いとともに、転嫁の進む速度についても遅いことが分かる。

　そうした中、徐々にではあるが、我が国でも2023年以降、川上の物価上昇が落ち着いてきている中、最終需要における内訳をみると、価格転嫁に広がりがみられるようになっている（第1－2－11図（3））。すなわち、最終需要における物価上昇は、当初は、資源価格上昇によるエネルギー価格の上昇や、その他財の輸入物価にけん引されて始まり、それらが食料品に転嫁されることでプラス幅を拡大させてきたが、2022年の秋以降は、輸入財やエネルギー価格の上昇が落ち着き、財物価の上昇幅が縮小傾向にある一方で、サービス物価の上昇寄与が拡大してきている。内訳をみると、企業向けサービス価格でもみたように（前掲第1－2－2図（4））、宿泊やソフトウェア関連サービスなどの寄与が大きくなっているが、宿泊についてはコロナ禍からの経済社会活動の正常化により需要が回復する下で上昇している側面と、人手不足に直面する下で賃金が上昇し、それが転嫁されている側面の両方があると考えられる。また、ソフトウェア関連サービスについても、デジタル化の需要増により上昇している側面と、賃金上昇の転嫁による側面が両方あると考えられる。

ステージ3には、財ではプラスチック製品や鋼材を用いて生産される自動車部品のほか、集積回路、液晶パネルなど、また、サービスでは航空輸送や機械器具卸売などが含まれる。ステージ4には、清涼飲料、乗用車、工作機械、パソコンのほか、個人向けの比率が高い宿泊サービスなどが含まれている。

第1-2-11図　企業の価格転嫁の動向

企業の価格転嫁はアメリカに比べれば遅いものの、価格上昇はサービスにも広がり

（1）日米のFD-ID指数の比較

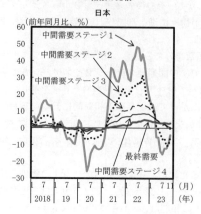
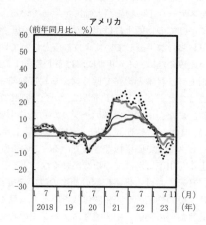

（2）FD指数とIDステージ1指数の時差相関係数

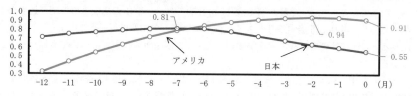

（3）日本の最終需要の寄与度分解

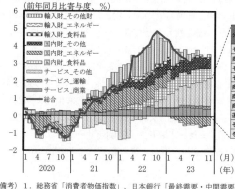

分類	品目	前年同月 比寄与度
その他サービス	宿泊業	0.53
商業サービス	飲食料品卸売	0.15
その他サービス	ソフトウェア業	0.14
その他サービス	移動電気通信	0.10
商業サービス	機器器具卸売	0.09
商業サービス	その他の卸売	0.09
商業サービス	繊維・衣服等卸売	0.05
運輸サービス	道路貨物輸送（自家輸送を除く。）	0.05
その他サービス	飲食店	0.04
その他サービス	ハイヤー・タクシー	0.04

（備考）1．総務省「消費者物価指数」、日本銀行「最終需要・中間需要物価指数」、「企業物価指数」、「企業向けサー
　　　　　ビス指数」、アメリカ労働省により作成。
　　　　2．（2）は、ゼロ期の相関係数は2018年10月～直近までの約5年間のデータから算出。－X月の時差相関係数
　　　　　は、FD指数のデータ時期はそのままで、IDステージ1指数のデータ時期をX月前にずらして算出。

（今回物価上昇局面では過去と比べ、企業による仕入価格の販売価格への転嫁が進展）

　次に、企業の価格転嫁の状況について、過去の物価上昇局面と比べた変化が起きているかどうかを確認する。まず、労務費以外の仕入価格の販売価格への価格転嫁の実態を、日本銀行「短観」における企業の価格判断をみると（第1－2－12図（1））、2021年に入り、仕入価格の上昇に直面する企業の割合が大幅に上昇する中で、企業は徐々に販売価格の引上げを行っていた。販売価格を上昇させた企業の割合は、バブル期の1990年10－12月期や、世界金融危機（リーマンショック）以前の2008年4－6月期及び7－9月期の19％を大幅に上回る35％程度に達している。販売価格を下落させた企業の割合も過去最低水準となり、加えて、仕入価格上昇の割合も頭打ちから下落に転じた。

　こうした価格転嫁状況について、現在と同様、原油価格の高騰に起因する物価上昇がみられた、2008年の世界金融危機が起きる前の時期と比較すると、当時も仕入価格が大幅に上昇する中で、一部の企業は価格転嫁を行い、販売価格を引き上げていたものの、その割合は最大で19％と限定的だった。むしろ、販売価格の引下げを継続していた企業も15％程度と少なくなく、現在の方が企業の価格転嫁のスタンスがより積極的になっている。

　また、2008年頃ほどではないが仕入価格が上昇していた1990年頃と比べると、この時期も販売価格の上昇割合が大きく高まった一方、販売価格下落の割合は低水準となっており、比較的広範に価格転嫁が行われていたことが分かる。現在の方が、仕入価格上昇の割合が大きい分、販売価格上昇の割合も当時と比べて大きくなっているものの、企業が仕入価格上昇に対して価格転嫁で対応している点では、日本経済がデフレに入る前の時期に近づいてきている可能性がみてとれる。

　販売価格DIと仕入価格DI（販売価格又は仕入価格が上昇した企業の割合から下落した企業の割合を差し引いたDI）の推移を業種別にみると、まず、素材型製造業では、2008年のリーマンショック前に仕入価格が大きく上昇した時は、販売価格の上昇は限定的であったが、今回の物価上昇局面では、仕入価格が2008年並みに上昇する中、販売価格への転嫁が進んだ（第1－2－12図（2））。次に、加工型製造業や非製造業では、この30年間、販売価格引上げ企業の割合が十分高まらなかったが、今回は販売価格への転嫁が進展している（第1－2－12図（3）、（4））。なお、非製造業では、1980年代～90年代初めは仕入価格と販売価格の動向の連動性が高かったことが分かる。

　以上の点について、販売価格DIを仕入価格DIに対して回帰して得られるパラメータを「価格転嫁性向」として、①日本経済がデフレ状況に陥る前の1984～1994年、②デフレ状況に陥り脱却ができなかった2001～2012年、③アベノミクスが始まってからコロナ禍に入るまでの2013～2019年、④今回の物価上昇局面である2020年以降に分けてみると、大企業・中小企業、製造業・非製造業を問わず、価格転嫁性向は、①の期間には高く、②③の期間では低下し、今回の④の期間では、総じて、デフレに陥る前の①の水準に近づきつつあることが分かる（第1－2－12図（5））。このように、中間投入の販売価格への転嫁力は、今回の物価上昇局面で、デフレに陥る以前の状態に回復しつつあることを示している。

第１－２－12図　企業の価格転嫁の状況の過去との比較

今回物価上昇局面では過去と比べ、企業による仕入価格の販売価格への転嫁が進展

（１）企業の価格判断の長期的な推移

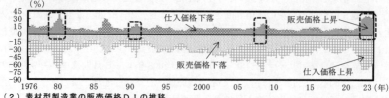

（２）素材型製造業の販売価格ＤＩの推移

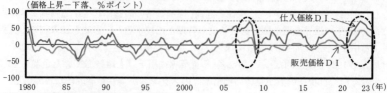

（３）加工型製造業の販売価格ＤＩの推移

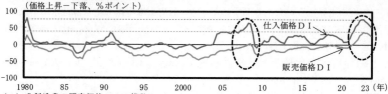

（４）非製造業の販売価格ＤＩの推移

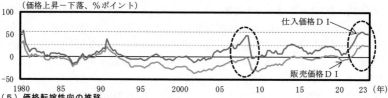

（５）価格転嫁性向の推移

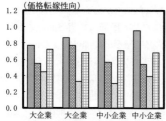

（備考）　1．日本銀行「全国企業短期経済観測調査」により作成。
　　　　　2．（5）は、販売価格ＤＩを仕入価格ＤＩに回帰して求めた係数。仕入価格ＤＩが１％ポイント変化した場合
　　　　　　に、販売価格ＤＩが何％ポイント変化する傾向があるかを示したもの。

（一方で、人件費の価格転嫁は、サービス部門を中心にいまだ途上にある）

　さらに、人件費の転嫁状況を確認する。人件費の割合が高いサービス分野で、賃金上昇が価格に転嫁され、賃金と物価が共に持続的に上昇していくことが重要であることから、まずサービス部門における物価と賃金の関係について、我が国とアメリカを比較すると（第1−2−13図（1））、我が国のサービス部門では賃金と物価は上昇しつつあるものの、その伸びは緩やかなものにとどまっているのに対し、アメリカでは賃金が着実に増加する中でサービス物価も上昇していることが分かる。

　次に、我が国のサービス物価について、公定価格で決まる診療代や介護代などを除いた上で、「平成27年産業連関表」を基に、人件費比率が上位25％の品目、下位25％の品目に分け、2022年初以降の物価の前年比上昇率をみたところ（第1−2−13図（2））、人件費比率が低い品目の方が、人件費比率が高い品目より、物価上昇が顕著にみられている[65]。ただし、人件費比率の低い品目の上昇分には、経済社会活動の再開等により、大幅に価格が上昇している宿泊料の影響がかなりの部分を占めている点には留意が必要である。他方で、人件費比率が高い品目についても、徐々に物価上昇率が高まってきている。これは、講習料、補習教育、自動車整備費、自動車オイル交換料、運送料などの上昇が寄与しており、自動車整備費など人件費以外の要因で上昇しているものもある一方、講習料や補習教育など人件費上昇の転嫁が起きている可能性がある品目もみられる。

　次に、中小企業における発注企業との間の価格交渉について、原材料費と労務費で転嫁の動向に違いがあるかどうかをみてみると（第1−2−13図（3））、2023年9月時点で、原材料費については、業種ごとのコストに占める原材料費の割合が高いほど、原材料費から販売価格への転嫁率も高くなっており、比較的転嫁がしやすくなっていることがみてとれる。しかし、労務費については、コストに占める割合と販売価格への転嫁率の関係性が弱く、原材料費と比べて転嫁が進みにくい状況にあることがわかる。また、労務費の割合が相対的に高い業種においては、価格交渉自体は行われたにも関わらず、全く転嫁できなかった企業の割合が多い傾向もみてとれる。内閣官房・公正取引委員会「労務費の適切な転嫁のための価格交渉に関する指針」（2023年11月29日公表）によれば、労務費は、受注者側からすると、コストの中でも特に価格転嫁を言い出しにくく、そうした状況を改善するため、同指針では発注者側に、①経営トップの関与、②発注者側からの定期的な協議の実施、③受注者側に説明・資料を求める場合は最低賃金の上昇率や春闘労使交渉の妥結額・上昇率など公表資料とすること[66]、を求めている。こうした取組も通じ、持続的な

---

[65] 日本銀行（2023）は、物価上昇から賃金上昇への流れについては、日本経済がデフレ状況に陥る前の状態に回復しつつある一方で、賃金上昇から物価上昇という流れについてはいまだ戻っていないと分析している。その証左の一つとして、人件費比率の占める割合が高い品目と低い品目に分けると、今回の物価上昇局面においては、輸入比率の高い品目が低い品目より、人件費比率が低い品目が高い品目より、それぞれ物価上昇が顕著である点を指摘している。
[66] 同指針においては、「発注者が過度に詳細な理由の説明や根拠資料を求めたり、受注者が明らかにしたくない内部情報に係るものの説明や根拠資料の提出を求めたりした結果、受注者が転嫁の要請を断念したなどの事例がみられた」としている。

賃金上昇に向け、受発注者間の価格交渉の環境改善が進むことが望まれる。

第1－2－13図　賃金コストと消費者物価

人件費の価格転嫁は、サービス部門を中心にいまだ途上

（1）サービス物価と賃金の日米比較

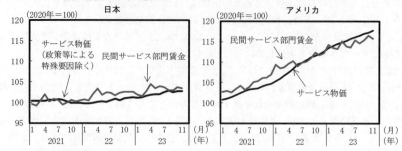

（2）人件費比率別の物価上昇率

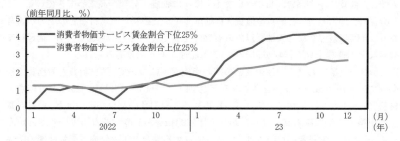

（3）中小企業の労務費と受発注企業間の価格転嫁

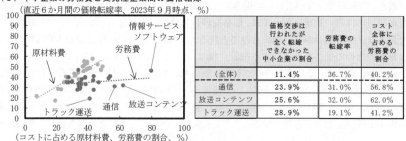

（直近6か月間の価格転嫁率、2023年9月時点、%）

	価格交渉は行われたが全く転嫁できなかった中小企業の割合	労務費の転嫁率	コスト全体に占める労務費の割合
（全体）	11.4%	36.7%	40.2%
通信	23.9%	31.0%	56.8%
放送コンテンツ	25.6%	32.0%	62.0%
トラック運送	28.9%	19.1%	41.2%

（備考）　1．総務省「消費者物価指数」、「産業連関表」、厚生労働省「毎月勤労統計調査」、アメリカ労働省、中小企業
　　　　　　　庁「価格交渉促進月間（2023年9月）フォローアップ調査の結果について（確報版）」により作成。
　　　　　2．（1）の民間サービス部門賃金について、日本は「毎月勤労統計調査」から得られる定期給与について「鉱業、
　　　　　　　採石業、砂利採取業」、「建設業」、「製造業」を除いた系列。アメリカは平均時給。
　　　　　3．（2）の消費者物価は政策等による特殊要因を除く値。また、大学授業料（国立）や診療代、外国パック旅行
　　　　　　　費、通信料（携帯電話）、家賃等を除く。上位25%の品目には補習教育や各種講習料等、下位25%の品目には
　　　　　　　宿泊料等が含まれる。
　　　　　4．（3）について、右表は「価格交渉は行われたが全く転嫁できなかった企業の割合」について、27業種中で最
　　　　　　　下位の3業種を取り出したもの。

（物価上昇の広がりはサービス分野にも徐々にみられる）

　次に、物価上昇の広がりについて概観する。ここでは、日本経済がデフレ状況に陥る前の 1980 年代初頭から 1990 年代半ば頃までを「デフレ前」という比較対象とし、その後、結果的にデフレ脱却には至らなかったものの、消費者物価の上昇がみられた局面として、本節冒頭で示した三つの期間（①2007 年秋頃から、世界金融危機が起こるまでの 2008 年終わり頃までの期間、②アベノミクスの「三本の矢」の取組が始まった後の 2013 年夏頃から、原油価格が大幅に下落する 2015 年の初め頃までの期間、③2017 年初め頃から、コロナ禍が発生する 2020 年初め頃までの期間、そして④今回の物価上昇局面との比較を行う。

　消費者物価の上昇率を比較すると、調査品目は財・サービスとも現在とは異なっていることに留意が必要であるが、デフレ前の時期における物価上昇は、食料品などの財だけでなく、サービス価格の上昇による寄与が大きかったことが確認できる（第１－２－14 図（１））。例えば、プラザ合意前の 1984 年の物価上昇への寄与をみると、現在では上昇寄与が非常に小さい家賃や公共サービスの寄与が相応に大きかったことに加え、それ以外のサービスの寄与も比較的大きかったことが特徴的である（第１－２－14 図（２））。これに対し、2000 年代に入ってからの過去三回の物価上昇局面（①～③）においては、原油価格の上昇による石油製品価格や電気・ガス代の上昇や、これらコスト増を受けた食料品価格の上昇がほとんどである。サービス物価の上昇は限定的で、ほとんどが国際商品市況の上昇を背景とした輸入物価の上昇と、それを反映した国内財物価の上昇にとどまっていたといえる。

　一方、今回の物価上昇局面においては、当初（2022 年）は①～③と同様、エネルギー価格や食料品価格の上昇が主要因となって始まったものの、足下（2023 年）では、資源価格の落ち着きや激変緩和措置の影響もあって、エネルギー価格が下落に転じる中で、食料品の寄与は引き続き大きいとはいえ、①～③の局面と比べると、外食やその他のサービスの価格上昇が顕著に表れている。その他のサービスの上昇には、コロナ禍からの経済社会活動の正常化に伴う宿泊料の上昇も含まれていることには留意が必要であるが、前節でもみたように宿泊料を除いたベースでみてもサービス物価は上昇してきている（前掲第１－２－４図（３））。こうした流れが進み、賃金と物価の好循環がサービス分野で持続的に起きていくことが重要である。

　また、物価上昇の広がりを品目の割合でみると、上昇している品目の割合が８割を超えており、上昇品目の割合から下落品目の割合を引いたＤＩも 70％と、2006 年以降の物価上昇局面と比較してそれぞれ最高値となっている。また、1984 年と比較しても、上昇品目の割合やＤＩは近い姿となっており、デフレ前に近い広がりが生まれてきている（第１－２－14 図（３））。

　こうした物価上昇の広がりは、品目別の前年比上昇率の分布からも確認できる（第１－２－14 図（４））。また、財・サービスを併せた全体をみると、2018 年には物価上昇率がゼロのところに高い山が位置していたものが、2023 年 12 月は大きく低下している。財に

ついてみると、1984年も山はゼロのところにあり、むしろ現在の方が広がりがある姿となっているが、この要因として、1984年はウエイトの大きい電力などエネルギーや新聞といった品目の価格がこの年に変動しなかったことが挙げられ、特に規制料金である電力については1996年の燃料費調整制度の導入前であったことが影響していた可能性がある。一方、サービスについてみると、2023年12月は、上昇率ゼロの山の高さは低下しているが、2018年と同様に山が上昇率ゼロに位置している一方、デフレ前の1984年は山がプラスの領域（＋2％）に位置していた。現在の状況は、サービス価格上昇の広がりが生まれてきていると評価できる一方、デフレ前と同様の状況にまでには達していないことがわかる。後述するように、米欧におけるコロナ禍前の2018年の分布をみると、財の分布は上昇率ゼロのところに山があり、サービスの分布はプラス領域に山があるという点で共通しており、安定的な物価上昇のためにサービス価格上昇の広がりが重要であることがうかがえる。

　最後に、小売物価統計から計測される前月からの価格改定頻度を推計すると、財・サービス共に、特売などの「一時価格」に加えて、定価に代表される「正規価格」の改定頻度も上昇している（第1－2－14図（5））。特に、サービスの正規価格の改定頻度については、過去期間について先行研究（倉知他（2016））の推計を用いて比較すると、1990年前半頃には6％を超えていた一方、デフレ状況に入っていくとともに低下していったが、現在は、1990年前半当時に近い水準になっており、こうした点からもサービス物価の上昇に広がりが生まれつつあることがわかる。

第1－2－14図　消費者物価の長期的な動向

物価上昇の広がりはサービス分野にも徐々にみられる

（1）消費者物価長期時系列

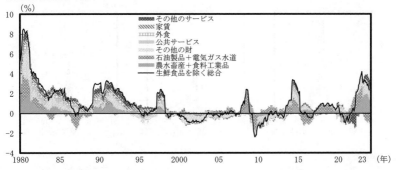

凡例：
- その他のサービス
- 家賃
- 外食
- 公共サービス
- その他の財
- 石油製品＋電気ガス水道
- 農水畜産＋食料工業品
- 生鮮食品を除く総合

（2）コア上昇率における各分類の寄与度

各時点の前年比に対する寄与度平均
（コア上昇率に対する寄与度、％ポイント）

各時点の前年比に対する寄与割合平均
（コア上昇率に対する比率、％）

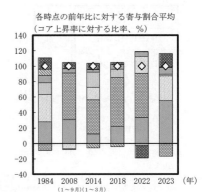

1984　2008　2014　2018　2022　2023　（年）
　　　（1～9月）（1～3月）

（3）コアの上昇品目

（ＤＩ（前年比）、％）生鮮除く522品目

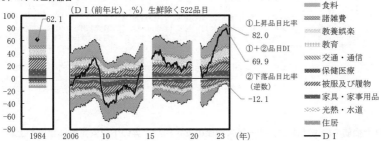

①上昇品目比率
82.0

①＋②品目ＤＩ
69.9

②下落品目比率
（逆数）
-12.1

凡例：
- 食料
- 諸雑費
- 教養娯楽
- 教育
- 交通・通信
- 保健医療
- 被服及び履物
- 家具・家事用品
- 光熱・水道
- 住居
- ＤＩ

1984　2006　10　15　20　23　（年）

（4）消費者物価の品目別の前年比上昇率の分布

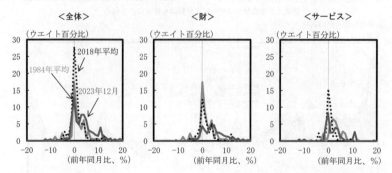

<全体>　　　　　　　　<財>　　　　　　　　<サービス>

（5）価格改定頻度

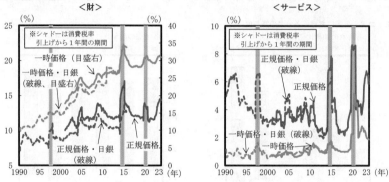

<財>　　　　　　　　　　　　　　<サービス>

（備考）1．総務省「消費者物価指数」、「小売物価統計調査」により作成。
　　　　2．（1）の各寄与度は接続指数を用いた簡易的な遡及値のため、必ずしもその合計値はコア前年比と一致しない。
　　　　3．（2）は各年における月次の前年比の算術平均。ただし、2008年は世界金融危機の影響を除くため同年1～9月まで、2014年は消費税率引上げの影響を除くため同年1～3月までの各月の前年比の算術平均により算出している。
　　　　4．（3）について、消費税率引上げの影響が含まれる期間のデータは除いている。
　　　　5．（4）は生鮮食品及び帰属家賃を除く値。1984年の財の0％の山には、原燃料費を調整する仕組みがなかった電気代・都市ガス代・プロパンガスや、新聞代が含まれる。なお、ウエイトは電気代が1980年基準：2.3％、2020年基準：3.4％、都市ガス代が1980年基準：1.0％、2020年基準：0.9％、プロパンガスが1980年基準：1.0％、2020年基準：0.6％、新聞代が1980年基準：1.0％、2020年基準：0.8％。
　　　　6．（5）について、掲載している日本銀行の系列については、倉知他（2016）「ミクロデータからみた価格改定頻度の増加はマクロの価格粘着性にどのような影響を及ぼすか　―価格改定の一時性に着目した分析―」（日本銀行ワーキングペーパーシリーズ）における分析結果を引用している。

（コロナ禍前の先進各国は、サービス物価の安定的な上昇の下で安定的に物価が上昇）

　物価上昇の広がりという点について、米欧の状況も確認してみよう。まず、コロナ禍前の時期における消費者物価上昇率をみると（第1−2−15図（1））、2017−18年の平均で、アメリカや英国は＋2％強、ドイツは＋2％弱、そして日本は＋1％弱と、米欧につ

いてはそれぞれ物価上昇率の目標に近い水準となっている[67]。

　内訳をみると、アメリカについては、家賃を含む住居費の寄与が半分程度と大きく、次いで、その他サービスの寄与が３割弱となっている。このように、家賃とその他サービスを合わせると物価上昇の大宗がサービス価格の上昇で生じていたことがわかる。英国とドイツについては、家賃とその他サービスを合わせた寄与がそれぞれ半分以上、４割強を占めている[68]。コロナ禍前の米欧では、サービス物価の安定的な上昇が続く下で、予想物価上昇率についても、それぞれの目標におおむね近い水準でアンカーされていた（第１－２－15図（２））。

　コロナ禍前の2018年における品目別の前年比上昇率の分布という観点からみると、財について上昇率ゼロに分布の山がある点は日米欧とも変わらない一方、サービスについては、アメリカは４％[69]、ユーロ圏は１～２％程度に山が位置しており、マイナス圏にはほとんど分布がみられないことから、米欧では幅広いサービス品目で物価上昇がみられる姿となっている（第１－２－15図（３））。また、上述したように、日本についても、2023年末時点では、そうした姿に徐々に近づきつつある。

　このように、コロナ禍前における米欧では、財は、世界的な低インフレ傾向の中で、消費者物価の上昇にさほど大きな寄与をしていたわけではなく、むしろサービスの物価上昇の寄与が大きかった。我が国のデフレ脱却を展望する上でも、財物価は輸入物価の動向に影響を受けやすいことを踏まえると、サービス分野を中心に、幅広い品目にわたって、賃金の継続的な引上げが適切に価格に転嫁されることが安定的な物価上昇の実現のために重要であるといえる。

---

[67] アメリカにおいては、ＦＲＢは、物価の安定化について、ＰＣＥデフレーターの前年比が２％で推移することが最も望ましいとしている（FOMC statement of longer-run goals and policy strategy）。英国においては、消費者物価指数（総合）の前年比を目標値である２％を中心に上下１％の範囲に収める必要がある。また、2016～17年当時のユーロ圏においては、ＥＣＢは、消費者物価指数（HICP：Harmonized Index of Consumer Prices）の前年比が中期的に２％を下回り、かつ２％近傍に維持することを目指していた（2021年７月以降は２％が目標となっている）。
[68] なお、ドイツを含むユーロ圏全体でみると、持家の帰属家賃が含まれておらず単純に比較できないことに注意が必要であるが、その他サービスの寄与が４割弱と最も大きくなっている。
[69] アメリカのサービス物価における上昇率４％の山は、ウエイトの高い家賃の上昇が影響している。

第1－2－15図　日米欧の消費者物価上昇率
　　　　　コロナ禍前の先進各国は、サービス物価の安定的な上昇の下で安定的に物価が上昇

（1）消費者物価指数（総合）

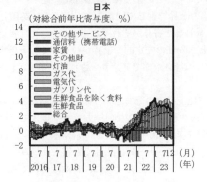

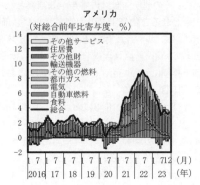

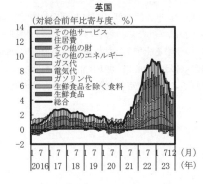

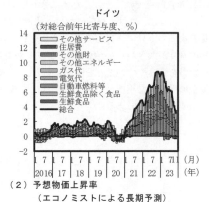

（2）予想物価上昇率

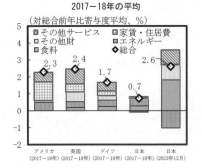

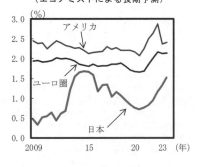

（3）日米欧の消費者物価の品目別の前年比上昇率の分布

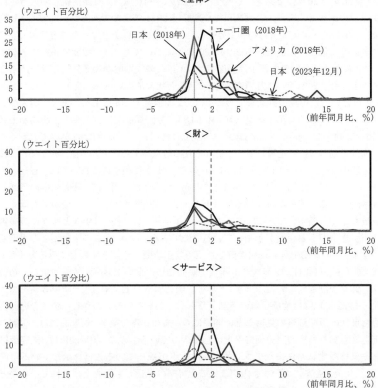

（備考）1．総務省「消費者物価指数」、公益社団法人日本経済研究センター「ＥＳＰフォーキャスト調査」、アメリ
　　　　　カ労働省、フィラデルフィア連邦準備銀行、Eurostat、欧州中央銀行、英国国家統計局、ドイツ連邦統計
　　　　　局により作成。
　　　　2．（1）のその他サービスには日本の通信料（携帯電話）、その他財にはアメリカの輸送機器が含まれるな
　　　　　ど、各国の時系列グラフとは分類が異なる。
　　　　3．（2）は、日本及びユーロ圏は5年後の前年比、アメリカは今後10年間の年平均上昇率の予測。
　　　　4．（3）は、生鮮食品及び帰属家賃除く値。
　　　　5．電気・ガスについては、日本及びユーロ圏のサービスには含まれず、アメリカのサービスには含まれる。

（予想物価上昇率はレベルシフト）

　企業や家計の予想物価上昇率にも変化が生まれている。まず、日銀短観における企業の物価見通しをみると、統計上、遡及可能な期間は 2014 年までであるが、2021 年以前は、1 年後、3 年後、5 年後の予想物価上昇率のいずれも 2 ％以上となったことはなく、アベノミクス後の物価上昇局面である 2014〜2015 年においても 1.5％程度で頭打ちとなっていた。これに対し、今回の物価上昇局面では、1 年後の短期的な物価見通しは一時＋ 3 ％近くまで上昇し、2023 年 12 月調査でも＋2.4％と比較的高い水準にあり、さらに、3 年後、5 年後といった中期の見通しについては、2 ％程度で安定化しつつあり、明確なレベルシフトが生じている（第 1 − 2 − 16 図（1））。今回局面では、企業の予想物価上昇率は、「物価は動かない」という過去のノルムからは脱しつつある可能性がみてとれる。

　この物価見通しは、各企業に対し、それぞれの時点（1 年後、3 年後、5 年後）における物価全般の「前年比」の予測を尋ねているのに対し、日銀短観においては、各社の主要製商品・サービスの価格について「現在との比較」での予測を尋ねる「販売価格の見通し」も調査されている。その推移をみると（第 1 − 2 − 16 図（2））、1 年後が最も低く、5 年後が最も高くなるが、これは現在と比較して 1 年後、3 年後、5 年後と徐々に販売価格の水準が引き上がると企業が予測しているためである。しかし、この販売価格の水準変化を、1 年当たりの平均上昇率に引き直した上で物価全般の予測と比較してみると（第 1 − 2 − 16 図（3）、（4））、3 年後や 5 年後の販売価格の平均上昇率が 1 ％前後と、物価全般よりも低く予測されている。一方、1 年後の販売価格の上昇率は、一時＋ 3 ％を超えていたなど 2022 年以降は物価全般の予測よりも高くなっている。こうした企業の物価全般の予想と自社の販売価格の見通しとの関係については、各企業が、短期的には、現実の高い物価上昇もあり強めの販売価格引上げを見込んでいるものの、中期的には、販売価格の見通しや価格設定戦略にまだデフレ的なマインドが残っていることを示している可能性もある[70]。今後、企業において、販売価格の上昇率の見通しも引き上げられていくかどうか、確認していくことも重要と考えられる。

　次に、家計の予想物価上昇率をみると、日ごろよく購入する品目の物価に係る 1 年後の上昇予想は、今般の物価上昇局面で、5 ％以上の高い物価上昇を予想する家計の割合が増加していたが、食料品等の値上げが一服する中で、2023 年末にかけてはその割合が減少し、より安定的な 5 ％未満の物価上昇を予想する割合が高まった結果、両者の大小関係は 2022 年 2 月以来初めて逆転している（第 1 − 2 − 16 図（5））。一定の仮定を置き、予想物価上昇率の加重平均値をとると、今回の物価上昇局面において、2023 年初には、比較可能な 2004 年以降で最高の 4 ％超となった後、実際の食料品等の値上げの動きが一服し

---

[70] 可能性としては、仕入価格の上昇に対して販売価格を転嫁できるかという点で弱気の見通しを持っている場合や、自社の販売価格を物価全般に対して低めに抑えて売上を維持しようしている場合などが考え得る。他方で、上述したように、そもそも企業に対する質問の仕方が異なっている（物価全般の見通しは年当たり上昇率を尋ねているのに対し、販売価格の見通しは水準感を質問しているに近い）ことから、両者が不整合となっている可能性もある。

たこともあり、2023 年末には 3 ％台半ばまで低下し、より安定的な水準に落ち着きつつ
ある（第 1 － 2 － 16 図（6））。それでも、5 ％以上を予想する世帯の割合は依然高く、
直接比較はできないものの、安定的な物価上昇が実現していた 1980 年代〜1990 年代前半
は、「高くなる」と答える割合が比較的抑制される一方、「やや高くなる」と答える割合が
多くを占めていたことを踏まえると、その当時に比べると家計の予想物価上昇率は切り
上がった状態にあると推測できる。家計の予想物価上昇率は実際の物価上昇率から上振
れる傾向があることも踏まえつつ、今後は、賃金と物価が共に安定的に上昇するという環
境が実現していく中で、物価上昇予想世帯割合としては 5 ％未満を予想する割合が相対
的に増加し、加重平均値としては、2 ％〜 3 ％程度の安定的な水準が継続するようになる
かが重要といえる。

第 1 － 2 － 16 図　企業と家計の物価上昇予想

予想物価上昇率はレベルシフト

（1）企業の物価見通し（物価全般の予想）

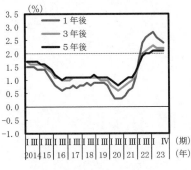

（2）企業の販売価格の見通し

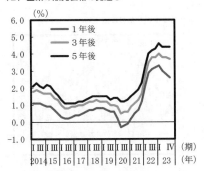

（3）企業の販売価格の平均上昇率の見通し

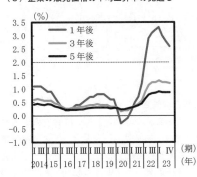

（4）企業の物価見通しと販売価格見通しの比較

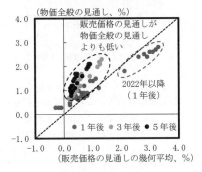

（5）消費者の物価予想世帯割合

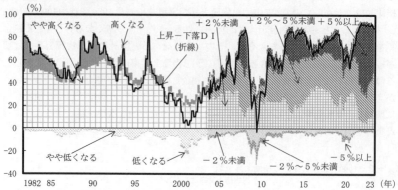

（6）物価予想割合の加重平均

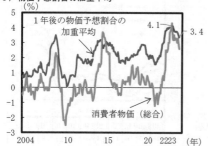

（備考）1．日本銀行「全国企業短期経済観測調査」、内閣府「消費動向調査」、総務省「消費者物価指数」により作成。

　　　2．（5）については、内閣府「消費動向調査」において、1990年12月以前は1年後の物価、1991年3月から2004年3月は半年後の物価について、変動の方向の予想を調査したもの（四半期調査）。2004年4月以降は、1年後の物価について、変動の大きさの予想を調査したもの（月次調査）。

　　　3．（6）の物価予想割合の加重平均値は、内閣府「消費動向調査」における1年後の物価について、回答された予想物価上昇率に、上昇、下落共に「2％未満」を1％、「2％以上〜5％未満」を3.5％、「5％以上」を5％として、それぞれの回答者割合で加重平均した値。

（デフレ脱却に向けて、これまでとは異なる前向きな動き）

　以上、デフレ脱却に向けた進捗を評価する観点で、物価の基調として、消費者物価上昇率をはじめ様々な物価指数の動向を確認するとともに、物価動向の背景として、可能な限り、我が国経済がデフレに陥る前の1980年代の状況とも比較する形で、ＧＤＰギャップやＵＬＣに限らず、賃金上昇の持続性、人件費を含む企業の価格転嫁の動向、人件費比率が高く、粘着的なサービス分野を含む物価上昇の広がり、さらには企業や家計の予想物価上昇率のレベルシフト・安定化といった様々な指標の状況をみてきた。30年ぶりの賃上

げ率、リーマンショック前の物価上昇局面とは明らかに異なる価格転嫁への企業の積極性、1980 年代の姿に近づく物価上昇の広がり、予想物価上昇率のレベルシフトなど、いずれの側面においても、デフレ脱却に向けて、これまでとは異なる前向きな動きが出てきているといえる。

　一方で、名目賃金の上昇は物価上昇を下回っており、日本経済がデフレに陥る前、あるいは諸外国でみられる、名目賃金上昇率が物価上昇率を上回る状態の実現は道半ばである。物価上昇に負けない名目賃金の引上げが実現し、家計の購買力が改善する中で、サービス分野を中心に人件費が適切に企業の販売価格に転嫁され、売上増加につながり、これがさらなる賃上げや設備投資の原資となることで、賃金と物価の好循環が実現する。そして、こうした状態がノルムとして定着し、家計や企業の予想物価上昇率と実際の物価上昇率が安定的に推移していく、という状態が実現することが重要である。引き続き、賃金上昇を中心に、様々な角度から総合的に経済・物価動向を確認し、デフレに後戻りする見込みがないかどうかの判断を行っていく必要がある。

コラム１－３　食料品・日用品の物価変動における需要要因・供給要因

　ここでは、物価変動の背景として、需要要因・供給要因のどちらが大きいのかという点をみる観点から、詳細な品目別に価格データと売上データがセットで得られる食料品・日用品のＰＯＳデータを利用した分析を行う（要因分解の詳細は小寺他（2018）を参照）。

　経済学で一般的に想定される右下がりの需要曲線と右上がりの供給曲線を考えると、正の需要ショックがあった場合、需要曲線が右にシフトし、販売数量の増加と価格の上昇が同時に起きる。負の需要ショックがあった場合は、その逆に販売数量の減少と価格の低下が同時に起きる。一方、正の供給ショックがあった場合には供給曲線が右にシフトし、販売数量の増加と価格の下落が同時に起き、負の供給ショックがあった場合にはその逆に販売数量の低下と価格の上昇が同時に起きる。

　この考え方を踏まえ、品目別に、毎月の販売数量と価格の変化を分類し、「販売数量の増加と価格の上昇」の組合せか、「販売数量の減少と価格の低下」の組合せのどちらかが起きていれば需要曲線のシフト、それ以外のもう二つの組合せであれば供給要因による価格変化とみなすことにする。

　このように、数量と価格の変化から食料品・日用品の価格上昇について需要要因と供給要因を識別すると、2022年以降における価格の変化は供給要因の方が大きかったことが分かる（コラム１－３図）。特に、エネルギーや原材料の価格上昇など、コスト・プッシュによる負の供給ショックを反映していると考える「価格上昇・数量減少」の部分は、2021年中頃の20%前後の水準と比べると、2022年末には40%を超えており、大きく上昇している。また、前年比寄与度の前月差でみても、供給要因の方が全体の価格上昇をけん引している。

　他方、需要要因については、2021年中頃と比べ、負の需要ショック（需要減）に相当する「価格低下・数量減少」の割合は着実に低下してきているものの、正の需要ショック（需要増）に相当する「価格上昇・数量増加」の割合の上昇は限定的である。前年比寄与度の前月差でみても、経済社会活動の正常化が進み、消費が緩やかに持ち直していた2022年後半にかけて需要要因の寄与が拡大しているものの[71]、その後は再び寄与が縮小し、力強さに欠けていた。また、2023年９月以降は、昨年の急速な上昇からの反動や、食料品値上げの一服もあり、前年比前月差は供給要因を中心にマイナスに転じている。

　ＰＯＳデータによる需給要因の分析は対象が食料品・日用品に限定されることから、マクロ全体の分析に適するものではないが、物価動向の背景の一端を把握するためには有効なツールの一つであり、定期的に注視していくことが重要である。

---

[71] 需要要因の寄与は2022年９〜11月にかけて拡大しているが、９月の需要要因の拡大は、10月に多くの品目での値上げが予定され、それが報道等でも予め注目されていたことから、駆け込み需要が生じていた可能性も考えられる。また、10〜11月についても、10月の値上げ対象が飲料など食料品中心であったことから、価格上昇の中でも必需品として需要が底堅かった可能性も考えられる。

コラム1－3図　食料品・日用品の物価変動における需要要因・供給要因
2022年以降における価格の変化は供給要因の方が大きかった

（1）需要要因及び供給要因に識別された品目数割合の推移

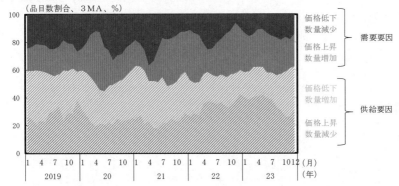

（2）食料品・日用品の物価変動における需要要因・供給要因

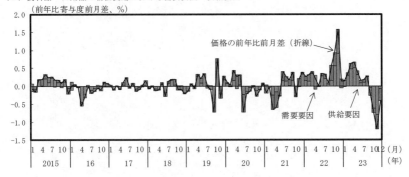

（備考）1．株式会社ナウキャスト「日経CPINow」により作成。
　　　　2．POSデータにおける各品目ごとの価格変化及び数量変化について、過去10年間の価格と数量の変化率データを
　　　　　用いたVARモデルを推計し、推計された誤差項を価格変化及び数量変化に対するショックとみなす。この際、
　　　　　価格と数量の両誤差項の符号が一致した場合は「需要ショック」が生じたものとみなし、符号が異なる場合は
　　　　　「供給ショック」が生じたものとみなしている。詳細は、上野・北口（2023）を参照。

第2章

労働供給の拡大と家計所得の
向上に向けた課題

第2章　労働供給の拡大と家計所得の向上に向けた課題

　第1章でみたように、我が国経済は、緩やかな回復基調が続き、コロナ禍でGDP比最大9％超まで拡大した負のGDPギャップはおおむね解消に向かいつつある。一方、名目賃金の上昇が物価上昇に追い付いていない中で、個人消費は力強さを欠いた状態にあり、家計所得の継続的な向上が重要な局面にある。同時に、今後、人口減少が更に進行していく下で、マクロ経済の持続的な成長を実現するためには、主要先進国よりも低く、0％台にとどまる潜在成長率の引上げが重要な課題となっている。

　潜在成長率を規定する要因の一つである労働供給の観点では、2010 年代以降、人口減少が進む中にあっても、女性や高齢者の労働参加の高まりにより、就業者数が増加し、潜在成長率を下支えしてきた。しかしながら、少子高齢化の流れは加速しており、少子化対策が労働力人口増加という面で効果を表すとしても、それまでの間の今後 20 年超にわたっては、労働供給の制約が潜在成長率を押し下げる要因となり得る。こうした中、労働時間の追加を含め、人々の潜在的な就業希望を可能な限り実現しつつ、限られた人材が適材適所で活躍できる環境を整えることにより、労働供給面からの成長制約を緩和するとともに、労働者一人一人の所得の向上につなげていくことが重要である。

　こうした認識の下、本章では、労働供給の拡大や家計所得向上のための論点を整理する。第1節では、最近の労働供給の動向を踏まえ、女性と高齢者に注目して労働供給の拡大余地について分析する。その際に、副業・兼業などを通した潜在的な追加就業希望の実現に向けた論点も整理する。第2節では、家計所得向上に向けて、転職を通じた賃金向上の可能性、最低賃金引上げやこれに密接に関わる就業調整への対応といった課題について考察する。

第1節　コロナ禍を経た労働供給の動向

　我が国では、少子高齢化の進行や労働時間の縮減の中で、1990 年代初頭以降、就業者数と労働時間から成る労働投入（労働供給）は全体として緩やかな減少傾向で推移してきた。2010 年代前半以降は、女性や高齢者の労働参加の促進による就業者数の増加と、労働時間が相対的に短い女性、高齢者の増加等による一人当たり平均労働時間の減少が相殺し、労働投入全体の伸びとしてはゼロ近傍となってきた。しかし、今後、人口減少圧力が労働参加向上効果を上回ることで労働投入が減少していけば、経済の供給力である潜在成長率を押し下げる要因となる。一方、人手不足の状況が強まる中で、女性や高齢者による労働参加が限界を迎えれば、本格的な賃金上昇とこれを通じた物価上昇につながるという、いわゆる「ルイスの転換点[1]」が近づいているという議論もある。こうした点を踏まえ、本節では、今後、

---

[1] ルイスの転換点とは、発展途上国において、工業化の過程で、当初は農村部から都市部へ低賃金の

女性や高齢者を中心とした就業者数や労働時間の拡大余地があるのか否か考察するとともに、柔軟な働き方の促進を通じた就業希望の実現の可能性を確認していく。

1　労働供給の増加余地

　我が国では、少子高齢化の進行に伴い、1995 年をピークに生産年齢人口（15～64 歳人口）が減少に転じ、総人口も 2008 年をピークに減少が始まった。こうした中で、15 歳以上人口に占める就業者の割合である就業率をみると、コロナ禍で一時的に落ち込んだ後、女性の正規雇用者の増加を中心に回復し、2023 年春以降は、コロナ禍前の水準を超え、改善傾向が続いている。人口減少にもかかわらず、2010 年代前半以降、女性、さらには高齢者の労働参加の拡大により、就業者数は増加傾向を続けてきたわけであるが、こうした動きは将来にわたっても続くものであろうか。

（2010 年代半ばからコロナ禍前までは、実際の労働投入は潜在的な投入を上回っていた）
　まず、労働供給が経済成長に与える影響について確認するため、潜在成長率に就業者数と労働時間がどの程度寄与してきたかみてみよう（第2－1－1図（1））[2]。1990 年代は、1988 年の労働基準法改正により、週法定労働時間が 48 時間制から 40 時間制に段階的に移行することになり、週休2日制度の導入企業の増加による労働時間の減少を主因に、就業者数要因と労働時間要因の合計である労働投入量の潜在成長率への寄与は継続的にマイナスであった。2000 年代は長時間労働の是正の動きによる長時間労働者の減少やパートタイム労働者の増加などによる労働時間の減少に加え、生産年齢人口の減少による就業者の減少もあって、1990 年代に引き続き、労働投入部分の潜在成長率への寄与はマイナスであった。また、実際の労働投入量をみると、バブル経済崩壊後の経済の停滞、需要不足もあり、潜在的な労働投入量を下回って推移していた（第2－1－1図（2））。
　一方、2013 年からコロナ禍までの期間においては、アベノミクスの下で、女性や高齢者を中心に就業者の裾野が広がった。これらの就業者には短時間労働の就業者が多いこともあって、労働時間要因は引き続き潜在成長率の下押しに寄与したものの、就業者数要因は潜在成長率の押上げに寄与し、結果として、両者が相殺する形で労働投入の潜在成長率への寄与はおおむねゼロ近傍で推移していた。実際の労働投入をみると、トレンドを上回る就業率の向上もあり、コロナ禍前は潜在的な労働投入を大きく上回っていた。

余剰労働力が供給されるが、工業化の進展に伴い農村から都市部への流入が減少し、賃金が上がり始める転換点を指す。我が国においては、近年、労働参加が拡大している女性や高齢者は労働供給の賃金弾力性が高く、こうした労働参加の拡大により、経済全体の平均的な賃金上昇が抑制される影響があったが、女性や高齢者の労働供給が限界を迎えれば、賃金上昇圧力がかかるようになる、という仮説として「ルイスの転換点」の考え方が応用されている。
[2] 詳細は付注2－1を参照。

第２－１－１図　潜在成長率への労働時間と就業者数の影響
少子高齢化の中で労働投入は潜在成長率を下押し

（１）潜在成長率

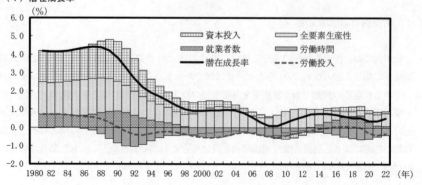

（２）労働投入量

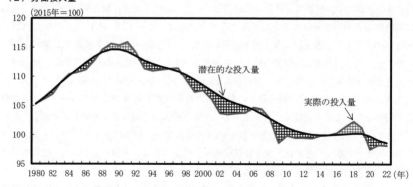

（備考）1. 内閣府「国民経済計算」、総務省「労働力調査（基本集計）」、厚生労働省「毎月勤労統計調査」等により作成。
　　　　2.（1）について、潜在成長率は「2023年7－9月期四半期別GDP速報（2次速報）」等に基づく内閣府試算値。推計に当たっては、潜在GDPを「経済の過去のトレンドからみて平均的な水準で生産要素を投入した時に実現可能なGDP」と定義している。なお、潜在成長率については、前提となるデータや推計手法によって結果が大きく異なるため、相当の幅をもってみる必要がある。
　　　　3.（2）について、労働投入量＝就業者数×一人当たり労働時間。潜在労働投入量の推計方法については、付注2－1を参照。

（女性の就業の拡大は継続している）

　2013 年以降、女性活躍の取組が進展し、高齢者を含め幅広い年齢層で女性の就業率が上昇してきた（第２－１－２図（1））。この中で、女性の正規雇用者数は 2014 年以降継続的に増加し、非正規雇用者については、コロナ禍の影響で一時的な減少がみられたものの、その後はコロナ禍前の増加トレンドに復帰している。

　2008年には我が国の人口は減少に転じ、これ以降、労働参加率が年齢別・男女別で一定
であれば、人口構造を含む人口要因のみでは労働力人口は減少することが想定されていたが、
実際には、労働力人口は増加傾向で推移してきた。この点について、2012年以降の三時点
（2012年、2017年、2023年）で公表された「日本の将来推計人口」を基に、それぞれのベ
ンチマークとなる国勢調査対象年である2010年、2015年、2020年時点以降、人口要因だけ
で女性の労働力人口がどのように推移するか推計したもの（以下「推計値」という。）と、
実際の女性の労働力人口の推移を比較した（第2−1−2図（2））。この結果、①2010年
を起点とした場合、実際の労働力人口が2011年以降推計値を上回り、②2015年を起点とし
た場合、コロナ禍での停滞はあるものの、実際の労働力人口が推計値を大きく上回っている
ことがわかる。例えば、2010年起点の場合、5年後の2015年時点では実際の労働力人口が
推計値を180万人程度、2015年起点の場合、同じく5年後の2020年時点では320万人程度
上回っている。③2020年を起点とする場合についても、2022年時点では、引き続き、実際
の労働力人口が推計値を上回っている。このように、女性の労働参加率の上昇は、これまで
の間、人口減少圧力を跳ね返し、労働力人口の増加につながってきた。

第2−1−2図　女性の就業動向
　　正規雇用者の増加など労働参加拡大により、人口減少圧力を超えて労働力人口が増加
（1）女性の就業動向

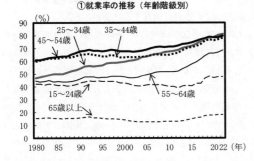

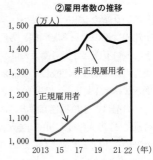

（２）将来推計人口に基づく女性の労働力人口推計

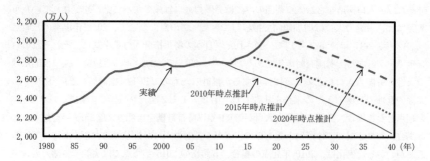

(備考) 1. 総務省「労働力調査（基本集計）」、国立社会保障・人口問題研究所「日本の将来推計人口」により作成。
　　　 2. （1）②の各年の数値は、長期時系列データにおける月次の数値の単純平均。
　　　 3. （2）の労働力人口は、2010年、2015年及び2020年それぞれの時点における労働参加率がその後も変わらない
　　　　　 と仮定し、将来推計人口（出生中位（死亡中位）推計）を用いて推計したものである。

（コロナ禍前まで 60〜75 歳を中心に就業率は上昇してきた）

　次に、高齢者の就業動向を確認する。2013 年から開始された公的年金の支給開始年齢の
引上げや 65 歳までの継続雇用の義務化を背景に、正規雇用や非正規雇用の労働者を中心に
就業者が増えており、2010 年以降、60 代を中心に就業率は上昇してきた（第２－１－３図
（1））。ただし、いわゆる団塊の世代（1947〜49 年生まれ）が 2022 年以降、後期高齢者に
差し掛かり始める中で、上昇ペースが鈍化している点に留意する必要がある。

　上述の女性のケースと同様、男性についても、2010 年以降、各将来推計人口の基準時点
ごとに人口要因だけで労働力人口がどのように推移するか推計したもの（推計値）と実際の
労働力人口の推移を比較した（第２－１－３図（2））。高齢者に比べ、高齢者以外の男性の
労働参加率は上昇トレンドにはなく、人口要因のみを考慮した労働力人口の推計値と実際の
値のかい離は、主に男性高齢者の就業促進の効果と考えられる。2010 年起点の場合、2015
年時点で 60 万人程度、2015 年起点の場合、2020 年時点で 200 万人程度、実際の労働力人口
が推計値を上回って推移し、2013 年以降の高齢者雇用促進策の影響がみてとれる。一方、
2020 年時点を起点とした場合については、実際の労働力人口と推計値がおおむね同様に推
移しており、高齢者就業の拡大ペースが鈍化していることが確認される。

第２－１－３図　高齢者の就業動向

60歳代を中心に高齢者の就業率は拡大

（１）高齢者の就業動向

①就業率の推移

②就業者の内訳（60～69歳）

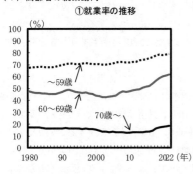
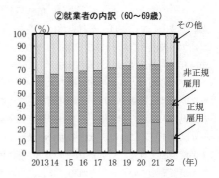

（２）将来推計人口に基づく男性の労働力人口推計

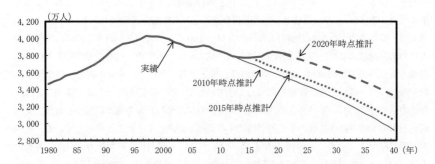

（備考）1．総務省「労働力調査（基本集計）」、国立社会保障・人口問題研究所「日本の将来推計人口」により作成。
　　　　2．（1）②は、各年の公表値における就業者のうち不詳を除いた人数に占める割合。
　　　　3．（2）の労働力人口は、2010年、2015年及び2020年それぞれの時点における労働参加率がその後も変わら
　　　　　　ないと仮定し、将来推計人口（出生中位（死亡中位）推計）を用いて推計したものである。

（近年、高齢者の非労働力化は減少し、女性の非労働力から労働力への移行が増加）

　次に、過去 10 年程度における非労働力人口と労働力人口の間のダイナミクスをみるため
に、尾崎・玄田（2019）を参考に、「労働力調査」における前月の就業状態（労働力人口か
非労働力人口か）から当月への就業状態（同）への遷移（フロー）のデータを利用し、労働
力人口から非労働力人口へのフロー、非労働力人口から労働力人口へのフローについて、人

ロストック要因及び男性、女性（それぞれ15～54歳）、高齢者（55歳以上[3]）の遷移確率[4]の要因に分解する（第2－1－4図）。ここで、人口ストック要因は、非労働力から労働力へのフローの場合は、非労働力人口の増減がどの程度影響しているかをみるもので、非労働力人口が減少していれば、それ自体は労働力人口へのフローを小さくするため、フロー総数のマイナス要因となる。ここでは、月々の振れをならすため、12か月移動平均をとり、また、2014年1月を起点とした累積値を示している。

　まず、労働力人口から非労働力人口へのフローをみると、コロナ禍前にかけて、人口ストック要因は、労働力人口がこの間増加してきたため押上げ要因となった一方、女性や高齢者の労働力人口から非労働力人口への遷移確率が低下し、押下げ要因となってきた（第2－1－4図（1））。これは、女性の場合、子育て年齢層での労働力率が低下するというM字カーブが解消してきたこと、高齢者の場合、雇用の確保・促進策[5]がとられ、引退が後ずれしたことが影響しているとみられる。また、コロナ禍を経て、人口ストック要因はおおむね横ばいの中で、女性の遷移確率の押下げ寄与は低い水準に縮小している一方、高齢者の遷移確率の押下げ寄与は、コロナ禍で一時縮小した後、再び高まっているとみられる。これは、2021年4月より70歳までの雇用確保の努力義務が導入された影響の可能性もある。

　また、非労働力人口から労働力人口へのフローをみると、人口ストック要因は、非労働力人口の減少継続により、押下げ要因が傾向的に拡大している中で、女性の非労働力人口から労働力人口への遷移確率は、2017年頃以降、押上げ要因となり、コロナ禍で一時縮小した際を除けば、一貫して押上げ幅を拡大してきていることがわかる（第2－1－4図（2））。女性の遷移確率については、この間、女性の労働参加が進み、非労働力状態から新たに就業機会を求めて労働市場に参加する者が増加する傾向が継続してきたことを示している。高齢者の遷移確率については、2016年頃以降、マイナス幅が縮小し、非労働力人口から労働力人口へのフローの押上げに寄与する傾向にあった[6]。コロナ禍後は、2022年頃から2023年初にかけて押下げ幅が拡大したが、2023年末にかけては再び押下げ幅が縮小傾向に転じている。

　このように、①女性については、これまでほぼ一貫して続いてきた非労働力人口から労働力人口への遷移確率の高まりによる労働力人口の押上げ傾向がどの程度続くのか、②高齢者

---

[3]　「労働力調査」上、フローデータが利用可能な高齢者の年齢区分は55歳以上のみであるため。
[4]　遷移確率とは、連続する2か月のデータが取得可能な労働者について、1か月目にある状態であった者のうち、2か月目に別のある状態に移行している労働者の割合をいう。例えば、1か月目に労働力人口が6,000万人いて、翌月末時点でそのうち300万人が非労働力人口に移動していた場合、遷移確率は5％となる。
[5]　例えば、高年齢者等の雇用の安定等に関する法律（昭和46年法律第68号）の改正により、65歳までの希望者全員の雇用が確保されるよう、継続雇用制度の対象者を限定できる仕組みが2013年4月から廃止された。
[6]　尾崎・玄田（2019）は、2016年頃以降の高齢者の動きについて、パート時給が増加したことで、無業者の一部の留保賃金を上回り、就業に転じた可能性があるとしている。

については、ここ最近の労働力人口から非労働力人口への遷移確率の低下による非労働力人口の押下げ傾向（引退の抑制傾向の拡大）がどの程度続くのか等が重要と考えられる[7]。

第2－1－4図　労働力の遷移要因分解
　　高齢者は労働力から非労働力へのフローが低下、女性は非労働力から労働力へのフローが上昇
（1）労働力から非労働力への遷移

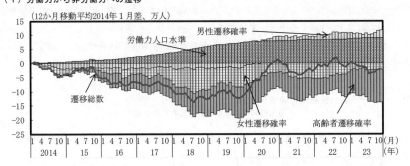

（2）非労働力から労働力への遷移

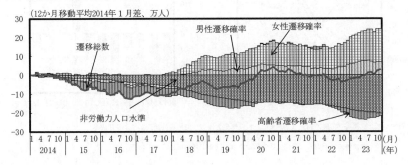

（備考）1．総務省「労働力調査（基本集計）」により作成。
　　　　2．男性及び女性はそれぞれ15〜54歳、高齢者は55歳以上男女計。
　　　　3．遷移確率の計算は、2か月連続で調査に回答している世帯を用いて計算している。要因分解については、労働省（1986）における手法を参考に補正した水準について分解している。

（人数ベースで見て、再び労働供給が労働需要に追い付かなくなりつつある）

　以上みてきたように、これまでは、人口減少が進む下でも、女性や高齢者の就業拡大を背景に労働供給は一定程度維持されてきたが、足下では企業の人手不足感が深刻化しつつある。

---

[7] ただし、②については、2021年4月以降の70歳までの雇用確保の努力義務の効果が一巡した後は、労働力人口から非労働力人口へのフローの押下げ寄与も剥落する可能性もある。

第1章でもみたように、日銀短観の雇用判断DIをみると、コロナ禍の期間中一時的に需給が緩んでいたものの、2023年半ば以降は、非製造業を中心にバブル期の既往ピークに近い状況となっている。

　人数ベースでのマクロの労働需給として、労働供給（労働力人口）と労働需要（就業者数＋未充足求人数）の状況をみると、コロナ禍前においても、人手不足感が高まる中で、労働需要が労働供給に追い付こうとしていた。コロナ禍の始まった2020年以降は、労働供給がおおむね横ばいで推移する中で、労働需要が一旦落ち込み、需給は緩和したが、2022年以降には、未充足求人の増加を背景に、再び、労働需要が労働供給に近づきつつある状況がみられる（第2－1－5図）。

第2－1－5図　労働需給の推移

労働需給はコロナ禍を経て再びひっ迫へ

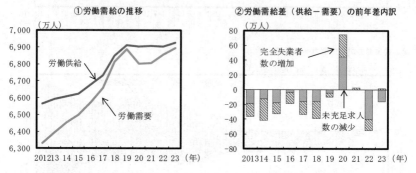

①労働需給の推移

②労働需給差（供給－需要）の前年差内訳

（備考）　1．総務省「労働力調査（基本集計）」、厚生労働省「雇用動向調査」により作成。
　　　　　2．労働需要は就業者数と未充足求人数（各年6月末日時点）の和、労働供給は労働力人口。
　　　　　3．2023年の労働力人口及び就業者数の値は、同年1月から11月の平均値。

（潜在的な新規就業希望者は少なくとも260万人程度）

　このように、人数ベースでみると、労働の需給がマクロレベルで再びひっ迫に向かいつつある中で、労働投入面からの我が国の供給力の下押し要因を緩和していくために更なる労働力活用の余地がないか検討する。

　現在、我が国の就業者は約6,800万人いる中で、①完全失業者、すなわち労働力人口ではあるが、就業状態にはなく、求職活動を行っている者は約178万人（うち男性約105万人、女性約74万人）、②現在、非労働力人口であるが就業希望を持っている者は約226万人（うち男性72万人、女性約155万人）存在する（第2－1－6図（1））。③後者の非労働力の就業希望者のうち、実際に就業可能であるとしている者は、約88万人（うち男性約27万人、女性約61万人）となる。これらの人々の就業希望が実現した場合、①と③の合計（求

職活動中及び就業希望がある非労働力人口で就業可能な者）と低めに見積もっても、潜在的に約266万人（うち男性約132万人、女性約135万人）、現在の就業者数に対して約3.9%、15歳以上人口に対して約2.4%の就業者数の拡大余地が存在することになる。このうち①完全失業者の「仕事につけない理由」は、希望する種類・内容の仕事がないといった回答が多い。また、③非労働力人口の就業希望者（かつ実際に働ける者）について「求職活動をしない理由」を確認すると、健康上の理由や出産育児を除くと、勤務時間や賃金等の希望があわない、自分の知識・能力等が要件とあわない等の回答が多い（付図2－1）。これらは、個人へのリ・スキリング支援の充実や効果的なマッチング等によってある程度緩和し得るものではあるが、少子高齢化による人口要因のみによる労働力人口の減少圧力[8]が男女計で年間約40万人規模あり、2030年以降はさらに強まる中にあっては、就業者数の増加によって将来の人口減少圧力を跳ね返すには一定の限界があることも事実である。

第2－1－6図　就業希望者の動向とその背景
追加就業の希望は女性の短時間労働者が多い
（1）就業希望者の内訳

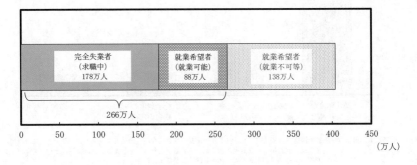

---

[8] 第2－1－2図（2）や第2－1－3図（2）の2020年をベンチマークとし、人口要因だけで今後どの程度労働力人口が減少するかをみた場合の数値。

（2）追加就業希望者の内訳

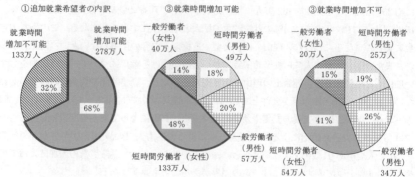

①追加就業希望者の内訳

就業時間増加不可能　133万人

就業時間増加可能　278万人

32%

68%

③就業時間増加可能

一般労働者（女性）40万人

短時間労働者（男性）49万人

14%

18%

20%

48%

短時間労働者（女性）133万人

一般労働者（男性）57万人

③就業時間増加不可

一般労働者（女性）20万人

短時間労働者（男性）25万人

15%

19%

26%

41%

短時間労働者（女性）54万人

一般労働者（男性）34万人

（3）追加就業を実施できない理由

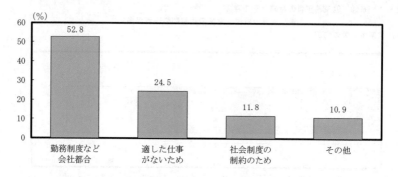

（%）

52.8　勤務制度など会社都合

24.5　適した仕事がないため

11.8　社会制度の制約のため

10.9　その他

（備考）　1．総務省「労働力調査（詳細集計）」、リクルートワークス研究所「全国就業実態パネル調査」により作成。
　　　　2．（1）、（2）は、2023年7‐9月期の値を用いている。また「一般労働者」は就業時間が週35時間以上の者、「短時間労働者」は週35時間未満の者（休業者除く）を指す。
　　　　3．（3）は2022年の調査を利用している。

（子どもを持つ非正規雇用の女性を中心に、追加就業希望の実現が課題）

　他方、労働時間という観点でみると、仕事時間の追加を希望する就業者は、約410万人（就業者数の約6％）存在する（第2‐1‐6図（2））。このうち、労働時間の追加が可能とする者は、約280万人（就業者の約4％）存在する。また、追加就業を希望し、かつ可能な人の属性をみると、女性の短時間労働者が半数近くと最も多く、次いで、男性の一般労働者（2割程度）、男性の短時間労働者（2割）が続いている。

　追加就業を希望しているが実施できない理由を尋ねた調査結果をみると、「社会制度の制約のため」が約1割で、これは、所得税や社会保険料がかからないようにするため、年収を抑えるよう労働時間を調整する年収の壁の問題が一つの背景になっていると考えられる。一

方、「勤務制度など会社都合」を背景と答える回答者が約5割、「適した仕事がないため」と答える回答者が約2割おり、労働市場におけるミスマッチが影響していることもわかる（第2－1－6図（3））。後述するように、副業の促進等を通じた労働時間の拡大が、追加就業希望の実現に向けた重要な課題の一つとなる。

次に、就業希望がかなう職場に転職することが理想であるものの、何かしらの阻害要因があるという想定の下、希望するにもかかわらず追加就業ができない要因を探るために、追加就業の希望が多い非正規雇用の女性を対象に、どのような要因が追加就業希望につながっているのかについて回帰分析を行った（第2－1－7図）。具体的には、末子の属性、年収、配偶者の年収、現職に就いた理由などを説明変数とした。

結果をみると、まず、末子の属性については、子どもがいる場合はいない場合に比べ追加就業希望確率が有意に高い。また、その程度は子どもが小学生になるまで上昇し、中学生になるとやや低下している。これは、子どもを持つ女性非正規雇用者は子どもの成長に伴いより長く働くことを希望する一方、子育て支援は進みつつあるものの、子どもがいない女性に比べて時間制約が多い中で希望に沿った就職先が見つかりにくい可能性を示唆している。また、106万円という年収の壁未満の労働時間で働く女性は、追加就業の希望を持つ確率が有意に高く、制度による障壁がなくなれば、労働時間の増加を通じて労働供給が増加する可能性を示している。また、現職に就いた理由と追加就業の希望との関係をみると、正規の仕事を求めているもののやむを得ず非正規の職に就いている人や、家計補助、家事育児等を理由に現職に就いている人において、より追加就業を希望していることがわかる。後述するように、末子の年齢が上がるにつれて就業率は上昇する一方、正規雇用は減少し、非正規雇用が増加する傾向がある。上述のとおり、非正規雇用の女性は、正規の仕事がないから現職に就いていると答える人ほど追加就業を希望していることを併せて考えると、育児を背景に一度離職した女性が再度、正規雇用でキャリアを築くことが難しいことを示唆している。なお、「年収の壁」に関しては本章第2節で詳細に議論することとする。

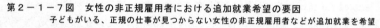

第２－１－７図　女性の非正規雇用者における追加就業希望の要因
子どもがいる、正規の仕事が見つからない女性の非正規雇用者などが追加就業を希望

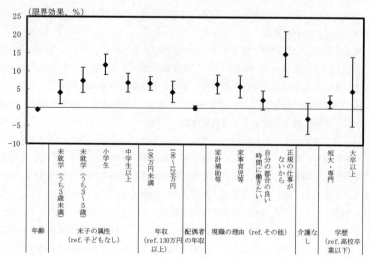

（備考）１．リクルートワークス研究所「全国就業実態パネル調査」により作成。
　　　　２．2016年から2023年の調査を使用している。推計方法については、付注２－２を参照。

（女性の出産・育児を背景とした正規雇用率の低下への対応の必要性）

　女性の就業は拡大傾向にあるものの、前掲第２－１－６図で確認したとおり、追加就業を希望する非正規の女性は多くみられる。年齢階級別の就業率をみると、これまでの女性就業の後押しなどもあり、女性の就業率は 10 年前より全ての年代で上昇しており、出産や育児をしている女性の多い 30 代の就業率の落ち込みも以前に比べると、小さくなっている（第２－１－８図（１））。実際、６歳未満の未就学児を持つ女性の就業率は 2002 年の 36％から 2022 年に 70％まで高まり、６歳未満の子がいない女性の 78％より低い状態は変わっていないものの、その差は 10 年前の 23％ポイントから８％ポイントまで縮小している（第２－１－８図（２））。こうしたいわゆるM字カーブの解消傾向に対し、女性の年齢階級別にみた正規雇用率の動向をみると、就業率と同様に幅広い年齢層で 10 年前と比べると上昇しているものの、30 代を境に大きく正規雇用率が低下する、いわゆるL字カーブの構造は変わっていない（第２－１－８図（３））。

第２－１－８図　女性の年齢階級別就業率

６歳未満の子どもを持つ女性を含め就業率は上昇しているが、30代以降は正規雇用率が低下

（１）年齢階級別にみた就業率

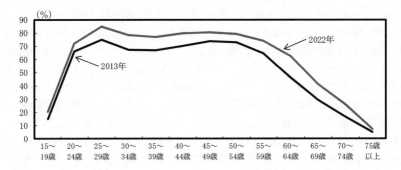

（２）６歳未満の子供の有無別就業率（有配偶世帯の15～49歳女性）

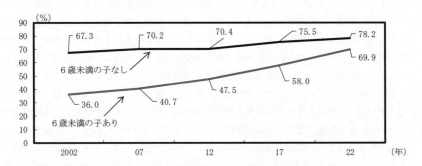

（３）年齢階級別にみた正規雇用割合

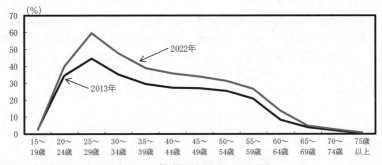

（備考）総務省「労働力調査（基本集計）」、「就業構造基本調査」により作成。

　では、女性の正規雇用から非正規雇用や離職への転換タイミングはどこで発生しているの
だろうか。まず、第1子出産前に正規雇用者であった女性の出産後にかけての就業形態の変
化をみると、1990年代までは出産を機に無業・学生（主に専業主婦と考えられる）になる
ケースが多かった（第2-1-9図）が、1991年の育児・介護休業法の成立もあって、育
児休業制度を利用し、就業を継続する人が徐々に増加してきた。この結果、2010年代後半
には、出産後に就業を継続する女性は8割を超えるようになっただけでなく、就業を継続し
た人の9割以上が出産後も正規雇用となっており、出産時の就業の壁は小さくなりつつある
ことがわかる。次に、子育てのステージ別の就業形態の変化を確認する（第2-1-10図）。
子どもの年齢別に女性の就業形態をみると、本来負担が重いと考えられる末子が0歳時点で
の正規雇用者割合は35%と最も高く、8～11歳辺りにかけて20%前後まで低下しており、
育児休業制度の活用もあり幼児期には正規雇用に留まる者が一定数存在しているものの、末
子が成長し休業期間が終了する中、その他の就業形態の割合が高まっている。育児休業から
復帰した女性が、保育園等に子どもを通わせながらの子育てと正規雇用との両立のハードル
や、いわゆる「小1の壁[9]」による子育てと仕事の両立の困難さ等を背景に、正規雇用から
非正規雇用に転換した可能性があるとみられる。また、正規・非正規等を合計した就業率は、
末子が1歳の時点で最も低く、末子が小学校高学年になるまで上昇するが、この間、正規雇
用率は低下しており、子育ての負担が軽くなり再度就業する人の多くが非正規雇用を選択し
ているとみられる。さらに、正規雇用者割合は末子の年齢が18歳になってもさほど上昇せ
ずに推移している。子育てステージを経るにつれて正規雇用から非正規雇用に振り替わって
いることに加え、再就業する女性の多くが非正規雇用となっていることから、正規雇用者比
率は30代を境に急激に低下し、40、50代でも回復していないと考えられる。前掲第2-1
-7図でみたように、非正規雇用者で現職に就いている背景に正規の仕事がないからと答え
る女性も多い。2022年の「労働力調査」では女性の不本意非正規雇用労働者が107万人いる
が、子育てを理由に一度離職した女性の中には再就職の際に不本意に非正規雇用に就いてい
る者も相応にいる可能性がある。
　女性の就業率は以前に比べてある程度の水準まで上昇した中で、今後は、正規雇用を希望
するが、意図せず非正規雇用に就いている女性への対応を強化していく必要がある。正規雇
用を継続するための子育て支援に加え、子育てが一段落して、正規雇用への復職を希望する
女性に対するリ・スキリングの支援などにより、一定年齢以上の女性の正規雇用を広げてい
く施策を推進することが、追加就業希望の実現による労働供給の拡大のために重要である。

---

[9] 子どもが小学校に上がると保育園時代に比べて、夏休みなどの長期休暇があるほか、保育園のよう
な延長保育がなく、学童保育だけでは十分に対応ができず、仕事と子育ての両立が困難になること。

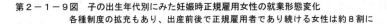

第２－１－９図　子の出生年代別にみた妊娠時正規雇用女性の就業形態変化
各種制度の拡充もあり、出産前後で正規雇用者であり続ける女性は約８割に

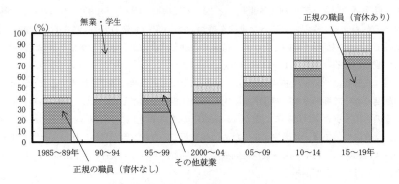

（備考）１．国立社会保障・人口問題研究所「第16回出生動向基本調査（夫婦調査）」により作成。
　　　　２．第１子の出生年代別にみた、第１子１歳時点の就業上の地位をみている。

第２－１－10図　末子の年齢別にみた女性の就業形態
育児休業から復帰した女性は「小１の壁」などで非正規雇用に転換している可能性

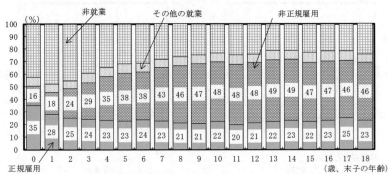

（備考）１．リクルートワークス研究所「全国就業実態パネル調査」により作成。
　　　　２．2016年から2023年の調査を使用している。

（高齢者の就業意欲を引き出す取組が重要）

　次に、高齢者の就業拡大余地について検討する。実際の就業率と日常生活の機能制限状況や健康状態を併せてみると、高齢者のうち 65〜74 歳では健康な人は８〜９割程度で、就業率は男性で約 40〜60％、女性で約 25〜40％であることを考えると、いわば健康人口対比でみた就業率は低いといえる（第２－１－11 図（１））。

　これに対し、就業意欲と就業率の関係を年齢階層別にみると、男性について、両者の相関は高く、水準としても就業意欲がある者の割合と就業率との差は大きくない。男性高齢者の

場合、就業するかどうかの決定には、健康状態よりも就業意欲の方が重要であると考えられる（第２－１－11図（２））。一方、女性は、就労意欲と実際の就業率の相関はみられるものの、就業意欲がある者の割合が就業率を 20〜25％程度上回り、かい離がみられる。介護や家事のため就業できないといった事情を持つ者は、65〜74 歳の男性で１割以下なのに対し女性で２〜３割程度と高いことから、就業率と就業意欲のかい離はこうした事情が背景にある可能性がある（第２－１－11図（３））。

　健康な高齢者は、65〜74 歳のみならず 75 歳以上でも男女共に多く、後述するように社会保障制度において高齢者の就業意欲を阻害しない仕組みを構築していくこと等により、就業意欲そのものを引き上げていくことが 65 歳以上の就業率向上につながると考えられる。加えて、女性については、介護や家事のために就業していない割合が男性に比べて高く、より若い世代における子育て・家事負担と同様に、高齢者においても女性に負担が偏っている可能性にも留意する必要がある。

第２－１－11図　高齢者の就業率・就業意欲・健康状況の動向
高齢者の就業拡大余地は依然大きい

（１）就業率と健康な者の割合

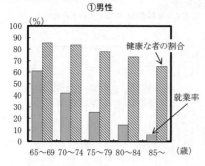

①男性

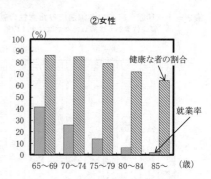

②女性

（２）就業意欲と就業率

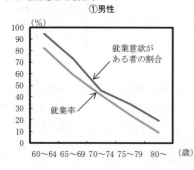

①男性

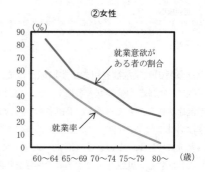

②女性

（3）介護や家事のために就業していない者の割合

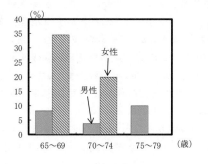

（備考）1．総務省「労働力調査（基本集計）」、厚生労働省「令和４年国民生活基礎調査」、内閣府「高齢者の経済生活に関する調査（令和元年度）」により作成。
　　　　2．（1）はそれぞれ2022年時点の割合。健康な者の割合は、自身の健康状態について「よい」、「まあよい」又は「ふつう」と回答した者の割合（不詳を除く）。
　　　　3．（2）はそれぞれ2019年度時点の割合。就業意欲がある者の割合は、「何歳まで収入を伴う仕事をしたいか」という質問に対し、自身より高い年齢階級まで、又は「働けるうちはいつまでも」と回答した者の割合（不明・無回答を除く）。回答数は、男性：854、女性：901。
　　　　4．（3）は、収入のある仕事につきたいと考えているにもかかわらず現在仕事をしていない理由（複数回答可）として、「家族の介護や家事のため」を選択した者の割合。回答数は、男性：69、女性：65。

2　新しい働き方の広がりと経済的な影響

　ここでは、労働供給の拡大余地、とりわけ、前項の追加就業希望の実現という観点から、近年増加傾向にある副業（雇用者のみならず、個人事業主に当たるフリーランスによる副業を含む）の動向について、労働供給や所得の向上といった面での経済的な影響を整理する。また、新たな働き方として、コロナ禍で急速に普及が進んだテレワークは、通勤時間の縮減から、余裕時間を活用し副業につなげられるという観点も重要であり、その現状や経済活動への影響について確認する。

（近年の副業実施者の増加は高齢者がけん引しているが、広がりもみられる）
　副業実施者数の長期的な推移を「就業構造基本調査」から確認すると、1990 年代から2000 年代初頭にかけて副業実施者数は減少傾向で推移し、2000 年代は横ばいであったが、2017 年以降は増加傾向に転じている（第２−１−12 図（1））。特に、直近の 2022 年にかけての５年間では、268 万人から 332 万人へと 64 万人増加し、副業実施率も 4.0％から 5.0％に１％ポイント増加している。ただし、「就業構造基本調査」では、調査対象者に対して副業の有無のみを調査しているため、複数の副業を掛け持つ動きが広がっている場合には、延べ副業者数は更に増加している可能性もある。
　また、年齢階級別にみると、2012 年以降の過去 10 年においては、65 歳以上の高齢層の増加が全体の副業実施者数の増加に最も大きく寄与していることがわかる（第２−１−12 図（2））。65 歳以上の高齢層は定年や再雇用を通じた職責の変化による本業からの制約の緩

　和や、勤務時間短縮による就労余力増加が副業の実施を可能したと考えられる。こうした65 歳以上の高齢層だけでなく、2012 年から 2017 年、さらに 2022 年にかけて、65 歳未満の幅広い年齢層でも副業実施者数の増加がみられる。2017 年から 2022 年にかけての副業実施者数の 64 万人の増加について、年齢階級別に、有業者数要因（就業者数の変化）と副業実施率要因（副業実施率の変化）に分けると、50 歳以上では有業者数要因、副業実施率要因が共に副業実施者数の増加につながっている一方、40 代以下の年齢層では、人口減少により有業者数要因がマイナスに寄与する中で、副業実施率要因が副業実施者数の増加に大きく寄与していることがわかる（第 2 − 1 −12 図（3）、（4））。

　次に、本業における従業上の地位別に副業実施者数をみると、女性の非正規雇用者が 83万人と最も多く、次いで、男性の正規雇用者が 63 万人となっている（第 2 − 1 −13 図（1））。本業が非正規雇用の女性について、副業における従業上の地位をみると、非正規雇用が 48 万人（約 6 割）と多くを占めている（第 2 − 1 −13 図（2））。本業の産業別にみると、医療・福祉、卸・小売、宿泊・飲食で半数超を占め、副業の産業としては、本業が医療・福祉の場合は、同じ医療・福祉のほか、教育・学習支援等が、本業が卸・小売の場合は、同じ卸・小売のほか、宿泊・飲食が、本業が宿泊・飲食の場合は、同じ宿泊・飲食のほか、卸・小売が多いことがわかる（付図 2 − 2）。医療・福祉を本業とする場合は、その専門性を活かし、病院の掛け持ち等を行っている可能性がうかがわれるほか、教育機関での非常勤の講師等を行っている可能性がある。

　一方、男性の中で構成割合の高い本業が正規雇用の男性について、副業における従業上の地位をみると、フリーランスを含む自営業主が 22 万人（約 35%）、次いで非正規雇用が 20万人（約 32%）となっている（第 2 − 1 −13 図（3））。前者について、本業の産業別にみると、情報通信、製造業、卸・小売業の順で多く、副業の産業としては、本業が情報通信の場合、同じ情報通信、次いで学術研究・専門・技術サービス等が、本業が製造業の場合は、農林業が、本業が卸・小売の場合は、同じ卸・小売のほか、農林業が多いことがわかる（付図 2 − 2）。本業が情報通信の場合は、専門性を活かし、副業ではウェブ広告や技術系の分野等のフリーランスで活動する者が多い一方、本業が製造業等の場合は、副業として農業に従事する兼業農家が相応に存在することがわかる。また、本業が正規雇用で副業が非正規雇用の場合は、本業の産業は、医療・福祉、教育・学習支援で多く、それぞれ副業の産業としては同じ医療・福祉、教育・学習支援の割合が大きく、やはり専門性を活かした病院や教育機関での掛け持ちが多いとみられる[10]。

---

[10] なお、令和 5 年度年次経済財政報告では、副業実施率を本業の年収階級別にみると、比較的低い収入層と高い収入層で、副業実施率が高い「U 字型」の関係があるとしたが、前者については、女性の非正規雇用における副業実施者が多いこと、後者については、比較的年収階級が高い医療・福祉や情報通信において副業実施者が多いことが影響していると考えられる。

第2－1－12図　副業の実施動向

高齢者をはじめ幅広い年齢層で副業実施者が増加

（1）副業実施者数及び副業実施率の推移

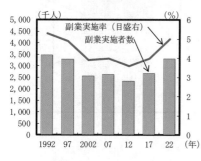

（2）副業実施者増加率の年齢別寄与度

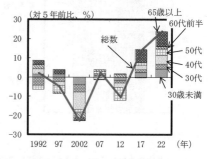

（3）副業実施者（2022年）の年齢別増減要因分解

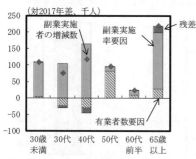

（4）副業実施率（年齢別）の推移

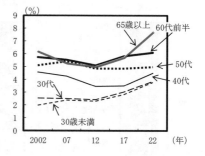

（備考）総務省「就業構造基本調査」により作成。

第2－1－13図　副業実施者の構成割合

女性は非正規雇用者で、男性は正規雇用者で副業実施者が多い

（1）副業従事者の本業様態別構成比

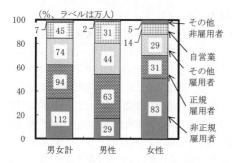

（2）副業従事者の構成比（本業が非正規雇用の女性）

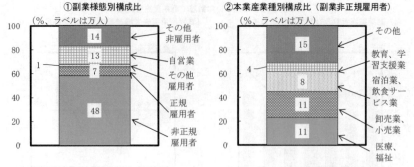

（3）副業従事者の構成比（本業が正規雇用の男性）

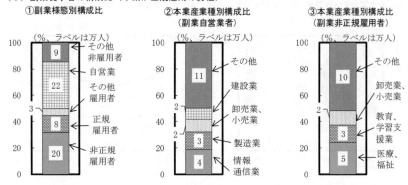

（備考）1．総務省「令和4年就業構造基本調査」により作成。
　　　　2．本業様態における非正規雇用は、会社などの役員を除く雇用者のうちパート・アルバイト。
　　　　3．産業種別構成比については産業種のうち構成割合の高い業種を表章し、それ以外の合計をその他とした。

（主たる勤務先の理解などが副業拡大の壁となっている）

　ここで、副業実施による労働供給拡大余地の可能性を探るために、正規雇用で勤務している労働者について、副業の実施意向があるものの、副業を実施していない人について、副業実施の阻害要因がどこにあるかをみると、勤務先からの制約を挙げる回答者の割合が突出して高いことが確認される（第2－1－14図（1））。副業実施に際して勤務先からの制約にはどういった背景があるか検討する。回答者の属性をみると、金融・保険など一般的に就業規則が厳しいと考えられる業種に勤めている雇用者のほか、従業員規模が大きい会社に勤めている人ほど、本業から副業の制約を受けていると回答している（第2－1－14図（2））。一方で、農林漁業や建設業等の従事者は本業からの制約を受けている雇用者は少ない。1990

年代以降、これらの産業の従事者が減少していたことは、前述のとおり、この間に副業実施者数が減少していた動きと整合的である。副業実施による労働時間の追加希望を実現するためには、大企業を中心に雇用者の副業可能な範囲を広げることが重要であり、2018 年に厚生労働省が「モデル就業規則」を改訂し、「許可なく他の会社などの業務に従事しないこと」の文言を削除したが、多くの大企業ではこうした就業規則や運用が残っているとみられる。労働者の健康への配慮と利益相反行為の禁止等は引き続き留意しつつ、副業による労働時間と所得の増加の希望を阻害しないためには、行政側の対応として、就業規則において副業の禁止規定を設けることを原則取りやめることを企業に促す、あるいは、本業の業務時間外の就労について、労働者側に職業選択の自由があることを明示していくこともあり得るだろう。

第２－１－14図　副業の阻害要因

副業の推進には企業側の制約を緩めていくことが必要

（１）副業実施の阻害要因（上位５項目）

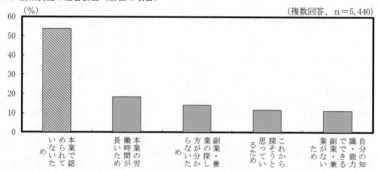

（２）副業実施意向者のうち本業から制約を受けている者の割合

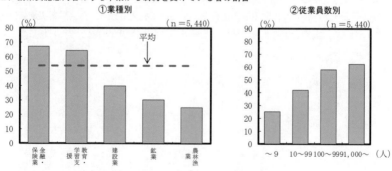

（備考）1. リクルートワークス研究所「全国就業実態パネル調査」により作成。
　　　　2. 2022年の調査を利用している。
　　　　3. 個票により特別集計を行い、集計に当たってはウエイトバックを行っている。
　　　　4. （1）、（2）ともに、正規の職員・従業員における割合。

（新しい働き方を通じた労働投入、所得増加の可能性）

　副業実施による労働供給への影響について確認したい。正規雇用者のうち、副業実施者はそうでない人に比べ、就業時間が8～13時間程度有意に長い（第2－1－15図）。すき間時間などを効果的に活用できれば、副業を通じた週当たりの労働時間の押上げによる所得増加が見込むことができる。第1項でみてきたとおり、人数ベースでの高齢者や女性の就業者増加の限界が近づきつつある中にあっては、希望する人に対して、副業など多様な働き方を通じた労働時間の追加が可能となる環境整備が重要であり、これにより、少子高齢化の中でマンアワーベースでの労働供給を底上げし、家計所得の向上につながることが期待される。

　さらに、マクロの雇用者報酬の主たる内訳である賃金・俸給へのインパクトという観点をみてみる。国民経済計算における賃金・俸給は、産業別に、副業を加味した仕事数という意味での雇用者数と、事業所統計から得られる仕事当たりの賃金の積を求め、その総和として推計されている。このうち、副業については、現行の2015年基準の国民経済計算では、2017年の「就業構造基本調査」に基づいて副業者比率を使用している。この間、2022年に副業の雇用者数は5年間で154万人から195万人へと41万人程度増加しており、就業者に対する副業の雇用者数の割合も0.5％ポイント程度高まっているため、マクロの賃金・俸給は、この5年間で現行よりも0.5％程度大きくなっている可能性がある。賃金・俸給を人数ベースの雇用者数で割った一人当たりの賃金・俸給という意味でも同様に、実態は、現行よりも0.5％程度は高い水準にある可能性がある。さらに、上述のとおり、「就業構造基本調査」では、一人の就業者に対して一つの副業のみ把握しているが、実際には、複数の副業を実施している場合も少なからずあると考えられる。実際、リクルートワークス研究所「全国就業実態パネル調査」によると、副業実施者のうち役員で3割、非正規雇用者では25％、正規雇用者では2割超で2つ以上の副業を実施しているなど、無視できない数で複数副業者がいる（第2－1－16図）。雇用者の所得をより的確に捉える観点から、副業実施者に関するタイムリーで、実態をより正確に捕捉する統計の整備も重要な課題と考えられる。

第2－1－15図　新しい働き方を通じた労働投入増加の可能性
副業実施により週当たり労働時間は8～13時間程度増加

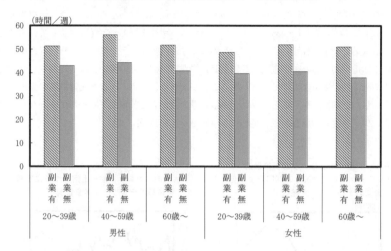

（備考）1．リクルートワークス研究所「全国就業実態パネル調査」により作成。
　　　　2．2023年の調査を利用している。
　　　　3．個票により特別集計を行い、集計に当たってはウエイトバックを行っている。
　　　　4．各数値は、正規の職員・従業員の1週間の平均労働時間（未回答・不明の者を除く）。

第2－1－16図　複数の副業を実施する者の割合
副業実施者の2割以上が、複数の副業を行っている

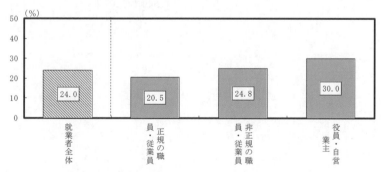

（備考）リクルートワークス研究所「全国就業実態パネル調査」により作成。2023年の調査を利用している。

（テレワークの定着により出勤率は1割程度減少）

　次に、コロナ禍を機に、新しい働き方として広がったテレワークの実態とその影響について概観する。コロナ禍以降、2020年から2021年にかけ、雇用者のテレワークの実施回数は

大きく増加した（第２－１－17 図（1））。その後、テレワーク実施回数は 2022 年に減少し
たが、コロナ禍前よりは高い水準にある。また、2023 年に入って以降は、東京都内の企業
ベースの実施率でしか確認できないが、緩やかな減少傾向にはあるものの、コロナ禍前より
も高い水準で下げ止まりつつあり、テレワークがコロナ禍を経て一定程度定着していること
がわかる（第２－１－17 図（2））。2022 年における全国でのテレワーク実施状況を出勤日
ベースで加重平均すると、1 週間（5 営業日）当たり 0.44 回の実施となっており、全国的
に出社率を 1 割程度引き下げているとみることができる。実際、ＪＲと民営鉄道の鉄道輸送
人員のうち、定期輸送をみると、コロナ禍以前を 1 割から 2 割程度下回ったままとなってお
り、テレワーク定着の影響がうかがわれる（第２－１－17 図（3））。

第２－１－17図　テレワークの実施状況

テレワークの実施状況は、2021年より低下しているものの、コロナ禍前を上回る水準に定着

（1）全国のテレワーク実施状況

（2）東京都のテレワーク実施状況

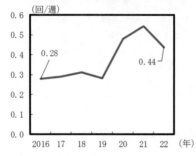
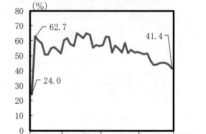

（3）鉄道（ＪＲ・民営鉄道）の定期輸送人員

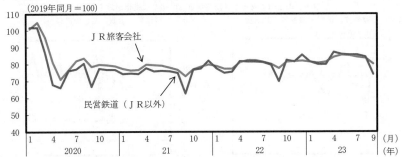

（備考）1．国土交通省「テレワーク人口実態調査」、「鉄道輸送統計調査」、東京都報道発表資料により作成。
　　　　2．（1）は、雇用型就業者（民間会社、官公庁、その他の法人等の正社員やアルバイト等を本業としている
　　　　　　人）を対象にした、テレワークの実施有無及び週次での実施頻度の回答を加重平均して作成。週5～7日
　　　　　　は6回、週1回未満は0回として計算。
　　　　3．（2）は、都内企業（従業員30人以上）のテレワーク実施率を示す。2021年1月～3月については、月前
　　　　　　半と後半のデータを単純平均して算出。
　　　　4．「ＪＲ旅客会社」とは、北海道、東日本、東海、西日本、四国及び九州の各旅客鉄道会社である。「民営
　　　　　　鉄道（ＪＲ以外）」とは、ＪＲ以外の鉄・軌道会社を総称している。

（テレワークは一部の対面型サービス消費の減少と代替分野の活性化につながっている）

　次に、テレワークの定着が経済的な影響を与えているかみてみる。形態別の実質国内家計
最終消費支出をみると、サービスのみがコロナ禍前を大きく下回って推移している（付図2
－3（1））。この背景には、テレワークの浸透を背景とした外出機会の減少により、出社に
よって発生する外食などの消費機会が失われたことがあるとみられる。実際、人流とサービ
ス消費の動向をみると、強い相関がある（付図2－3（2））。外出と関連が高いと考えられ
る一般外食の客数はコロナ禍前の水準を回復しておらず、また、半耐久財等の財に含まれる
被服・履物の実質消費も同様にコロナ禍前の水準を下回っており、テレワークの浸透を背景
に、消費の一部が下押しされている可能性がある（第2－1－18図（1））。

　もっとも、テレワークの進展により、一部の消費への需要が失われたと結論づけるのは早
計と考えられる。財関係のＥＣ消費は、コロナ禍による外出自粛が徐々に剥落する下、コロ
ナ禍前対比で2倍弱の水準で推移している一方、出前（デリバリー）の消費の動向をみる
と、新型コロナウイルス感染症の5類移行後も、コロナ禍前対比で3倍以上という高い水準
が維持され、振れはあるものの引き続き増加傾向で推移している（第2－1－18図
（2））。こうしたことから、コロナ禍を通じて減少したと考えられる外食などの一部消費は
別の形態の消費支出に振り替わっている可能性がある。

第2－1－18図　サービス消費の動向

テレワークの定着もあって、消費構造には様々な変化がみられている

（1）一般外食、被服・履物の家計消費

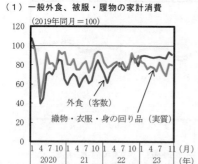

（2）ＥＣ消費（出前、財）の推移

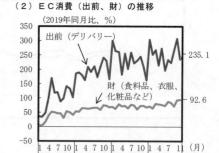

（備考）1．経済産業省「商業動態統計」、株式会社ポスタス、総務省「消費者物価指数」、「家計消費状況調査」により作成。
　　　　2．（1）について、被服・履物の実質化に当たっては消費者物価指数の「被服及び履物」、「かばん類」、「他の身の回り用品」のウエイトを加重平均し使用した。
　　　　3．（2）について、財は「家計消費状況調査」の「食料品」、「飲料」、「衣類・履物」、「保健・医療」、「化粧品」、「自動車等関係用品」、「書籍」、「音楽・映像ソフト・パソコン用ソフト・ゲームソフト」の合計。

（テレワークによるすき間時間拡大と副業促進の可能性）

　テレワークは外出機会減少によるサービス消費の減少など経済的にはマイナスの影響が指摘されることもある一方で、通勤時間減少による労働者の余裕時間の拡大に寄与する。実際、東京圏など通勤時間の長い都市部を中心に、テレワークが浸透しており、こうした地域を中心に通勤時間の縮減効果は高いとみられる（第2－1－19図）。コラム2－1でも後述するとおり、既婚女性の有業率は通勤時間と逆相関の関係があると指摘されることから、家庭の総就労時間の選択は通勤時間も含めて検討されているとみられる。テレワークの浸透は、通勤時間も含めた実質的な家庭の本業での総就労時間の減少につながり、余裕時間における副業実施の拡大を通じて、労働投入量の増加につながる可能性もある。

　また、東京都や周辺都市圏では、他の地域に比べてテレワーク実施率が高いが、これら地域は、他の地域と比べて第3次産業のウエイトが大きく、テレワークとの親和性が高い業種が多いことも影響していると考えられる。一方、テレワークの実施状況は、そうした産業構造の違い以上に差がある可能性も考えられることから、産業構造をコントロールした上で、他の道府県は東京都対比でどの程度テレワークの余地があるのかを確認した。

　推計結果をみると、多くの道府県において、産業構造の差では説明できない水準で、東京都とのテレワークの実施率の差があることがわかる（第2－1－20図）。すなわち、首都圏などの都市圏以外の地方部では、産業構造の差では説明できないレベルでテレワークの実施率が低くなっており、裏を返せば、これらの地域におけるテレワークの潜在的な押上げ余地

は、実施率ベースで3%ポイントから10%ポイント程度あると示唆される。

　こうした結果を踏まえると、地方部でのテレワークの活用余地は高く、子育て世代の就労促進、副業の実施拡大など新しい柔軟な働き方を実施するためにもテレワークを地方部にも広げていくことが重要である。また、各地域の職業選択時の訴求力を高める観点からも可能な範囲でテレワーク実施率を高めることは、若年層の都市部への人口流出を緩和する要因となる可能性がある。

第2−1−19図　テレワークと通勤時間
通勤時間が長い都道府県ほどテレワーク実施率も高い傾向

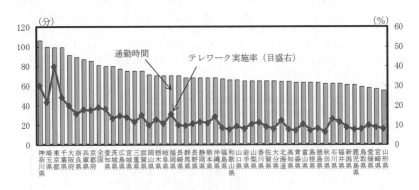

(備考)　1．総務省「令和4年就業構造基本調査」、「令和3年社会生活基本調査」により作成。
　　　　2．通勤時間は平日の数値。

第2−1−20図　テレワークの地域別格差
多くの地方部では、テレワーク実施率が高まる余地

東京都を基準とした道府県ごとのテレワーク実施率

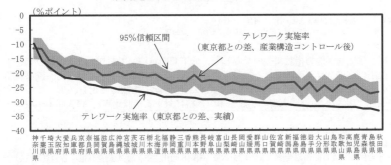

(備考)　1．総務省「令和4年就業構造基本調査」により作成。
　　　　2．産業構造のコントロールは「就業構造基本調査」の20の産業分類のうち、「分類不能の産業」を除く19の産業分類に基づいた回帰分析による。詳細は付注2−3参照。

コラム２－１　子育て世帯の住居選択について

　理想の人数の子どもを持たない理由として住宅の狭さを挙げる人が 2015 年の調査の
18.0％から 2021 年の調査では 21.4％に増加している[11]。ここでは、首都圏など大都市圏を
中心に、2020 年以降拍車がかかっている住宅価格の上昇が若年世帯の住居選択にどのよ
うな影響をもたらすのかについてみていく。
　まず、直近５年の人口移動の動向を確認する。20 歳前後の進学・就職を機に東京都に
流入する人口はコロナ禍期間において一時的に減少したものの、直近ではコロナ禍前の
2018、2019 年と同水準まで回復している（コラム２－１－１図）。他方で、子育て世帯に
当たる 25〜44 歳とその子どもと考えられる０〜14 歳は、東京都から東京都を除く首都圏
への人口流出が増加する傾向もみられる。さらに、東京都においては、単身向けの賃貸
価格にあまり変化がない一方で、ファミリー向けの賃貸やマンション価格が上昇を続け
ており、東京都内の住宅価格が上昇し、子育て世代が住宅価格や賃料の低い首都圏近郊
へ向かっていることを示唆している[12]。

コラム２－１－１図　人口移動の動向（東京都の転入超過の推移）
子育て世帯の東京都から他の首都圏への流出が増加する傾向もみられる

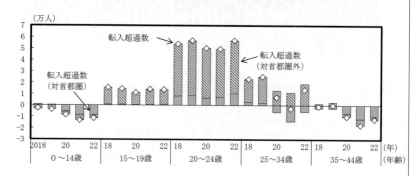

（備考）1．総務省「住民基本台帳人口移動報告」により作成。
　　　　2．ここでの首都圏は埼玉県、千葉県、神奈川県を合わせた範囲。

　次に、住宅取得能力指数についてみると、低下傾向が続いており、収入の伸び幅を上
回る住宅価格の上昇が確認できる。最近の住宅取得能力指数の低下に対して、既婚世帯
がどのように対応しているかを確認するため、住宅能力指数の変化を、購入住居の質
（利便性、広さなど）、購入者の年収倍率（価格に対する年収比率）、購入層の年収の３

---

[11] 国立社会保障・人口問題研究所（2023）を参照（第 16 回出生動向基本調査（独身者調査ならびに
夫婦調査）報告書）。対象は子ども数が理想子ども数を下回る夫婦のうち、妻の年齢が 35 歳未満の夫
婦。
[12] アットホーム（2023）全国主要都市の「賃貸マンション・アパート」募集家賃動向（2023 年 10
月）を参照。

つの要因に分解する[13]。まず、負担変化要因は小幅にプラス要因に寄与していることから、年収対比で借入れを増やすといった行動はさほどみられていないと考えられる。一方、取得層変化要因は、住宅取得能力指数の低下に寄与しており、住宅の購入がこれまでよりも年収の高い層に限られるようになっていることを示唆している。また、質変化要因の押下げ幅が拡大しており、質（利便性や広さ）を犠牲することで物件を購入している可能性があることがわかる（コラム２－１－２図）。この傾向は子どものいる既婚世帯に限ってみても共通しており、前述した東京都から東京都以外の首都圏への子育て世代の人口流出は、住宅価格が上昇する環境において、購入に際し以前より高い年収が必要になる中で、利便性や広さといった住宅の質を妥協せざるを得ない結果として発生している可能性がある。実際、新築マンション契約者の平均占有面積は低下しているほか、東京23区内の物件の占める割合は低下傾向で推移している（コラム２－１－３図）。

コラム２－１－２図　マンション取得能力指数の変動要因分解
購入住宅の質（利便性・広さ）を妥協する動きが近年拡大している可能性
（１）既婚世帯計　　　　　　　　　　**（２）うち夫婦のみ世帯**

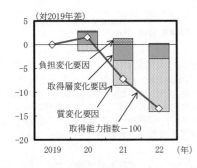 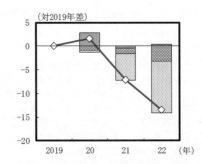

（３）うち子どもがいる世帯

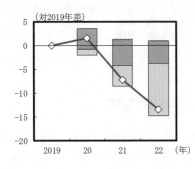

（備考）1．総務省「家計調査」、一般財団法人日本不動産研究所「不動研住宅価格指数」、2019年首都圏新築マンション契約者動向調査（株式会社リクルート住まいカンパニー）、2020年首都圏新築マンション契約者動向調査（株式会社リクルート住まいカンパニー）、2021年首都圏新築マンション契約者動向調査（株式会社リクルート）、2022年首都圏新築マンション契約者動向調査（株式会社リクルート）により作成。
2．マンション取得能力指数は世帯収入／マンション価格指数。2019年＝100。
3．要因分解は、マンション取得能力指数の変化のうち、世帯収入／マンション取得世帯収入の変化によるものを取得層変化要因、マンション取得世帯収入／マンション取得価格の変化によるものを負担変化要因、マンション取得価格／マンション価格指数の変化によるものを質変化要因としたもの。詳細は付注２－４を参照。

---

[13] 詳細は付注２－４を参照。

コラム２－１－３図　首都圏新築マンション契約者動向

狭めの物件や郊外の物件にシフト

（１）平均専有面積

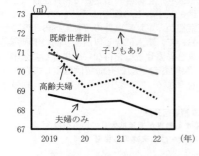

（２）東京23区内物件の占める割合

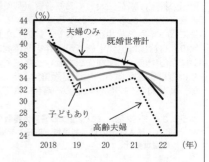

（備考）2019年首都圏新築マンション契約者動向調査（株式会社リクルート住まいカンパニー）、2020年首都圏新築マンション契約者動向調査（株式会社リクルート住まいカンパニー）、2021年首都圏新築マンション契約者動向調査（株式会社リクルート）、2022年首都圏新築マンション契約者動向調査（株式会社リクルート）により作成。

　住宅の利便性に関して、通勤時間と20代後半から40代前半までの既婚女性の有業率の関係をみると、通勤時間が15分長いと、有業率は5.0％ポイント低下するという研究[14]もあり、子育てなどの時間制約が厳しい子育て世帯では、郊外物件の取得に伴う平均通勤時間の増加は女性の就業率押下げに影響する可能性がある。また、近年、理想の人数の子ども数を持たない理由の一つに家の広さを挙げる人も一定数いる[15]中で、郊外物件を取得せず、希望よりも狭い都心の住宅を取得せざるを得なかった世帯は2人目、3人目の子どもを諦める可能性もある。

　子育て世帯が希望する質の住宅を購入できない場合、中長期的に就業率や出生率の低下につながる可能性がある。これに対する政策対応として、更なる価格上昇につながる補助金や各種控除よりは、子育て世帯が安く借りることができる公的住宅の供給拡大といった供給面の施策を着実に進めることで、子育て世帯が希望の場所に住めるようにする必要がある。こうした施策の積み重ねが女性の就業率、労働時間の向上にもつながるものと考えられる。

第2節　転職や最低賃金引上げを通じた家計所得拡大に係る課題

　第1節では、潜在成長率に影響する労働投入量の引上げの可能性という観点から、労働供給の拡大余地について議論したが、本節では、賃金を中心とする家計所得拡大に向けた論点を扱う。具体的には、第一に、我が国において、特に正規労働者間の転職市場が活性化しつ

---

[14] 森川（2017）を参照。
[15] 国立社会保障・人口問題研究所　出生動向基本調査（2023）を参照。

つあり、転職の拡大は、企業の人手不足感が深刻化する中で、人材の引留め等の観点から企業による賃金引上げにつながり得る要素である。ここでは、転職に伴う賃金変化の実態と課題について確認する。第二に、パート労働者の賃金に大きな影響を与える最低賃金について、我が国では全国加重平均1,000円を目指し、大幅な引上げを実現してきたが、こうした最低賃金引上げの効果を確認するとともに、かつてと異なり物価上昇が定着する環境に変わりつつある中で、諸外国のプラクティスも踏まえながら、今後の最低賃金の設定の在り方についての論点を示す。第三に、最低賃金に関連して、時給が増加しても、年収の壁を超えないために労働時間が抑制されるという就業調整について、これまでの実態を確認し、今後の課題を展望する。

1　労働移動（転職）を通じた所得向上の可能性

（正規雇用者（正社員）を中心に転職活動は活発化）

　コロナ禍以前から、正規雇用労働者（正社員）を中心に転職者数は増加傾向にあり、コロナ禍後は、男性全般や女性の非正規雇用労働者間等の転職が減少したが、近年では、男女を問わず、再び正社員を中心に転職活動が活発になっている（第2－2－1図（1））。また、転職を希望する就業者は、コロナ禍を経て、男女共に正社員を中心に、1,000万人を超える水準まで増加し、就業者の15%が転職を希望する状況になっている（第2－2－1図（2））[16]。転職を通じた賃金の上昇も多くみられるようになっており、転職を通じて賃金が1割以上上昇した転職者の割合は、デジタル化が進展する下で引き合いの強い情報通信関係の労働者（IT系エンジニア）を中心に、2020年末以降着実に増加している（第2－2－2図）。転職を通じた労働移動の活発化は、企業に対し労働者を引き留めるために賃金を引き上げる誘因となり、マクロの賃金の底上げにつながり得る。ここでは、コロナ禍を経た転職やこれを通じた賃金変化の動向と課題について考察したい。

---

[16] 就業者に対する転職希望者の割合を年齢別にみると、男女とも25～34歳が最も大きく25%程度となっている。

第2−2−1図　転職動向と転職希望者

正規間転職は男女共に、コロナ禍を経て増加傾向

（1）雇用形態ごとの転職

①男性

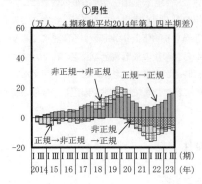

②女性

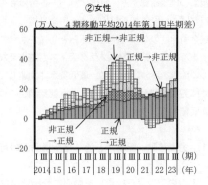

（2）転職希望者数

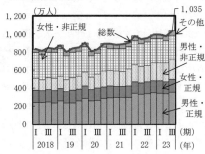

（備考）1．総務省「労働力調査（詳細集計）」により作成。
　　　　2．（2）の「その他」は、役員、自営業主及び家族従業員。

第2－2－2図　転職で賃金が1割以上上昇した人の割合
　　　　　　　情報通信関連職種を中心に転職により賃金が上昇する労働者が増加

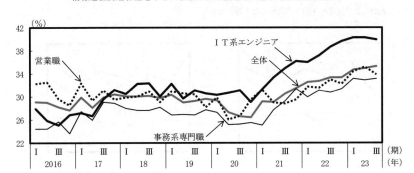

（備考）株式会社リクルート「転職時の賃金変動状況」により作成。

（コロナ禍後、高所得層では転職により年収が増加する割合が高まっている）

　まず、「雇用動向調査」から、年齢階層別に、転職によって賃金が1割以上増加した労働者及び1割以上減少した労働者の割合の推移を確認する（第2－2－3図（1）、（2））。労働者全体では、転職によって賃金が1割以上増加した労働者の割合は、29歳以下の若年層で約37％に達するなど、40代以下で近年上昇傾向にある。一方、転職によって賃金が1割以上減少した割合は、29歳以下の層では近年12％程度にまで縮小しているほか、30代や40代では2割前後で横ばい傾向となっている。ここには非正規雇用から正規雇用への転職の効果が含まれるため、一般労働者間の転職に限定してみると、転職により賃金が1割以上増加した労働者の割合は、29歳以下や30代で近年約33％に高まっているほか、40代でも約27％に達している。一方、転職によって賃金が1割以上減少した労働者の割合は、これらの年齢層で近年緩やかな低下傾向にあり、直近では20％以下となっている。他方で、定年が近づく50歳以上については、賃金が増加した割合は緩やかに高まっているものの、賃金が減少した割合が40％程度と高止まりしており、他の年齢層とは動態が異なる。

　上記の結果として、転職により賃金が1割以上増加した労働者の割合から1割以上減少した割合を差し引いたDIをみると、40代以下のいずれの年齢層でもゼロを上回り、近年改善傾向にあることがわかる（第2－2－3図（3））。以下では、より詳細なデータを活用して、近年、転職市場が活性化する中で、転職前後の賃金の変化にどのような特徴がみられているのかを確認していく。

第2-2-3図　転職で賃金が1割以上増減した労働者の割合

40代以下の年齢層で、転職により賃金が上昇する労働者の割合が増加

（1）転職により賃金が1割以上増加した労働者の割合

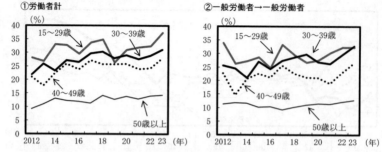

（2）転職により賃金が1割以上減少した労働者の割合

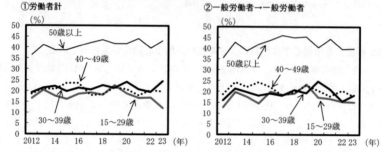

（3）転職により賃金が1割以上増加した労働者の割合－1割以上減少した労働者の割合（DI）

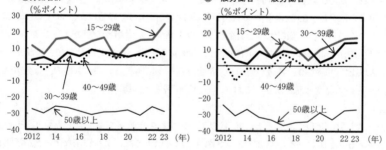

（備考）1．厚生労働省「雇用動向調査」より作成。2023年は上半期調査時点。
　　　　2．（3）は賃金が1割以上上昇した割合から1割以上減少した割合を引いた値。

　具体的には、リクルートワークス研究所「全国就業実態パネル調査」を用い、サンプルを50歳以下に限定した上で、コロナ禍前（2017年から2018年までとする。）とコロナ禍後

（2021 年から 2022 年までとする。）に転職した正規雇用労働者の転職前後の年収の変化をみる（第 2 － 2 － 4 図）。この結果によると、コロナ禍前からコロナ禍後にかけて、転職前収入・転職後収入ともに、400 万円未満の年収層の割合が低下し、400 万円以上の年収層の割合が上昇している。ただし、転職前の年収層ごとに、転職前後で年収が上昇した割合をみると、転職前収入が 600 万円以上の層で明確に高まっているが、600 万円未満では、コロナ禍前と比べ、おおむね変化がない（第 2 － 2 － 5 図）。コロナ禍前からコロナ禍後にかけて、特に年収が高い層において、転職により賃金が増加するケースが増えていることがわかる。

第２－２－４図　正規雇用者における転職前後の年収区分変化（50歳以下）

コロナ禍前に比べると、転職前・転職後共に年収が400万円未満の層の割合は低下

（1）2017年から2018年に転職した正規雇用労働者

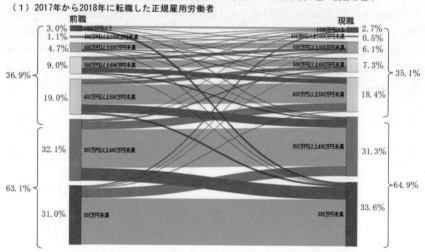

（2）2021年から2022年に転職した正規雇用労働者

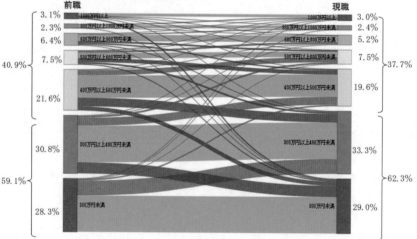

（備考）　1．リクルートワークス研究所「全国就業実態パネル調査」により作成。
　　　　　2．2018年から2019年、2022年から2023年の調査を使用している。
　　　　　3．直近一年以内に離職（出向等を除く）と就職を経験した者を転職者としている。
　　　　　4．四捨五入の関係で、内訳と合計が一致しない場合がある。

第２－２－５図　前職の年収からみて転職時に年収層が上昇した割合（50歳以下）
　　　　　　　　年収の高い層で転職により賃金が増加する割合が、コロナ禍後にかけて上昇

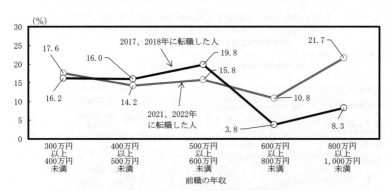

（備考）　1．リクルートワークス研究所「全国就業実態パネル調査」により作成。
　　　　　2．2018年から2019年、2022年から2023年の調査を利用している。

（正規雇用間の転職の更なる促進に向けリ・スキリング支援が重要）

　この背景をみるため、正規雇用労働者の転職の際の職種の変化に注目すると、コロナ禍前後を問わず、転職者に占める構成比の高い医療関係では同職種間の転職が過半数を占めており、専門性の高さから同職種間の転職が中心になっているとみられる（第２－２－６図（1））。また、転職前後の職種ごとの構成割合をみると、比較的年収の高い情報通信は、特にコロナ禍後において、転職前の構成割合に比べ、転職後の構成割合が高くなっており、他職種からの転職者も相応に集めているとみられる。一方、比較的年収の低い一般事務職も、コロナ禍前後を問わず、転職前の構成割合よりも転職後の構成割合が高く、他職種から人を集めていることがわかる。こうした背景もあって転職前後で年収が下落する労働者も相応にいると考えられる。

　次に、一定の規模で発生している職種間移動に焦点を当ててみると、①理系専門職から情報通信、②運輸・郵便から生産工程で、一定規模の職種間移動がみられる。①は年収が同程度か高い職種への移動であり、逆に②は年収の低い職種への移動となる。これらの職種間移動の理由をみると、①の年収の高い職種へ移動している層は賃金や労働条件への不満から転職している割合が最も高い一方、②は人間関係や仕事内容への不満などから転職している割合が最も高いことがわかる（第２－２－６図（2））。

　このほか、年収が相対的に高い職種のうち、管理職等は比較的幅広い職種から転職者を集めている一方、理系専門職は多くが同職種からの転職であり、情報通信は同職種と理系専門職からの転職でほとんどを占めるほか、企画・財務・金融は同職種のほか一般事務からの転職がほとんどを占めており、この状況はコロナ禍前後で大きくは変わっていない（付図２－

４）。正規雇用労働者のうち年収の高い職種は一定の専門性が求められる可能性がある。

第２－２－６図　正規雇用者における転職前後の職種変化及び転職理由（50歳以下）

高年収職種への転職は待遇改善を、低年収職種への転職は
職場環境の改善を求めて行われている可能性

（１）転職前後の職種変化

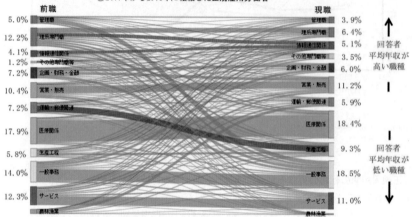

①2017年から2018年に転職した正規雇用労働者

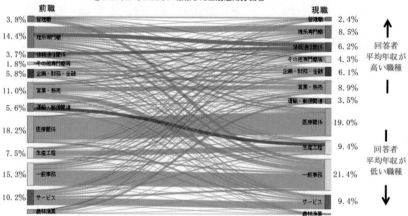

②2021年から2022年に転職した正規雇用労働者

（2）転職により職種が変わった正規雇用労働者の転職理由（2015年から2022年）

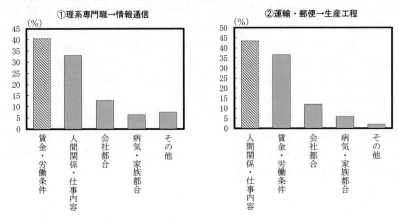

①理系専門職→情報通信

②運輸・郵便→生産工程

（備考）　1．リクルートワークス研究所「全国就業実態パネル調査」により作成。
　　　　　2．2016年から2023年の調査を利用している。
　　　　　3．直近一年以内に離職（出向等を除く）と就業を経験した者を転職者としている。職種分類は、調査における職種コードに基づき内閣府で独自集計している。各職種の平均年収は、「全国就業実態パネル調査」における2021年から2022年時点の正規雇用労働者を抽出し、職種ごとの平均年収を算出した。
　　　　　4．（2）の転職理由は、複数回答可能。

　以上の結果をまとめると、第一に、正規雇用労働者の転職による職種間移動には一定の困難さがあるものの、互いに親和性の高い職種間では流出入がみられ、そうした職種では、転職行動の活発化による賃金上昇圧力がかかりやすいとみられる。第二に、年収が低い職種についても、人間関係・仕事内容といった職場環境の観点から転職先として一定の人気があり、その意味では、転職市場全体としての賃金上昇圧力を抑制する要因になっているとみられる。もっとも、コロナ禍を経て、転職後の年収層は 400 万円以上の年収層の割合がおおむね高まっており、相対的に年収が高めの層での転職が広がりつつある。物価とともに賃金が動き出し、価格メカニズムが働く下で、転職による労働移動の活発化は、限られた労働力が適切に配分されることを促し、経済のダイナミズムにつながる。今後、更なる家計所得向上に向け、需給がひっ迫しているものの、その専門性ゆえに参入が難しい情報通信分野等の職種への転入が可能になるような効果的なリ・スキリング支援等が重要になると考えられる。

（非正規雇用間の転職では職場環境を異業種転職の理由にする割合が高い）

　最後に、一般的に熟練度が低く、職種間移動のハードルが低いと考えられる非正規雇用の転職行動をみてみる[17]。薬剤師などの資格職を含む「その他専門職」を除き、平均時給はど

---

[17] ここでは全ての年齢層を対象にしている。

の職種もおおむね同水準である（第2－2－7図（1））。正規雇用労働者と同様に、同じ職種間の転職も多いが、正規雇用労働者と異なり、コロナ禍後にかけて、近年、物流倉庫の建設などで需要が高まっていると考えられる倉庫・警備清掃業により多くの人が移動するようになっていることがわかる。また、倉庫・警備清掃業は生産工程から人を集めており、翻って生産工程は運輸・郵便から人を集めている。転職理由をみると、非正規雇用の雇用形態に照らして多くみられる雇用期間満了を含む会社都合を除くと、人間関係や仕事内容で転職している割合が高いことがわかる（第2－2－7図（2））。このように、賃金水準に大きな差がない非正規雇用では、人間関係・仕事内容といった職場環境を転職の基準にする割合が相対的に高いとみられる。人手不足感が高いとされるものの、人材が流出している運輸・郵便などの業態においては、賃金水準の改善に加え、省力化投資の拡大や勤務制度の見直し等による職場環境の改善も重要である可能性が示唆される。

第２－２－７図　非正規雇用者における転職前後の職種変化及び転職理由
　　　　　　　　人手不足業種においては人材維持・確保のため職場環境の改善等も重要に

（１）転職前後の職種変化

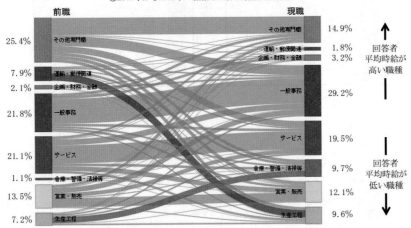

①2017年から2018年に転職した非正規雇用労働者

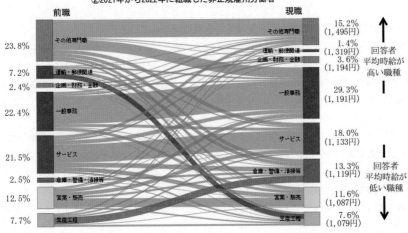

②2021年から2022年に転職した非正規雇用労働者

括弧内は各職種の平均時給

（2）転職により職種が変わった非正規雇用労働者の転職理由（2015年から2022年）

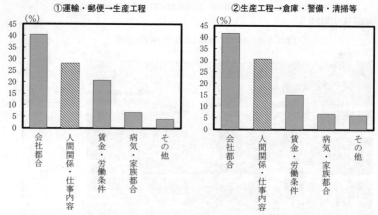

①運輸・郵便→生産工程　　　　②生産工程→倉庫・警備・清掃等

（備考）1．リクルートワークス研究所「全国就業実態パネル調査」により作成。
　　　　2．2016年から2023年の調査を利用している。
　　　　3．直近一年以内に離職（出向等を除く）と就職を経験した者を転職者としている。職種分類は、調査における職種コードに基づき内閣府で独自集計している。各職種の平均時給は、「全国就業実態パネル調査」における2021年から2022年時点の非正規雇用労働者を抽出し、職種ごとの平均時給を算出した。
　　　　4．（2）の転職理由は、複数回答可能。

2　最低賃金の引上げの影響と物価上昇下での最低賃金設定の在り方

（年々最低賃金上昇の影響を直接受ける労働者は増加している）

　次に、最低賃金の引上げを通じた所得向上への影響と課題について検討する。我が国における最低賃金[18]の動向をみると、近年は、2020 年を除き、引上げ率が上昇し、これに伴いパート労働者の平均時給も増加傾向にある（第2－2－8図）。実際、これまでの実績を踏まえると、最低賃金1％の引上げはパート労働者平均時給 0.4%弱の増加と相関がある（第2－2－9図）。

　こうした中、最低賃金引上げの直接的な影響を受ける労働者が増加している。具体的には、非正規雇用者の賃金分布をみると、最低賃金近傍で働く労働者は年々増加していることがわかる（第2－2－10 図）。さらに、内閣府政策統括官（経済財政分析担当）（2023a）と同様に、非正規雇用者の時給を上位から下位にかけて 10%刻みで分けて、70%分位点（下位から数えて 70%に位置する雇用者の賃金）を基準に、他の分位点の動きを検証すると、基準

---

[18] 我が国の最低賃金には地域別最低賃金と特定最低賃金の二種類がある。地域別最低賃金は、都道府県ごとに設定されている最低賃金であり、特定最低賃金は、産業や職業ごとに設定される最低賃金である。特定最低賃金の適用者は労働者全体の一部であることから、ここでは、特段の記載がない限り、「最低賃金」とは地域別最低賃金を指す。

点より低い幅広い雇用者の賃金に対して、統計的に有意に時給の上昇効果をもたらすとともに、より低賃金の雇用者ほど上昇効果が高く、賃金分布の圧縮に貢献していることが改めて確認される（第2－2－11 図）。このように、最低賃金の引上げは、相対的に低めの賃金で働いている労働者に対して、賃金水準を引き上げるという観点からは一定の効果があることが確認される。前節でも述べたように、少子高齢化の下で、我が国では、高齢者の就業拡大が進んできたが、非正規雇用形態での短時間勤務が多い高齢者は、最低賃金近傍で働いている労働者の割合が他の年齢層に比べて高い[19]とされ（2015 年時点の厚生労働省の調査によると、60 歳以上の労働者の2割超が最低賃金近傍で働いている）[20]、最低賃金引上げによる賃金上昇効果は、高齢化が進む下で、中長期的に拡大する可能性もある。

第2－2－8図　最低賃金の設定動向

最低賃金の引上げ幅は2021年以降拡大

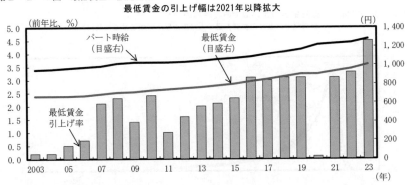

（備考）　1．厚生労働省「地域別最低賃金改定状況」、「毎月勤労統計調査」により作成。
　　　　　2．パート時給は所定内給与と所定内労働時間により試算。2023年におけるパート時給は2023年1月から11月
　　　　　　までの平均値。

---

[19] ここでは、高校新卒者や高校生のアルバイトも含む20 歳未満は除いて比較している。
[20] 厚生労働省（2015）を参照。

第２－２－９図　最低賃金とパート時給に関する推計
最低賃金の１％の引上げはパート時給を約0.4％増加

被説明変数 \ 説明変数	地域別最低賃金	都道府県別有効求人倍率
パート時給	0.353*** (0.119)	0.000 (0.004)

（備考）1．厚生労働省「職業安定業務統計」、「地域別最低賃金改定状況」、リクルートワークス研究所「全国就業実態パネル調査」により作成。
　　　　2．***は１％水準で有意であることを示す。括弧内は標準誤差。詳細は付注２－５を参照。
　　　　3．パート時給及び地域別最低賃金は対数値。
　　　　4．パート時給については、各調査年において2.5％点を下回る値及び97.5％点を上回る値を外れ値として除外している。

第２－２－10図　最低賃金とのかい離でみた時給の分布
最低賃金の上昇の影響を受ける非正規雇用労働者は増加傾向

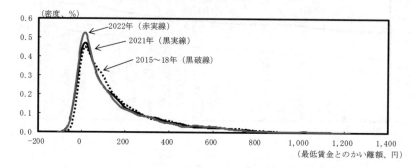

（備考）1．リクルートワークス研究所「全国就業実態パネル調査」、厚生労働省「地域別最低賃金改定状況」により作成。
　　　　2．リクルートワークス研究所の調査は2016年から2019年、2022年から2023年の調査を利用している。
　　　　3．時給を回答している非正規雇用労働者について、都道府県及び年度別に、最低賃金とのかい離額を計算した後、2.5％点を下回る値及び97.5％点を上回る値は外れ値として除外している。

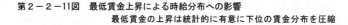

第2－2－11図　最低賃金上昇による時給分布への影響

最低賃金の上昇は統計的に有意に下位の賃金分布を圧縮

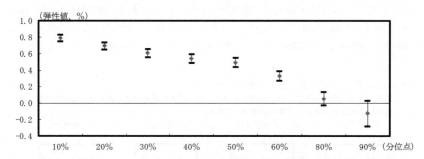

(備考)　1．リクルートワークス研究所「全国就業実態パネル」、厚生労働省「地域別最低賃金改定状況」により作成。
　　　　2．リクルートワークス研究所の調査は2016年から2023年の調査を利用している。
　　　　3．アンケート調査において時給を回答している非正規労働者のデータを用いて、最低賃金の引上げが時給の各分
　　　　　位点に与える影響を、70％分位点を基準として分析をした。詳細については、付注2－6を参照。
　　　　4．推定値の上下のバーで挟まれた区間は、95％信頼区間を示す。

（地方での最低賃金引上げの影響は大きい）

　次に、地域別に、最低賃金引上げの影響を直接受ける労働者の割合の違いや変化をみてみ
る。我が国では、中央最低賃金審議会が、地方最低賃金審議会に対し、各都道府県の地域別
最低賃金額の改定についての目安を示し、地方最低賃金審議会がそれぞれの都道府県の最低
賃金引上げ幅を決定している。目安制度は、1978 年から始まり、2022 年以前までは、所
得・消費、給与、企業経営に関する指標を踏まえ、47 都道府県をAランク、Bランク、C
ランク、Dランクの四つのランクに分けて目安額が提示されてきた[21]。2023 年からは、ラン
ク間の格差是正の一環として、最低賃金のランク区分は四つから三つに削減されることとな
った[22]。

　ここでは、従前の四区分のランクごとに、近年の最低賃金の引上げによる影響を確認する。
前掲第2－2－10 図を、ランク区分ごとに分けると、Dランクを始め最低賃金水準が相対
的に低い都道府県において、最低賃金上昇の影響を直接的に受ける労働者が多い傾向がある
ことがわかる（第2－2－12 図（1））。また、最低賃金上昇の影響を直接的に受ける労働
者の割合の変化をみると、最低賃金が相対的に低いDランクでは最低賃金引上げの影響を直
接的に受ける労働者が、他のランクに比べて、2022 年では、相対的により増加しているこ

---

[21] 玉田、森（2013）
[22] 2007 年の最低賃金法の改正では、生活保護受給者の方が最低賃金水準で働く労働者よりも収入が
高くなるという「逆転現象」を解消することが明記され、東京都や神奈川県のようなAランクに属す
る都道府県で最低賃金がより引き上げられ、最低賃金の都道府県間格差は拡大していった。こうした
格差是正の一環として、2023 年からは最低賃金のランク区分は四つから三つに削減されることとな
った。

とがわかる（第2-2-12図（2））。このように、パート労働者を中心に、地方部ほど賃金の底上げ効果が高いものとなっている[23]一方で、企業側からみた場合、地方の方が、最低賃金引上げによる人件費負担の上昇の影響をより受けるとみられる。最低賃金の労働需要・雇用への影響の有無や程度については、各種研究でも議論が分かれており、引き続き、効果の検証を行いながら、地域別最低賃金の設定の在り方について議論を深めていく必要がある。

第2-2-12図　最低賃金とのかい離でみた時給

最低賃金の水準が相対的に低い地域において、引上げの影響を受ける非正規労働者が増加

（1）地域別最低賃金とのかい離額の構成比（2022年）

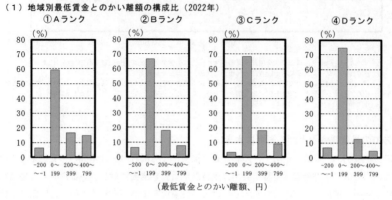

（最低賃金とのかい離額、円）

---

[23] 内閣府政策統括官（経済財政分析担当）（2023b）においては、2023年の最低賃金引上げに関して、引上げ幅の大きい都道府県では、アルバイト（コンビニエンスストア）の時給の伸びが大きいことを示している。

（2）地域別最低賃金近傍労働者の時給分布の変化

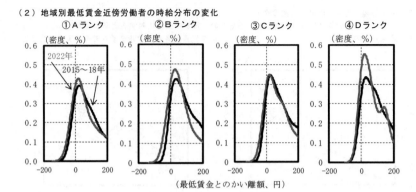

（備考）1．リクルートワークス研究所「全国就業実態パネル調査」、厚生労働省「地域別最低賃金改定状況」により作
　　　　　　成。
　　　　2．リクルートワークス研究所の調査は2016年から2019年、2023年の調査を利用している。
　　　　3．時給を回答している非正規雇用労働者について、都道府県及び年度別に、最低賃金とのかい離額を計算した
　　　　　　後、2.5％点を下回る値及び97.5％点を上回る値については外れ値として除外している。
　　　　4．（1）において、地域別最低賃金とのかい離額が800円以上のサンプルは図示していないため、各ランクご
　　　　　　との合計は100％にはならない。

（諸外国では日本を上回るペースで最低賃金の引上げが行われている）

　次に、主要先進国と日本の最低賃金の動向を比較する。日本を含め主要先進国では、継続
的な最低賃金の引上げが行われているが、2000年以降の最低賃金水準の推移をみると、日
本は相対的に低めの伸び幅となっている（第2－2－13図（1））。日本の場合、この間の
名目賃金の伸びが他の主要国対比で低いこともあって、最低賃金の上昇度合いも相対的に低
い。また、ＯＥＣＤが公表するフルタイム労働者の賃金中央値対比でみても、着実な上昇傾
向にはあるものの、他の主要国に比べると直近の2022年でも低い水準となっている（第2
－2－13図（2））。

　日本の長期的な最低賃金の推移の背景を振り返ると、2007年までは、最低賃金の設定
が、賃金改定状況調査による賃金上昇率とおおむね同程度であった。このため、我が国のフ
ルタイム労働者の賃金中央値対比での最低賃金の推移をみると、2000年代後半までは、微
増の範囲内で推移していた。その後、最低賃金法改正により、生活保護の受給金額との逆転
を目指すことが示されたほか、2015年以降は、一億総活躍社会の実現に向けた対策の中
で、2020年までに全国平均1,000円の最低賃金を目指すことが掲げられたことから、賃金
中央値対比での最低賃金は上昇傾向で推移してきた。

第2－2－13図　主要国の最低賃金の変化
日本の最低賃金は上昇しているものの、賃金中央値に対する比率は低め

（1）最低賃金の推移

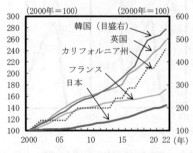

（2）最低賃金のフルタイム労働者賃金中央値比

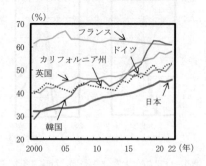

（備考）　1．OECD.Stat、アメリカ労働省により作成。
　　　　　2．アメリカでは連邦政府のほか、州などの地域別の最低賃金が設定されている（後掲第2－2－15図）。連邦最
　　　　　　低賃金は2009年以降改定されていないため、人口の多いカリフォルニア州の最低賃金の推移を掲載している。
　　　　　3．（2）について、ドイツは2015年からの値。カリフォルニア州の値は、カリフォルニア州の最低賃金とアメリ
　　　　　　カのフルタイム労働者賃金中央値を比較した値。

（日本の最低賃金は、近年の物価上昇に対して実質時給ベースで購買力を維持）

　次に、今回の物価上昇局面に焦点を当て、最低賃金の上昇度合いを国際的に比較する。こ
こでは、2020年12月を起点とし、主要国の名目最低賃金の累積変化をみると、日本は、
2023年10月の最低賃金の引上げもあり、物価上昇前の2020年12月比で＋11％となってい
るが、依然として、欧州各国はこれを超える最低賃金の上昇となっている（第2－2－14
図）。他方、この間の物価上昇分を差し引いた実質ベースの最低賃金での累積変化をみると、
日本の場合、他国に比べて物価上昇率が相対的に抑制されていたことから、物価上昇前の水
準をやや超える実質水準が維持されていることがわかる。他の主要国についても、足下では、
おおむね物価上昇前と同程度の水準の実質最低賃金となっているが、①ドイツでは、2023
年の名目最低賃金の引上げ幅が大きく、実質水準は物価上昇前の水準を上回っている、②英
国では、年一回の引上げまでの間、物価上昇が相対的に大きく、実質最低賃金の水準が物価
上昇前を下回る状況が生じている、③フランスは、名目の最低賃金の改定頻度が高く、実質
の最低賃金水準はおおむね一定に維持されている、といった特徴がみられる。今回のように、
急速な物価上昇が生じた局面において、最低賃金近傍の賃金で働く労働者の生活水準を維持
する観点から、最低賃金の設定の在り方がいかにあるべきか、という点は、国際的にも議論
がなされている[24]。

---

[24] OECD（2022）

第2－2－14図　最近の物価上昇局面における主要国の最低賃金の動向

最低賃金を物価に機動的に連動させているフランスでは、実質でみた最低賃金が比較的安定

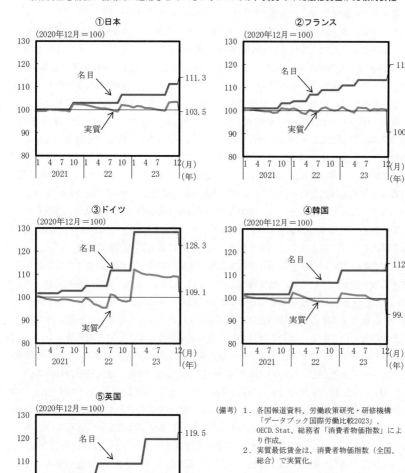

①日本
（2020年12月＝100）

名目　111.3
実質　103.5

②フランス
（2020年12月＝100）

名目　113.5
実質　100.6

③ドイツ
（2020年12月＝100）

名目　128.3
実質　109.1

④韓国
（2020年12月＝100）

名目　112.0
実質　99.6

⑤英国
（2020年12月＝100）

名目　119.5
実質　100.2

（備考）　1．各国報道資料、労働政策研究・研修機構
　　　　　　「データブック国際労働比較2023」、
　　　　　　OECD. Stat、総務省「消費者物価指数」によ
　　　　　　り作成。
　　　　　2．実質最低賃金は、消費者物価指数（全国、
　　　　　　総合）で実質化。

（海外の最低賃金の設定方法と日本への含意：物価上昇を前提とした制度の検討が重要）

　そこで、最低賃金の設定の仕組み等について、日本と主要国を比較することで、日本の今後の最低賃金の設定に向けた含意を検討したい（第２－２－15図）。

　まず、最低賃金制度の導入時期をみると、日本は1959年の最低賃金法により全国的に最低賃金が設定されるなど比較的以前から最低賃金制度が存在する一方、ドイツは2015年、英国は1998年と比較的近年に導入されている。ドイツや英国では、労使交渉による賃金決定が弱まる中で、実質賃金を維持・引き上げる目的もあり最低賃金が導入された[25]。こうした背景もあり、これらの国では、賃金中央値対比でみた最低賃金は高めの水準となっている。欧州各国の中で1950年と比較的古くから導入されているフランスは、第二次世界大戦後の戦後混乱期の激しいインフレ進行に際し、国民の購買力の維持を図る観点から導入された経緯もあり、賃金中央値対比でみた最低賃金は、以前からドイツや英国よりも高めの水準となっていた。一方、韓国は、零細事業所の低賃金労働者を保護する目的で1988年以降、最低賃金が導入されたという背景[26]もあり、最低賃金の設定に当たっては、競争力の低い事業所が目安となっていたことから、2000年代の賃金中央値対比でみた最低賃金は低めで推移していたが、2017年に文政権が時給10,000ウォン達成を公約とし、2018年、2019年は10％を超える大幅な引上げが実施されたことで、急速に最低賃金が上昇した。

　最低賃金の決定プロセスをみると、各国とも、労使代表及び有識者が参加する審議会等で決定するなど似通っているが、改定頻度については、日本のほか、英国、韓国は年一回であるのに対し、ドイツは不定期ながら最近においては年二回程度、フランスは原則年一回であるものの、後述するように、物価上昇が前回の引上げから２％を超えると物価上昇分を引き上げる制度となっており、物価上昇局面での改定頻度が高くなるという特徴がある。

　また、最低賃金の目標水準の置き方や、最低賃金の改定が物価上昇率等の何らかの指標に連動したものであるか否かについては各国で状況が異なる。まず、最低賃金の目標について、欧州においては、2022年10月に採択されたEU指令「適切な最低賃金の考え方」の中で、国際的に共通の参照水準として、名目賃金水準の中央値の６割や平均値の５割等が例示されている。フランスでは、従前からこの水準を超えた最低賃金設定がなされているが、ドイツでは、2022年にショルツ政権が名目賃金中央値の60％を目標とし、最低賃金の引上げを行っている。また、英国では、2024年までに、最低賃金を名目賃金中央値の３分の２相当に引き上げるとの目標を掲げている[27]。これに対し、日本や韓国では、名目賃金中央値の一定割合といった相対的な水準目標ではなく、1,000円や10,000ウォンのように、直感的に理解しやすい最低賃金の絶対的な水準を目標に設定しているという特徴がある。

　他方、各回における具体的な最低賃金の引上げ幅が、物価など何らかの指標に連動してい

---

[25] 松丸和夫（2019）、神吉（2012）等。
[26] 日本労働研究機構（1999）
[27] 労働政策研究・研修機構（2022）「最低賃金の改定」

るか、という点でみると、日本を含め多くの国では、労働者の生計費、事業者の賃金支払能力、雇用や経済への影響、所得分布等の定性的な基準であり、明示的な参照指標があるわけではない。一方、フランスにおいては、物価や賃金との連動があり、物価については、毎年一回の定例改定に加え、直近の改定から物価上昇率が2％を超えた場合、物価上昇分だけ自動的に改定される制度となっている[28]。また、賃金については、名目の最低賃金上昇率が年間実質賃金上昇率の2分の1を下回る場合は、上回るように設定するとされているほか、政府の政治的判断によって最低賃金上昇率が上乗せされる場合もあるとされている。物価との連動という点では、連邦レベルの最低賃金のほか州別に最低賃金が設定されるアメリカにおいては、これまでカリフォルニアなど13の州とワシントンD.C.において、最低賃金の物価スライド制が導入され、2024年以降はさらに六つの州で導入予定となっている。こうした州では、近年、物価が高まる中で、州議会の改定手続きを経ずに最低賃金を自動的に改定することが可能となっている。物価連動制については、物価上昇率が高い下で、交渉力の低い低賃金労働者の購買力を維持することで労働者の生活保障、働く意欲の向上、内需の維持につながるといったメリットがある一方で、賃金の上昇が人件費の増加を通じて価格に転嫁され、物価上昇が加速するという懸念点もあるとされる[29]。

　このように、最低賃金設定の目標や具体的な設定の考え方は各国においてそれぞれ異なる。それぞれメリット・デメリットがあり、必ずしもベストプラクティスが確立しているとも言い難いが、我が国において、1990年代後半以降長期にわたり「物価や賃金は動かない」ことがノルムとなっていた状態から、「物価や賃金は上昇する」というノルムに移行していく中にあっては、最低賃金の設定の考え方についても、時代に即した制度に見直していくための検討が必要になると考えられる。具体的には、近年の我が国の最低賃金引上げが労働者の賃金水準の底上げを目的に行われてきていることも踏まえつつ、例えば、国際的にみられるように賃金中央値との対比での水準目標の導入を検討することや、最低賃金水準を物価・賃金動向に何らか連動させる仕組み、特に、フランスのように、物価上昇が急速に進んだ場合に、年一回の機会を待つことなく最低賃金の改定が随時可能になるような仕組みの導入の是非について検討していくことには一定の意義があると考えられる。

---

[28] カナダでは、連邦最低賃金は前暦年の消費者物価指数にリンクされている。また、ベルギーでは、たばこ・アルコール・ガソリンを除く消費者物価の上昇率が前回改定から2％を超えると最低賃金が連動して改定される仕組みとなっている。
[29] ＩＭＦ（2022）、内閣府政策統括官（経済財政分析担当）（2023c）等

第2－2－15図　主要国の最低賃金制度

最低賃金の導入時期、改定頻度、改定に当たって重視される事項は国によって違い

	日本	フランス	ドイツ	韓国	アメリカ	英国
根拠法	最低賃金法	労働法典	最低賃金法	最低賃金法	公正労働基準法	全国最低賃金法
導入年	1959年	1950年	2015年	1988年	1938年	1998年
設定方式	地域別	全国一律	全国一律	全国一律	全国一律（連邦最賃）と地域別（州・市・郡最賃）の併用	全国一律
改定方法	審議会等で審議し、政府において改定	審議会等で審議し、政府において改定	審議会等で審議し、政府において改定	審議会等で審議し、政府において改定	法律（連邦法・州法）の改正	審議会等で審議し、政府において改定
改定頻度	毎年	毎年（物価上昇に応じて随時改定）	不定期	毎年	―	毎年
改定にあたり重視される事項	①労働者の生計費（生活保護基準を下回らないように配慮）、②賃金、③通常の事業の賃金支払能力、④政労使等の合意内容や政府方針への配慮　＊1	物価上昇率と実質賃金上昇率の1/2の比較　＊2	労働協約の賃金動向　＊3	①労働者の生計費、②類似の労働者の賃金、③労働生産性、④所得分配率等	政治状況　＊4	2024年までに最低賃金を賃金中央値の2/3の水準とする政府目標

(＊1) 2023年度の中央最低賃金審議会における目安審議にあたっては、厚生労働大臣から中央最低賃金審議会に対し、「新しい資本主義のグランドデザイン及び実行計画2023改訂版（2023年6月16日閣議決定）及び経済財政運営と改革の基本方針2023（同日閣議決定）に配意した、貴会の調査審議を求める」との諮問がなされている。

(＊2) 物価上昇率と実質賃金上昇率の1/2の高い率に基づく改定に加え、政府裁量による上乗せが可能。また、消費者物価指数が前回の賃金改定の水準より2％以上上昇した場合、指数の上昇分だけの金額が随時改定される。

(＊3) 最低賃金法上は、①労働者の必要最低限の生活を保障すること、②公正かつ機能的な競争力を維持できること、③雇用危機を招かないこと、④労働協約の賃金動向に従うこと、といった四つの考慮要素が示されているが、実質的には、「④労働協約の賃金動向」が重視される。

(＊4) 最低賃金の改定が法改正によるため、政治状況に左右されやすい。

(備考) 三菱総合研究所「最低賃金に関する報告書」、厚生労働省「海外情勢報告」、労働政策研究・研修機構「データブック国際労働比較2023」、内閣府政策統括官（経済財政分析担当）（2023c）により作成。

3　就業調整の実態と課題

（これまで最低賃金の上昇に伴い就業調整が増加してきた可能性）

　最低賃金の引上げもあり、我が国のパート労働者の賃金は、時給ベースではこれまで着実に増加してきた一方、労働時間は減少傾向で推移していることから、これらを合わせた年収ベースでは伸び幅は小幅にとどまっている（第2－2－16図）。時給増加の効果を打ち消すようにパート労働者の労働時間が減少傾向にある背景の一つと指摘されるのが、「年収の壁」である。具体的には、まず、税制上、給与収入が103万円（基礎控除48万円と給与所

得控除 55 万円）を超えると、住民税に加えて所得税の納税義務が発生する。主たる稼得者
の配偶者として、給与収入が 103 万円以下であれば主たる稼得者には配偶者控除が適用さ
れ、103 万円超 150 万円以下であれば、主たる稼得者が一定の年収以下であれば年収に応じ
て配偶者特別控除が満額適用される。次に、社会保険制度について、第 3 号被保険者として
配偶者の扶養に入りパート等の形態で従業員 101 人以上の企業において働く労働者は、年収
が 106 万円を超えると扶養を外れ、厚生年金や健康保険に加入する必要があることから、保
険料の支払によって手取り収入が減少するため、壁を超えないように労働時間の抑制、すな
わち就業調整を行うインセンティブが発生する。一例として、家計の主稼得者が年収 400 万
円の夫婦二人世帯について、配偶者が家計補助者として就業し、収入を得る場合に、年収
106 万円の壁前後における家計全体の手取りの変化をみると、約 15 万円の減少が生じるこ
とがわかる（第 2 － 2 － 17 図）。加えて、従業員が 100 人以下の企業など厚生年金の適用対
象になっていない企業で働く労働者は、年収が 130 万円を超えると扶養を外れ、国民年金や
国民健康保険の保険料を支払うこととなるため、やはり壁を超えないように就業調整を行う
誘因が生じる。社会保険料については事業者側の負担もあることから、企業側も労働者に対
して就業調整を働きかけるインセンティブがある。こうした税・社会保険制度以外にも、各
企業で独自に実施されている配偶者手当もこうした年収の壁を基準に支給の有無が決められ
ている。このため、短時間労働を希望する就業者は、各人の状況に応じて、年収を 100 万円
前後から 200 万円の範囲に意図的に抑えているとされる。
　　こうした年収の壁の存在により就業調整を行っている労働者は、2022 年時点で、約 540
万人おり、その過半を 15 ～ 64 歳の有配偶女性が占めている（第 2 － 2 － 18 図）。また、近
年では高齢化の進展もあり、65 歳以上女性の非正規雇用労働者の割合も拡大している。最
低賃金の上昇などを背景にパート労働者の平均賃金も上昇してきた一方、年収の壁となる
106 万円等の収入水準は、現行制度上、平均時給の上昇に伴い毎年度変化することはないた
め、年々、非正規雇用で働く有配偶者の女性を中心に、年収の壁を意識しながら働く短時間
労働者の割合が増えてきたと考えられる。15 ～ 64 歳の非正規雇用労働者のうち、年収の壁
前後の収入階層である年収 100 万円～ 149 万円のグループをみると、2017 年から 2022 年に
かけて 5 年で就業調整の実施率は約 4 ％ポイント上昇している（第 2 － 2 － 19 図（1））。
その中でも 15 ～ 64 歳の非正規雇用で働く有配偶者の女性の就業調整の実施率をみると、年
収 50 万円～ 149 万円の労働者では就業調整の実施率が 50 ％を超えており、特に 100 万円～
149 万円の層では就業調整の実施率が過去 5 年間で約 4 ％ポイント上昇していることがわか
る（第 2 － 2 － 19 図（2））。

第2－2－16図　パート時給と現金給与総額

パート労働者の時給は伸びているものの、労働時間の減少により現金給与総額の増加は限定的

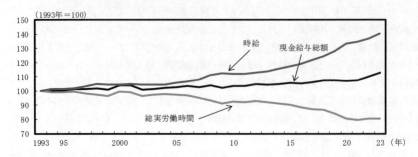

(備考)　1．厚生労働省「毎月勤労統計調査」により作成。

　　　　2．時給は現金給与総額／総実労働時間。

　　　　3．2023年は1〜10月の単純平均の前年比により外挿。

第2－2－17図　年収の壁

年収の壁対策前は、家計補助者の年収が106万円前後で世帯手取り収入の大きな段差が発生

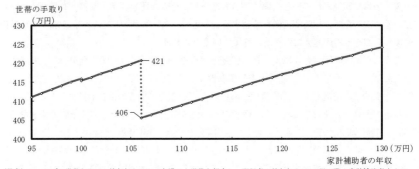

(備考)　1．モデル世帯として、給与収入のみの夫婦二人世帯を想定し、配偶者の給与収入400万円の際の家計補助者本人の給与収入に対する世帯の手取りを算出。

　　　　2．世帯の手取り＝本人給与収入＋配偶者給与収入－社会保険料－住民税－所得税及び復興特別所得税

　　　　3．社会保険料は厚生年金保険料、健康保険、雇用保険料、介護保険料の合計であり、厚生年金保険料率18.3%、健康保険料率10.0%（協会けんぽの全国平均）及び介護保険料率1.82%の半分（本人負担分）並びに雇用保険料率0.6%（本人負担分）を給与収入に適用して算出。本人の給与収入が106万円以上の場合に被扶養者でなくなると仮定。

　　　　4．住民税は均等割額5,000円、所得割率10%を適用。所得税及び復興特別所得税並びに住民税における控除は基礎控除、社会保険料控除及び配偶者（特別）控除のみを考慮。

第２－２－18図　就業調整の実施動向

就業調整は15〜64歳の有配偶の女性が約６割を占める一方、65歳以上の女性で増加

①2017年（計559万人）

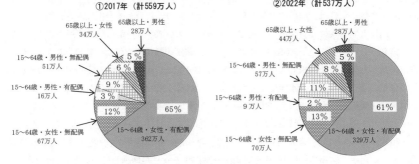

65歳以上・女性　65歳以上・男性
34万人　　　　 28万人

15〜64歳・男性・無配偶
51万人

15〜64歳・男性・有配偶
16万人

15〜64歳・女性・無配偶
67万人

15〜64歳・女性・有配偶
362万人

5％
6％
9％
3％
12％
65％

②2022年（計537万人）

65歳以上・女性　65歳以上・男性
44万人　　　　 28万人

15〜64歳・男性・無配偶
57万人

15〜64歳・男性・有配偶
9万人

15〜64歳・女性・無配偶
70万人

15〜64歳・女性・有配偶
329万人

5％
8％
11％
2％
13％
61％

（備考）総務省「就業構造基本調査」により作成。

第２－２－19図　非正規労働者における就業調整実施者割合の変化（2017年→2022年）

2022年にかけて年収の壁付近の収入層における就業調整実施率が増加

（１）非正規雇用労働者（15〜64歳）

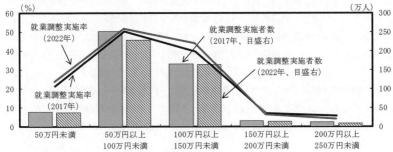

就業調整実施率
（2022年）

就業調整実施者数
（2017年、目盛右）

就業調整実施率
（2017年）

就業調整実施者数
（2022年、目盛右）

50万円未満　　50万円以上　　100万円以上　　150万円以上　　200万円以上
　　　　　　　100万円未満　　150万円未満　　200万円未満　　250万円未満

（２）非正規雇用労働者のうち有配偶女性（15〜64歳）

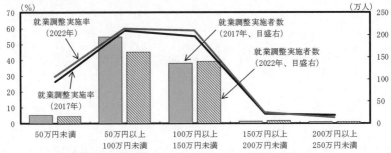

就業調整実施率
（2022年）

就業調整実施者数
（2017年、目盛右）

就業調整実施率
（2017年）

就業調整実施者数
（2022年、目盛右）

50万円未満　　50万円以上　　100万円以上　　150万円以上　　200万円以上
　　　　　　　100万円未満　　150万円未満　　200万円未満　　250万円未満

（備考）総務省「就業構造基本調査」により作成。

（年収の壁を背景とした就業調整は大幅な労働時間の減少を生む）

　次に、就業調整の開始時期を確認するため、女性の結婚前後の年収の分布をみる。まず、正規雇用で働く女性は、結婚の前後で年収の壁付近での年収分布の変化はみられない一方で、非正規雇用の女性は、結婚の前後で年収のピークが 200 万円から 100 万円に変化している（第2−2−20図（1）、（2））。このように、非正規雇用の女性は、結婚を機に年収の壁を意識した働き方を選択しているとみられる。同様に、女性の結婚前後の週当たり労働時間の分布の変化をみると、正規雇用の女性では、結婚前後でおおむね分布に変化がみられないが、非正規雇用の女性では、結婚前はピークが週 35〜40 時間であるところ、結婚後はその山が崩れ、週 15〜20 時間等のより短い労働時間にシフトしていることがわかる（第2−2−20図（3）、（4））。非正規雇用の女性は、結婚前は正規雇用の女性と同じく週 40 時間勤務していたが、結婚を機に週 20 時間勤務を選択する女性が増加しているとみられる[30]。非正規雇用の未婚女性の場合、最頻値の年収が 200 万円程度となっている。こうした女性が結婚後、自身の労働時間を短縮すれば、年収の壁の効果により、世帯として税や社会保険料の各種負担を抑え、主稼得者である配偶者が勤務している企業から配偶者手当を受給できる場合もあることから、就業調整を行っている可能性がある。前掲第2−1−7図のとおり、非正規雇用の女性の追加就業希望の有無と配偶者の年収に関係がみられなかったことと併せて考えると、各種の制度要因により、労働インセンティブが低下しているとみられる。

　最低賃金の引上げは、最低賃金近傍で働く非正規雇用者の時給を増加させ、労働のインセンティブを向上させる効果がある一方、年収の壁が固定されていることから、「壁」に到達するまでの総労働時間が短くなり、労働供給を押し下げる効果がある点に留意が必要である。後述するように、最低賃金の引上げが家計所得の向上と労働供給の増加につながるように、年収の壁による就業調整を緩和するための対策が極めて重要である。

---

[30] ここでのデータにおいては、結婚後に非正規雇用者の大宗は結婚前も非正規雇用者であるが、非正規雇用者の結婚後の労働時間の減少には、一部、結婚前に正規雇用者だった者が結婚後に非正規雇用となったことによる影響も含まれている。

第２－２－20図　結婚前後の年収と労働時間の変化

女性の非正規雇用者では、年収の壁が意識され、結婚前から後にかけて労働時間が減少している可能性

（１）現在正規雇用である女性の年収分布

①結婚前年

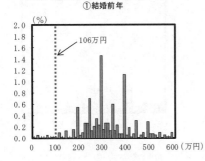

②結婚翌年

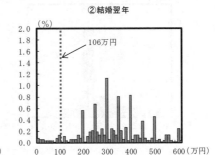

（２）現在非正規雇用である女性の年収分布

①結婚前年

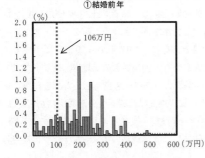

②結婚翌年

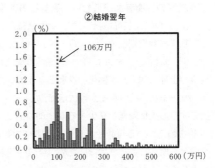

（３）現在正規雇用である女性の週当たり労働時間分布

①結婚前年

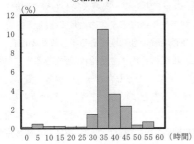

②結婚翌年

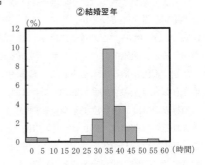

（４）現在非正規雇用である女性の週当たり労働時間分布

①結婚前年

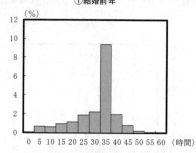

②結婚翌年

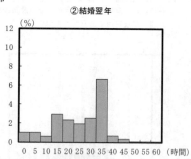

（備考）　1．リクルートワークス研究所「全国就業実態パネル調査」により作成。
　　　　　2．少なくとも３年連続で回答している女性について、結婚する前年と翌年のデータを用いている。

（高齢者の労働参加が進む中、高齢者の就業調整にも留意が必要）

　次に、高齢就業者に着目して、就業調整の実態を確認する。65歳以上の非正規雇用で働く高齢者の就業調整の状況をみると、男女で異なる結果がみてとれる（第２－２－21図）。

　まず、女性については、15～64歳の有配偶女性と同様に、2017年から2022年にかけて、賃金の上昇に加え、高齢化の進展という人口要因もあり、就業調整の実施率、実施人数共に50万円～149万円の層で大幅に増加している。高齢者のうち年収の壁を超えた場合に厚生年金保険料の支払義務が発生する65～69歳は、年金加入期間は基礎年金の満額支給が可能な40年を超えている可能性が高く、追加的に厚生年金保険料を支払っても年金全体の収入額が大きく増えるわけではないため、年収の壁を前にした就業調整のインセンティブは現役世代よりも高くなっていると考えられる。

　一方、男性高齢者では、年収50～149万円の層の就業調整の実施者数は少なく、過去５年で実施率も低下しているが、逆に、300万円以上の層で実施率、実施人数ともやや増加していることがわかる。この背景には、月給に加え賞与や年金などを含めた月収総額が48万円を超えると、段階的に年金支給額が減額される在職老齢年金制度による年金支給の停止といった制度要因があると考えられる。具体的には、現在の平均年金受給状況[31]をみると、厚生年金と国民年金の平均受給額の合計は約20万円であり、こうしたケースの場合、勤務先からの年収が340万円程度で年金支給額の減額が始まることになる。こうした年金支給額が減額される年収基準は、同世代の平均年収[32]とほぼ同額で、フルタイムで勤務している場合、この基準に抵触しやすい状況にある。また、「就業構造基本調査」では、主に非正規雇用労働者の就業調整の状況を調査しているが、年収300万円を超えると、正規雇用労働者の割合

---

[31]　厚生労働省年金局（2022）「令和３年度厚生年金保険・国民年金事業の概況」を参照。
[32]　令和４年分民間給与実態統計調査結果によると、65～69歳の平均年収は342万円。

も増える中で、高齢者の正規雇用労働者の中にも就業調整を行っている者が一定数いるとみられる。2021年の高年齢者雇用安定法の改正により、70歳までの雇用継続が努力義務となり、65歳以上でもフルタイムで働く労働者が増える中で、40年を超えて保険料を支払った場合には基礎年金の支給額を増額する、あるいは、在職老齢年金制度による年金支給の停止が始まる年収基準の閾値を引き上げるなど、高齢者の就労インセンティブを高めていく制度の在り方を検討することが重要である。

第2－2－21図　高齢者の就業調整の実施状況（2017年→2022年）
高齢化が進展する中、女性を中心に高齢者の就業調整は拡大
（1）非正規労働者における就業調整実施者割合及び人数の変化（男性・65歳以上）

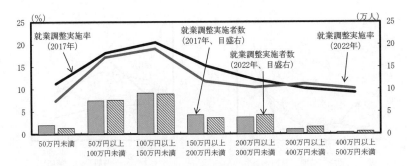

（2）非正規労働者における就業調整実施者割合及び人数の変化（女性・65歳以上）

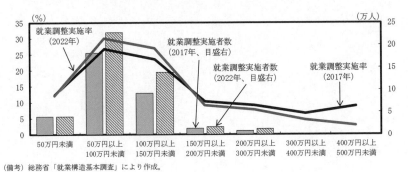

（備考）総務省「就業構造基本調査」により作成。

（短時間労働の割合は、社会保険制度にも依存している可能性）

　ここでは、諸外国との比較を通じて、社会保険制度が、短時間労働者の労働時間にどのような影響を与えているか確認する。まず、週当たりの労働時間をみると、日本を含む多くの国で週40時間から48時間（1日当たり8時間から10時間）の分布が最も多く、フルタイ

ムで働く労働者の標準的な勤務時間は各国でほぼ同様である（第2－2－22図（1））。一
方で、短時間労働者については、各国で動向が異なる。具体的には、一般的に、短時間労働
者は家事・育児の負担が重い女性を中心に多くみられることから、女性の労働者に占める短
時間労働者の割合に焦点を絞って比較すると、日本は、週20～29時間を中心に他国対比で
短時間労働の割合が高い（第2－2－22図（2））。ドイツ、英国では、日本ほどではない
が、週当たり労働時間が20～29時間の労働者の割合が相対的に高いこともわかる。

第2－2－22図　主要国の1週間当たりの労働時間と社会保険制度
社会保険制度の年収の壁が大きい日本では週20～29時間の短時間就業者の割合が高い

（1）就業時間別就業者の割合（男女計）　　　（2）就業時間別就業者の割合（女性）

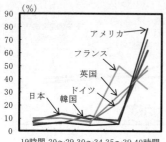
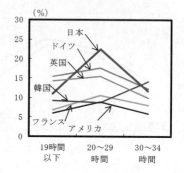

（3）被用者年金制度の国際比較

	日本	ドイツ	英国	フランス	韓国	アメリカ
収入と手取りのイメージ	(手取り／収入)	(手取り／収入)	(手取り／収入)	(手取り／収入)	(手取り／収入)	(手取り／収入)
保険料賦課対象	月額賃金8.8万円以上（年収106万円以上）の被用者	原則全ての被用者 *2	週123ポンド（約2.3万円）以上の収入のある被用者	全ての被用者 *5	全ての被用者 *6	全ての被用者
保険料率 *1	定率	段階的に保険料率引上げ *3	一定額を超えた部分に賦課 *4	定率	定率	定率

（＊1）中高所得部分についての負担率の変化は割愛している。我が国では厚生年金の標準報酬月額の上限は65万円となっているように、社会保険料は給付の受益に対する拠出という応益的性格を持つことから、負担額の上限や限度額以上で保険料率が低下する制度を設けている国が多い。表中、フランスでは月額3,666ユーロ（約59.4万円）、韓国では553万ウォン（約63.5万円）、アメリカでは年額16万2,000ドル（約2,430万円）がその限度額となっているが、中高所得者の保険料率は本文の議論とは外れることから省略した。

（＊2）被用者の賃金が月520ユーロ（約8.4万円）以下の場合、申請により加入義務の免除を受けることが可能。

（＊3）被用者負担分の保険料率について、月520ユーロ以下（約8.4万円）の場合は3.6％。ただし申請により免除可能。月521～2,000ユーロ以下（約8.4万円～約32.4万円）の場合、労働者の保険料は賃金に応じて軽減。

（＊4）週123～242ポンド（約2.3万～4.5万円）部分：0％、週242.01～967ポンド（約4.5万～18.0万円）部分：12％、週967ポンド（約18.0万円）超部分について：2％。

（＊5）強制加入の職域年金が多数分立している。本表では、最も代表的な制度である、商工業被用者を対象とした「一般制度」について掲載。

（＊6）韓国は国民皆年金制度となっており、国民年金のほか、公務員・軍人等の特殊年金が存在。また、国民年金は事業所加入者・地域加入者・任意加入者・任意継続加入者に区分され、本表では事業所加入者区分について掲載。

（備考）1．OECD. Stat、厚生労働省社会保障審議会年金部会（2023年9月21日、12月26日）資料、「海外情勢報告」により作成。
　　　　2．（1）は、週当たり就業時間別就業者が15～54歳の就業者（アメリカは従業員）に占める割合。
　　　　3．（2）の換算レートは2023年12月中に適用される基準外国為替相場及び裁定外国為替相場による。

　次に、各国の社会保険制度を比較し、各国における短時間労働者の労働時間の分布の差に係る背景を確認する。各国の制度を基に、社会保険料控除前の勤労収入（以下「額面収入」という。）と控除後の手取り収入の関係をみると、大きく三つのカテゴリーに分かれる（第2－2－22図（3））。ここでは、日本については、後述する2023年10月以降の年収の壁への対策を講じる前の姿としている。一つ目は、一定の額面収入を超えると年収の壁の効果により一旦手取り収入が減少する日本、二つ目は、一定の額面収入を超えると手取り収入の伸びが鈍化するドイツや英国、三つ目は、額面収入と手取りが定率で変化するアメリカ、フランス、韓国である。こうした制度上の類型は、前述の週当たり労働時間が20～29時間の短時間労働者の割合における各国の違いとも整合的である。額面収入と手取りが定率のアメリカ、フランス、韓国では20～29時間の短時間労働者は女性労働者の10％以下である一

方、日本のほか、手取り収入の鈍化という意味での壁があるドイツや英国では相応の割合で短時間労働者が存在する。このように、労働者の勤務時間の選択には、社会保険制度が影響を与えている可能性がある。

　なお、ここでは社会保険料にのみ着目したが、これに限らず、額面収入の増加に対して、税負担の増加や各種給付の削減が生じると、これらをネットアウトした手取り収入の増加が抑制され、労働インセンティブを阻害する点にも留意が必要である。ＯＥＣＤ（2022）は、一定のモデル世帯について、税・社会保険制度を踏まえ、最低賃金の増加のうち、どの程度の割合が手取り収入として残るのかを国際比較しているが、日本については、後述する年収の壁対策前の制度を前提としている面もあるが、この割合が低くとどまっている（第２－２－23図）。ここでも指摘されているとおり、短時間労働者の賃金に強く影響を与える最低賃金の在り方を考えるに当たっては、税制や社会保険制度との相互関係も踏まえた総合的な検討が重要である。

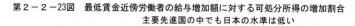

第２－２－23図　最低賃金近傍労働者の給与増加額に対する可処分所得の増加割合
主要先進国の中でも日本の水準は低い

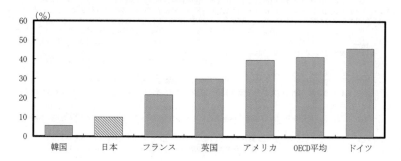

（備考）　1．ＯＥＣＤ「Minimum wages in times of rising inflation」により作成。
　　　　　2．アメリカは2021年、その他は2022年のデータ。子どもが二人いる最低賃金で働く共働き世帯を想定。夫婦とも時給が最低賃金から５％上昇した場合の給与増加額に対して可処分所得が何％増加するか試算（ＯＥＣＤによる試算）。

（年収の壁・支援強化パッケージの効果が表れ始めている可能性）

　年収の壁への対策として、2023年９月に「年収の壁・支援強化パッケージ」が公表された。これにより、2023年10月からの２年間の措置として、「106万円の壁」に対しては、パート・アルバイトで勤務する人の社会保険の新規加入に伴い手取り収入を減らさない取組（社会保険加入促進手当、賃上げなど）を実施する企業に対して、労働者一人当たり最大50万円の補助金を支給することとなり、また、「130万円の壁」に対しては、パート・アルバイトで勤務する労働者の収入が繁忙期に労働時間の延長などで一時的に上がった場合で

も、事業主がその旨を証明することで、被扶養者認定の継続が可能となった。

　こうした対策が実際に就業調整の緩和につながっているかの検証を行うことは、今回の２年間の時限措置後の制度を検討していく上で極めて重要となる。現時点においては、利用可能なデータは限られているため、ここでは、「労働力調査」を用い、就業調整の実施率が高い有配偶女性の非正規雇用者における月間労働時間の変化をみることとする。具体的には、これら女性雇用者について、ここ数年の９月と10月から11月における月間労働時間別のシェアの前年からの変化をみると、2023年９月は、106万円の年収の壁を超えない範囲の労働時間とみられる月間41～60時間や61～80時間の労働者の割合は、前年比で増加した一方、年収の壁を超える労働時間が含まれる月間80～100時間ないし月間100時間以上働く労働者の割合は減少していた。「年収の壁・支援強化パッケージ」が導入された後の2023年10月から11月については、61～80時間の労働者の割合は対前年比でやや減少している一方、月間100時間以上働く労働者の割合は、2021年と2022年の10月から11月は対前年で減少していたのに対し、2023年は増加に転じていることがわかる（第２－２－24図）。このように、今回の年収の壁対策は、就業調整の抑制という点で、一定の効果を生んでいる可能性はある。

　ただし、上述の分析は、あくまで単月の動向であり「労働力調査」におけるサンプルの振れの影響を受けている可能性もあるため、引き続き、給与計算代行サービスデータといったリアルタイムデータを含む各種データを用いた分析を通じて、今回の年収の壁対策による就業調整の抑制効果に係る詳細な検証が課題となる。また、今回の対策は、人手不足にも配慮して当面の措置として実施されたものであるが、今後の中長期的な年収の壁対策に当たっては、共働き世帯の増加や女性の正規雇用者の増加といった大きな流れがある中で、女性は被扶養者、あるいは短時間労働者であるといった前提に拠らない各種制度の構築も視野に入れていくことが重要である。

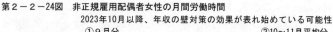

第２－２－24図　非正規雇用配偶者女性の月間労働時間
2023年10月以降、年収の壁対策の効果が表れ始めている可能性

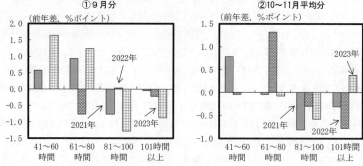

（備考）総務省「労働力調査（基本集計）」により作成。家計の主たる担い手ではない女性のうち、非正規雇用として月1時間以上働いている者が集計対象。

第3節　まとめ

　本章では、少子高齢化の中で労働の担い手となる人口が減少していることを踏まえて、我が国の労働供給を安定的に確保していくための課題と、労働供給の増加の果実として家計の所得向上のための課題を整理した。

　まず、第1節の分析によれば、2010年代以降、就業者数の面から我が国の潜在成長率を下支えしてきた女性や高齢者の労働参加の更なる拡大の余地は残されているものの、人口減少が更に進行していく中にあってはこうした効果にも限界があり、先行きは労働投入の減少による負の影響が拡大する可能性も認識しなければならない。こうした状況を少しでも緩和するための方向性として、いくつかの可能性が示唆される。第一に、労働時間を追加する希望を持った就業者への対応であり、特に子育て世帯の女性の就業率は改善しつつあるものの、その多くは非正規雇用であり、家庭の制約もあり労働時間を思うように拡大できていないことから、出産期前後の支援だけなく、子どもの年齢が上がるごとに発生するハードルを緩和する支援が重要である。第二に、今後、更に人口に占める割合の増加が見込まれる65歳以上の高齢者についてみると、健康や親族の介護の問題がない高齢者は相応におり、就業意欲を高める制度設計に加え、企業側も高い人手不足感の中で高齢者にも大きくない負担で就労可能な機会を設けることが重要である。第三に、副業などを通じた新しい働き方は、労働供給の上積みのためには効果を発揮することから、より柔軟に実施可能な環境を整えることが重要である。

　第2節では、転職による家計所得上昇の可能性を検討したほか、最低賃金引上げの賃金上昇効果や物価上昇下での制度の在り方、就業調整の課題などを各国比較も交えながら分析を

行った。転職市場はコロナ禍を経て正社員を中心に活性化している中で、転職による賃金上昇を更に後押ししていくために、効果的なリ・スキリング支援を推し進めることの重要性を確認した。最低賃金については、引上げによるパート労働者等の賃金上昇効果を確認するとともに、物価上昇の下では、低所得の労働者の購買力を維持する観点からも、諸外国の事例も参考に、物価上昇に弾力的に対応できる制度の検討が必要であることを示した。また、最低賃金が上昇する中で、年収の壁に直面し就労時間を抑制する非正規雇用労働者の割合が上昇してきたことから、制度を背景とした逸失労働供給は小さくない。主要先進国と比較しても日本の短時間労働者の割合は高く、人手不足への対応と家計所得の向上に向けて、「年収の壁・支援強化パッケージ」の効果を精緻に検証しつつ、就業時間拡大のインセンティブを阻害しない、恒久的な制度を構築していく必要がある。

第3章

企業行動の変化と投資拡大に向けた課題

第3章　企業行動の変化と投資拡大に向けた課題

　第1章でみたように、2023年に入って以降、企業の業況感や収益は改善し、さらには設備投資意欲が旺盛であるなど、企業部門は総じて堅調である。一方で、こうした堅調さが、実際の設備投資や賃金の増加には必ずしも結び付いておらず、内需が力強さを欠く要因となっている。こうした姿は、近年にのみ当てはまるものではない。1990年代終盤以降の企業部門の動向を振り返ると、金融危機やリーマンショック、コロナ禍など様々な経済的な危機に見舞われながらも、企業収益を順調に増加させてきた一方で、長引くデフレも背景に設備投資や賃金を抑制してきた。そうした中、家計は所得の伸び悩みなどから消費を抑制し、その結果、需要の回復力の弱さが継続するという悪循環が続いてきた。設備投資の停滞は、経済成長を支える資本ストックの蓄積を妨げ、資本の老朽化をもたらすとともに、研究開発など無形資産による新しい価値の創造を抑制し、我が国の潜在成長率を押し下げる要因ともなってきた。

　こうした認識の下、本章では、企業部門の現状と課題を整理・分析する。具体的には、過去四半世紀にわたり継続している「貯蓄超過」に象徴される企業行動の実態と背景を振り返るとともに、企業部門による新たな設備投資や賃金引上げの鍵となるマークアップ率について、長期的な推移や業種別の動向、無形資産投資との関係といった複数の国際比較も踏まえ、我が国企業における課題を分析する。

第1節　我が国企業の貯蓄超過の実態

　本節では、過去40年間程度の企業行動を振り返り、堅調な収益が設備投資や賃金の実態に必ずしもつながらず、企業部門において貯蓄が投資を上回る「貯蓄超過」の状態が長期的に根強く続いている背景を分析する。

1　過去40年間の企業行動の変化

（経常利益の増加に比して、設備投資は抑制傾向）

　まず、我が国企業の経常利益と設備投資について、我が国経済がデフレ的な状況に陥る前の時期から、具体的には1980年代以降過去40年間程度の長期的な動向を、「法人企業統計[1]」で確認する（第3－1－1図（1））。企業が通常行っている全ての

---

[1] 我が国における単体ベースの営利法人等を対象とする標本調査。確定決算計数を調査する年次別調査と、四半期ごとの仮決算計数を調査する四半期別調査がある。四半期別調査は資本金1,000万円以上が対象、年次別調査は資本金1,000万円未満も含む。本稿では、金融業・保険業以外の業種についての調査結果を用いている。

業務によって得られる利益である経常利益は、短期的には景気の拡大局面において増加し、後退局面において減少しているが、長期的な動向としては、バブル期以前の1985 年 4 － 6 月期[2]が 5.3 兆円であったのに対し、足下 2023 年 7 － 9 月期には 27.2兆円と 40 年弱の間で 5 倍以上に増加している。バブル期のピークであった 1989 年頃の 10 兆円程度と比較しても 3 倍弱増加している。この間、国内における企業の生産的ストックである固定資産に毎期新たに追加された額、すなわち設備投資は、経常利益と同様に景気循環とともに増減しているが、長期的な動向としては、1985 年 4 －6 月期の 7.5 兆円から、2023 年 7 － 9 月期に 13.2 兆円と 2 倍以下の水準の増加にとどまっており、また、過去最高値であるバブル期直後の 1991 年 10 － 12 月期の 15.3兆円を下回っている。

　両者の水準をみると、1990 年代までは、設備投資が経常利益を上回っていたが、2000 年以降、2008 年のリーマンショック前まではおおむね同程度となった。その後、2010 年代以降は、新型コロナウイルス感染症の感染拡大によって経常利益が急激に落ち込んだ 2020 年 4 － 6 月期を除いて、常に経常利益が設備投資を上回る状態が続いており、両者の差は拡大傾向にある。経常利益に対する設備投資の水準を散布図でみると、1990 年代から 2000 年代、2010 年以降と進むにつれて傾きが緩やかになっており、企業部門が、経常利益の増加ほどには国内での設備投資を増加させてこなかったことが明らかである（第 3 － 1 － 1 図（2））。

第 3 － 1 － 1 図　経常利益と設備投資の動向

経常利益の増加に比して、設備投資は抑制傾向

（1）経常利益と設備投資

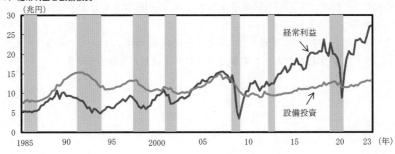

（2）経常利益と設備投資の関係

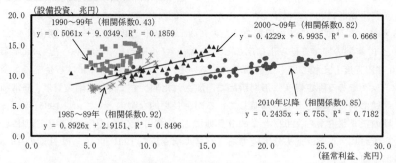

（備考） 1．財務省「法人企業統計季報」、内閣府「景気基準日付」により作成。
　　　　2．（1）のシャドー部分は景気の山から谷までの期間を示す。
　　　　3．経常利益、設備投資ともに季節調整値。設備投資はソフトウェアを含む。ただし、ソフトウェアへの新規投資額は、2001年7－9月期調査以降で調査対象として扱われていることから、2001年4－6月以前の計数にはソフトウェアが含まれていない。

（企業の収益力は過去 30 年間で向上）

　また、経常利益の売上高に対する比率（売上高経常利益率）をみると、バブル期以前には2％台半ば程度であったが、バブル期の景気拡大とともに 1980 年代末にかけて4％程度まで上昇し、バブル崩壊後、1993 年末までに1％台半ば程度まで低下した（第3－1－2図）。その後は、1997 年のアジア通貨危機や金融危機後、2000 年代初頭のＩＴバブル崩壊後、2008 年のリーマンショック時、米中の貿易摩擦等も背景に世界経済の減速がみられた 2019 年、2020 年の新型コロナウイルス感染症の感染拡大期など、一時的に低下する局面がみられるが、長期的なトレンドとしてみれば上昇基調で推移している。

　このように、1993 年末を底として、その後の約 30 年間において、企業は売上高の増加に比して経常利益を大きく増加させており、収益力を高めてきた。

第３－１－２図　売上高対比の利益率の動向

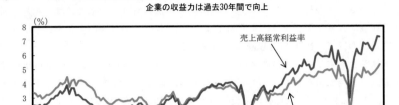

企業の収益力は過去30年間で向上

(備考) 財務省「法人企業統計季報」により作成。季節調整値。

（コストカットと海外展開が経常利益の増加に寄与）

　以上のように、我が国の企業部門は過去 30 年間で収益力を大きく高めてきた一方で、企業部門の経常利益と設備投資との関係性は、1980 年代や 1990 年代と比べて大きく変化し、利益に比べ投資が抑制されるようになっている。こうした変化がなぜ生じてきたかを紐解く手がかりとして、以下では、「法人企業統計」の年次別調査結果を基に、経常利益の増加がどのような形でもたらされてきたのかを確認する。

　ここでは、1993 年度を起点とした経常利益の変動を、①売上高要因（売上の増減によるもの）、②変動費要因（原材料費など変動費の増減によるもの）、③固定費要因（人件費、減価償却費、支払利子等の増減によるもの）、④営業外収益要因（海外子会社からの配当金などの増減によるもの）に分解し、利益の増加を生み出した要因をみてみよう（第３－１－３図（１））。

　まず、売上高要因は、時期によって 1993 年度対比でみてプラス・マイナスのいずれにも寄与するなど、景気動向によって変化している。これに対して、変動費要因は、リーマンショック前の原油等資源価格の高騰時を除き、総じてプラスに寄与しており、生産効率の改善などの企業努力を含め、企業が原材料コストを低く抑えてきたことが経常利益の増加を支えてきた様子がうかがえる。変動費の対売上高比率を業種別にみると、製造業では、リーマンショック前まで上昇傾向で推移し、その後は 2010 年代半ばまで総じて低下傾向となるなど、原油等資源価格の影響も大きく受けているとみられる一方、非製造業では、各年の変動はあるものの、一貫して低下傾向で推移している。我が国企業部門の変動費の面からのコスト削減の長期的傾向は、主に非製造業によってけん引されていたことがわかる（第３－１－３図（２））。

　次に、固定費要因を確認する。固定費のうち人件費要因を取り出すと過去約 30 年間を通じ、総じて抑制的であったといえる。2000 年代前半は、人件費要因は経常利益

のプラス要因となっているが、これは 1993 年度対比で人件費が削減されてきたこと
を示している。その後、2010 年代後半以降にマイナス寄与となるまでは人件費要因
は経常利益に大きな影響を及ぼす要因にはなっていない。人件費の大宗を占める従業
員人件費について、1980 年度以降の推移をみると、1990 年代半ばまでは、一人当た
りの単価が上昇する中で人件費全体が増加してきたが、1990 年代末から 2000 年代前
半までは一人当たり単価が下落して人件費全体が抑えられてきた（第3－1－3図
（3））。こうした中で、人件費の対売上高比率は、製造業を中心にリーマンショック
前後での売上高の大幅な増減により大きな低下・上昇がありつつも、1990 年代半ば
以降について、全産業ベースで均してみれば横ばいに近い動きとなっている（第3－
1－3図（4））。

　人件費以外の固定費要因についてみると、国内で行った設備投資の結果として蓄積
された固定資産に応じて計上される費用である減価償却費は、先述したとおり、経常
利益の増加に比して設備投資の伸びが抑制的であったことから、過去 30 年間におけ
る収益に与える影響は小さい。一方、支払利息等については、経常利益に対して常に
プラス寄与になっており、かつプラス寄与幅は総じて拡大傾向にある。後述するよう
に、バブル崩壊以降、企業の債務過剰の解消が進展し自己資本が強化される中で、借
入金の残高が 2000 年代半ばまで減少するとともに、低金利環境が継続してきたこと
があいまって、資金調達面のコストが傾向的に低下してきたことが影響したものと考
えられる。

　また、企業が本業以外の活動で経常的に得ている収益である営業外収益要因は、
2010 年代半ばから 1993 年度対比でプラスに転じ[3]、その後プラス寄与が着実に拡大
している。営業外収益の対売上高比率を業種別にみると、特に製造業の増加が著しく、
グローバル化の進展、海外生産の拡大に伴い、海外子会社などからの配当金受取が増
加していることがうかがえる（第3－1－3図（5））。ただし、営業外収益には、雇
用調整助成金をはじめとして、コロナ禍での雇用維持や事業継続のための法人企業向
けの補助金・支援金の支給額が計上されており[4]、特に 2020 年度や 2021 年度の営業
外収益の対売上高比率の改善の動きにはこれらの政策の影響が含まれていることに
留意が必要である（コラム3－1）。

　このように、過去 30 年間における企業の経常利益の増加に対しては、売上高要因
は景気の動向によって変動し、期間を通じて均してみれば主要な押上げ要因とはなら

---

[3] 営業外収益要因は、2000 年代半ばまで、1993 年度対比でみてマイナス寄与を拡大してき
たが、これは、この間の金利低下による受取利息等が減少してきたことによるもの。その後
は、金利低下が続く中にあっても、配当受取等が増加することでマイナス幅を徐々に縮小さ
せ、2010 年代半ばからプラス寄与に転じた。
[4] 各種支援策の支給額は、企業の判断によって、営業外収益のほか、特別利益にも計上され
る場合がある。

ない中で、主として、生産効率化も含めた変動費率の低下、人件費等の抑制[5]、過剰債務の解消等による支払利息等の減少といった企業のコストカット、また、海外生産の拡大に伴う営業外収益の増加によってもたらされてきたといえよう。

第3－1－3図　経常利益の増加要因

コストカットと海外展開等が経常利益の増加に寄与

（1）経常利益の要因分解

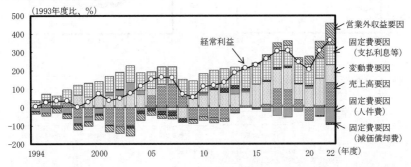

（2）変動費対売上高率

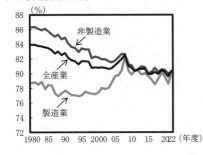

（3）従業員人件費と一人当たり従業員人件費

---

[5] 上述のとおり、設備投資が抑制的であった結果として、減価償却費が経常利益に与える影響も小さかった。

（4）人件費対売上高比率

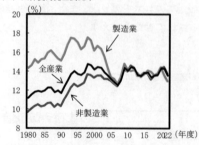

（5）営業外収益対売上高比率

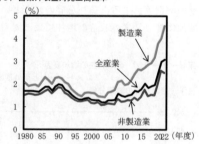

（備考）1．財務省「法人企業統計年報」により作成。
　　　　2．（1）の経常利益の要因分解は、次式により求めた。

$$\underbrace{\frac{\Delta 経常利益}{経常利益_{1993年度}}}_{} = \underbrace{\frac{(1-変動費率)\times\Delta 売上高}{経常利益_{1993年度}}}_{売上高要因} - \underbrace{\frac{売上高_{1993年度}\times\Delta 変動費率}{経常利益_{1993年度}}}_{変動費要因} - \underbrace{\frac{\Delta 固定費}{経常利益_{1993年度}}}_{固定費要因} + \underbrace{\frac{\Delta 営業外収益}{経常利益_{1993年度}}}_{営業外収益要因}$$

　　　　ただし、変動費＝売上高－経常利益－固定費＋営業外収益
　　　　　　　　変動比率＝変動費／売上高
　　　　　　　　固定費＝人件費＋減価償却費＋支払利息等
　　　　　　　　分子の変化幅（Δ）は1993年度との比較

コラム3−1　営業利益と経常利益のかい離

　経常利益と営業利益は、2000 年代前半においては、両者ほぼ同水準であったものが、それ以降、経常利益が営業利益を上回って推移し、直近の 2022 年度には経常利益が営業利益を約 4 割程度上回る状態となっている（コラム3−1−1図）[6]。本論でも述べているとおり、これは、主には、グローバル化が進む下で、企業による海外子会社の設立や海外企業のM＆Aが進み、海外生産活動が活発化したことにより、海外子会社等から国内に還流する配当収益等が増加したことによる。

コラム3−1−1図　経常利益と営業利益の動向
2000年代半ば以降、経常利益と営業利益のかい離が拡大

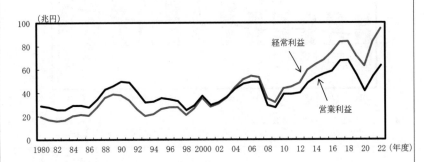

（備考）財務省「法人企業統計年報」により作成。

　ここで、経常利益と営業利益の差である営業外損益（営業外収支）について、内訳が確認できる「法人企業統計季報」を用い、その要因を受取利息等（配当を含む）、その他の営業外収益、営業外費用に分けると、受取利息等が継続的に営業外収支を押し上げ、その押上げ幅が拡大していることがわかる（コラム3−1−2図）。また、その他の営業外収益や営業外費用も緩やかにプラス幅を拡大しており、特に 2020 年度以降はプラス幅が大きく拡大した。2020 年度以降、その他の営業外収益のプラス幅が拡大しているのは、本論でも述べているように、コロナ禍での各種企業支援策による補助金等が、企業の判断によってその他の営業外収益（もしくは特別利益）に計上されているためである。なお、2022 年度はその他の営業外収益とともに、その他の営業外費用も増加しているが、これは、為替レートの急速な変動に

---

[6] 2000 年以前は、経常利益が営業利益を下回っていた（営業外収支が赤字）が、過剰債務もあって、支払利息等を中心に営業外費用が営業外収益を上回っていたことによる。

　よる為替差益・差損の影響が大きいものと考えられる。このように、2000年代半ば以降の営業利益と経常利益の差の拡大は、大きなトレンドとしては海外直接投資の拡大に伴う海外子会社からの配当収入等の増加傾向が影響する一方、コロナ禍期間、特に2020年度、2021年度にかけては、政府による雇用維持・事業継続支援の影響も大きかった点には留意する必要がある。

コラム３－１－２図　営業外収益の内訳
配当含めた受取利息等の増加が、営業外収支を押し上げ

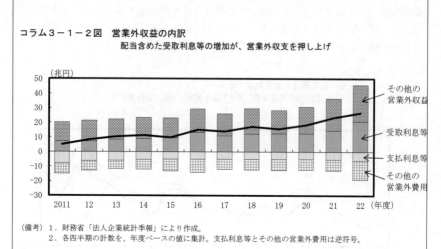

（備考）　1．財務省「法人企業統計季報」により作成。
　　　　　2．各四半期の計数を、年度ベースの値に集計。支払利息等とその他の営業外費用は逆符号。

（利益増加は企業の自己資本強化に活用）

　次に、企業が獲得した利益の配分状況を確認すべく、経常利益に、臨時に発生する損益や長期保有の有価証券や固定資産の売却損益などの特別損益を加えた税引前当期純利益の処分状況に関する内訳をみてみよう（第３－１－４図）。まず、法人税等の支払額は、利益が増加する一方で、法人税率が段階的に引き下げられてきた中で、期間を通じてみれば大きく変化していない。過去20年間で大きく増加してきたのは、配当支払のほか、社内留保である。直近の2022年度の税引前当期純利益は、リーマンショック前のピークである2006年度と比較して2倍超（＋100.6％）に増加しているが、その内訳寄与をみると、法人税等の支払は＋6％、配当金の支払は＋33％、社内留保が＋61％となっており、企業が生み出した利益のうち最終的に社内に残る分が特に大きく増加している。

第３－１－４図　税引前当期純利益の処分状況
企業が生み出した利益のうち、最終的に社内に残る分が大きく増加

（１）税引前当期純利益の配分　　　　　　　　　（２）2006年度から22年度までの伸び

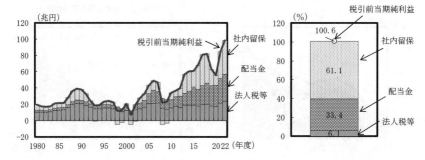

（備考）1. 財務省「法人企業統計年報」により作成。
　　　　2. 法人税等は、法人税、住民税及び事業税と法人税等調整額の合計値。

　このように、社内留保が増加してきたことの結果として、企業のバランスシートの総資本（負債・資本の部。貸方）の面では、過去20年間にわたって、利益剰余金と資本金及び資本準備金が着実に増加してきた（第３－１－５図（１））。バブル崩壊後の1993年度対比での総資本の伸び率とその内訳寄与をみると、総資本は2022年度までに＋65％増加しているが、そのうち利益剰余金の寄与は＋33％、資本金及び資本剰余金は＋16％と、両者で総資本の増加の75％を占めている。一方、借入金は1990年代後半から2000年代半ばにかけて減少しており、1993年度対比での総資本の増加に対する借入金の寄与は、1999年度以降、コロナ禍で借入金を大きく増加させた2020年度までマイナス寄与で推移してきた。

　言い換えれば、企業の資金調達は、他人資本から自己資本へと移ってきた。総資本に対する借入金と利益剰余金の比率をみると、企業規模や業種を問わず、前者が低下する中で後者が上昇している（第３－１－５図（２））。結果として、1990年代までは20％を下回る水準であった自己資本比率は、2010年代後半には全規模全産業ベースで40％を超える水準まで高まっている（第３－１－５図（３））。このように、企業は、1990年代末以降、増加してきた企業利益を活用し、バブル崩壊後に企業活動の足かせとなってきた過剰債務を解消させ、自己資本を強化し、財務基盤を強固にしてきたといえよう。

第3－1－5図　総資本の動向

1990年代末以降、過剰債務の解消と利益剰余金の増加を通じて、財務基盤が強化

（1）総資本（負債・純資産の部）の動向

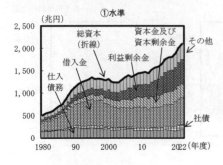

（2）借入金と利益剰余金の動向

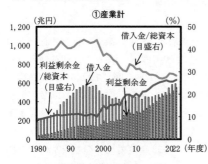

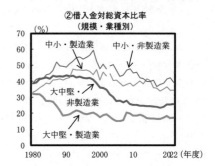

（備考）1．財務省「法人企業統計年報」により作成。
　　　　2．（1）の「その他」は、流動負債のうち「引当金」及び「その他流動負債」、固定負債のうち「引当金」及び
　　　　　「その他固定負債」、「特別法上の準備金」、その他の純資産の合計。（2）（3）について、大中堅企業は資
　　　　　本金1億円以上、中小企業は2002年度までは資本金1千万円以上1億円未満、2003年度以降は1億円未満。

（国内投資が抑制される一方、海外投資と手元流動性が増加）

　それでは、このように強化されてきた自己資本は、どこに向かっているのか。利益剰余金は、借入金や社債発行、株式増資などの他の資金調達と同じように、設備投資や不動産、有価証券、あるいは現金・預金など、何らかの資産に形を変えて運用されているものであるが、これをバランスシートの資産面（借方）の動向から確認する。

　総資産のうち、2000年代以降、特に大きく増加しているのは投資有価証券である（第3-1-6図（1））。投資有価証券は、長期保有目的の株式、公社債、その他の有価証券の合計であるが、そのうちの9割は株式であることから、投資有価証券の拡大は、主に国内企業による海外子会社の設立や海外企業のM＆Aが拡大してきたことによると考えられる[7]。また、現金・預金についても、2000年代半ば以降、緩やかなペースにて着実に増加基調で推移してきている。一方で、土地を除く有形固定資産は、企業の投資姿勢が消極化したことから、1990年代末から2010年代初頭まで減少傾向で推移した後、2010年代前半以降にようやく増加に転じている。総資産の伸び率とその内訳寄与をバブル崩壊後の1993年度対比でみると、投資有価証券と現金・預金の増加が総資産の増加をけん引してきたことがわかる。総資産は、総資本と同様、1993年度から2022年度までに＋65％増加したが、そのうち投資有価証券の寄与が＋25％、現金・預金が＋12％と、両者の合計で6割弱を占める。一方、土地を除く有形固定資産は、2000年代半ばから2018年度まで一貫してマイナス寄与で推移し、2019年度にマイナスを解消してその後はプラスに転じたが、プラス寄与幅は2022年度で＋2％とわずかである。また、ソフトウェアや特許権等の無形固定資産は、期間を通じて徐々に増加しているものの総資産全体に占める割合は小さい。

　これらを総資産に対する比率でみると、企業行動の変化の特徴は一層明らかである。1990年代後半以降、有形固定資産の比率が低下するのとほぼ時期を同じくして投資有価証券の比率が上昇傾向で推移しており、2010年代後半には両者の比率が逆転するに至っている（第3-1-6図（2））。このことは、過去四半世紀ほどの期間において、企業部門は、国内での設備投資を抑制する一方で、より市場の拡大が見込まれる海外において、現地法人の設立やM＆A等による生産・販売拠点の拡大に積極的に取り組んできたことを示している。企業規模別にみると、こうした動きは主として大・中堅企業において顕著であり、海外向け投資の拡大が、配当金を通じた営業外収益の増加という形で、経常利益を支えてきた面がある。

---

[7] 日本企業同士のM＆Aの場合には、買収側企業に計上される投資有価証券の増加は、売却側の企業の減少と相殺されることから、基本的には一国全体の投資有価証券の増減に影響を及ぼさないと考えられる。

　また、総資産に対する現金・預金の比率についても、2000年代半ばから上昇に転じている。企業規模別にみると、大・中堅企業においても緩やかに増加しているが、特に、1990年代後半以降の中小企業における現金・預金の蓄積が著しいことがわかる。規模が小さく経営資源に制約がある中小企業では、一般的に、大・中堅企業に比べて海外展開が難しく、したがって、投資有価証券よりは現金・預金での蓄積が進んだものと考えられる。こうした現金・預金の蓄積により、企業の短期的な支払能力を計る尺度である手元流動性[8]も2000年代半ば以降上昇している（第3－1－6図（3））。収益の増加に比して賃金や国内向け投資を抑制してきた結果であるほか、リーマンショックやコロナ禍によって売上が急減するなど経済的な危機を経験する中で、手元流動性を多く確保しておくといった企業行動も表れていると考えられる。

　このように、企業は自己資本の増加を通じて財務基盤を強化する中で、資金の運用面では、海外投資（投資有価証券の増加）と現金・預金を拡大させる一方、国内向け設備投資（土地を除く有形固定資産）は総じて抑制してきた。

第3－1－6図　総資産の動向

国内投資が抑制される一方、海外投資と手元流動性が増加

（1）総資産（資産の部）の動向

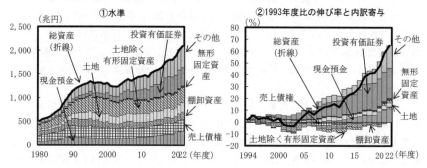

---

[8] 流動資産である現金・預金及び有価証券の合計が売上高に占める比率。

（２）総資産に占める現預金、有形固定資産（除く土地）、投資有価証券の比率

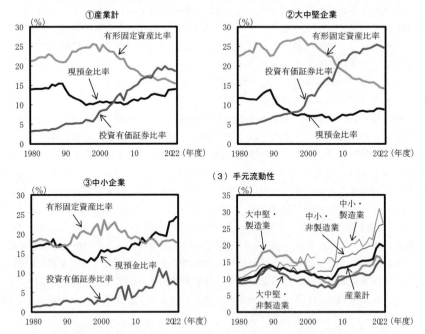

①産業計

②大中堅企業

③中小企業

（３）手元流動性

（備考）　1．財務省「法人企業統計年報」により作成。
　　　　　2．（1）の「その他」は、流動資産のうち売買目的有価証券及び「その他流動資産」、固定資産のうち「その他投資」、「繰延資産」の合計。（2）（3）について、大中堅企業は資本金１億円以上、中小企業は2002年度までは資本金１千万円以上１億円未満、2003年度以降は１億円未満。

2　企業の設備投資拡大に向けた課題

（投資抑制による貯蓄超過がほぼ四半世紀にわたり継続）

　前項で確認したとおり、長期的にみて、企業の経常利益の増加は、主として、変動費率の低下や人件費の抑制等によるコストカット、また、海外生産の拡大に伴う営業外収益の増加によってもたらされてきた。そのようにして得られた利益は、主として、①利益剰余金の増加を通じた財務体質の強化、②現金・預金の増加を通じた手元流動性の確保、③海外投資の拡大に用いられてきたといえる。財務体質の強化と手元流動性の確保については、バブル崩壊後に直面した債務・雇用・設備の３つの過剰を解消し、また、リーマンショック等の世界的な経済危機を経験する中で、これらに備えたリスク耐性を得るためには、企業にとって必要な構造変化であ

ったともいえよう。また、海外直接投資の拡大は、アジアを中心により高い収益率の見込める地域に生産拠点を立地して現地市場の需要を取り込むことのほか、東日本大震災も経て、サプライチェーンの海外移転によるリスク分散や電力コストのより低廉な地域への生産拠点の移転など、各企業にとって合理的な意思決定の結果として進んできた面がある。

　他方、企業が財務体質の強化や海外需要の取り込み等を優先してきた反面として、人件費や国内での設備投資が抑制されてきた。その結果として、我が国の企業部門では、1990 年代末以降、恒常的に貯蓄超過の状態が継続している。非金融法人企業の貯蓄投資バランスについて、「国民経済計算（ＳＮＡ）」における純貸出（＋）／純借入（－）や「資金循環統計」における資金過不足をみると、いずれも 1990 年代後半に、それまでの投資が貯蓄を超過する状態（資金不足）から、貯蓄が投資を超過する状態（資金余剰）に変化し、その構造が約四半世紀にわたって継続していることがわかる（第３－１－７図（１））。なお、2022 年度にかけては、ＳＮＡ、「資金循環統計」のいずれでみても貯蓄超過幅が縮小しているが、これは、設備投資の増加に加え、コロナ禍における雇用維持・事業継続のための政府からの補助金等が剥落したことで貯蓄が減少したこと等による。2023 年度に入って以降の動向を「資金循環統計」における資金過不足（季節調整値。民間非金融法人企業）でみると、2022 年度から反転して資金余剰が増加傾向にあり、企業部門の貯蓄超過が解消したという状況には至っていない。

　次に、非金融法人企業の資金過不足の長期的な動向を金融面から詳細にみると、バブル期までは、旺盛な借入による資金不足要因が、現金・預金の増加による資金余剰要因を上回り、全体として資金不足状態が続いていたことが確認される（第３－１－７図（２））。しかし、バブル崩壊を経て、1990 年代終盤以降は、バブル期に積み上がった債務の返済が進展して借入が資金余剰要因に転ずる中で、現金・預金もプラス傾向で推移したことで、全体として資金余剰構造に転換している。2000 年代半ばには、長期的な景気回復の下で資金余剰幅が縮小する局面もあったが、2008 年のリーマンショックを経て、借入を減少させるとともに現金・預金を積み上げるという姿勢が再び顕著になった。2010 年代以降は、過剰債務の圧縮が進んだことも背景に、借入が増加に転じ資金不足要因となった一方、現金・預金の積み上がりは続き、また、対外直接投資フローが着実に増加する中で、全体として資金余剰が継続した。上述したように、企業の利益が拡大していく中で、その利益は、海外直接投資と手元流動性の増加に充てられ、借入の増加がみられても、これは海外Ｍ＆Ａ等に回されたと考えられ、国内への支出は限定的だったといえる。

第3－1－7図　非金融法人企業のISバランス

我が国企業の貯蓄超過状態は、1990年代末以降、四半世紀にわたり継続

（1）非金融法人企業の資金過不足

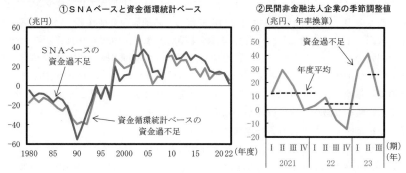

①SNAベースと資金循環統計ベース

②民間非金融法人企業の季節調整値

（2）資金循環統計ベースの資金過不足とその内訳

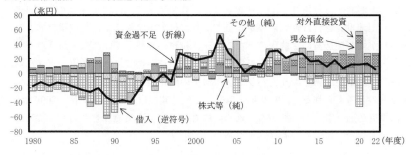

（備考）1．内閣府「国民経済計算」、日本銀行「資金循環統計」により作成。
　　　　2．「SNAベース」は1994年度以降、「資金循環統計ベース」は2005年度以降が、2008SNAに基づく計数
　　　　　（それより前は1993SNAに基づく計数）。

（長期にわたる企業の貯蓄超過傾向は、主に非製造業の影響が大きい）

　次に、こうした動きを貯蓄と投資という実物面から、「法人企業統計」の年次調査
結果を用いて、業種別の動向も含めて確認する。ここでは、貯蓄側は、当期純利益
に減価償却費を加算し、配当支払額を控除した「内部資金」を、投資側は、設備投
資[9]、在庫投資、土地投資を合計した「資金需要」をとり、両者の差を貯蓄投資バラ

---

[9]　「法人企業統計」の年次調査では、ソフトウェアを除く設備投資（有形固定資産）の計
数しか利用できないため、ここでは、同統計の四半期別調査から、ソフトウェア等の無形固
定資産の投資相当額を抽出した。具体的には、四半期別調査の計数（無形固定資産の新設及
び譲受の合計から売却滅失を控除した額を用いている。各企業の事業会計年度で集計された
年次別統計と異なり、四半期別調査から作成した年度値は、4月から翌年3月の会計年度で
ある点や、四半期別調査では資本金1,000万円未満の企業分は含まれていない点に留意する

ンスとしている。貯蓄投資バランスの対付加価値比率について、上記の内部資金と
資金需要の二つの要因に分けてみていくと、内部資金については、バブル期にかけ
ての増加、バブル崩壊後の減少、リーマンショックやコロナ禍による減少等の変動
はあるものの、2000年代以降は相対的に安定して増加傾向で推移している（第３－
１－８図（１））。これに対し、資金需要は変動が大きく、1980年代後半から1990
年代初頭のバブル期にかけて急速に増加したが、バブル崩壊後、2000年代初頭まで
減少傾向で推移した。その結果、企業の貯蓄投資バランスは、1990年代末にそれま
での投資超過の状態を解消した。その後、資金需要はリーマンショックやコロナ禍
による一時的な減少を除けば緩やかな増加基調で推移しているが、ほぼ一貫して内
部資金を下回っており、貯蓄超過構造が定着してきた。

　こうした企業の貯蓄投資バランスを業種別にみると、製造業・非製造業ともに、
1990年代前半まではおおむね投資超過、1990年代終盤以降は貯蓄超過という傾向は
共通しているが[10]、全体の貯蓄投資バランスの動向を形作っているのは非製造業で
あることがわかる（第３－１－８図（２））。非製造業では、1980年代のバブル期に
おいて土地投資を含む資金需要が旺盛であり、付加価値対比でみた貯蓄投資バラン
スの赤字幅が製造業の２倍程度となるなど、投資が過熱していた様子がうかがえ
る。一方で、こうした積極的な投資の裏で過剰債務が蓄積されたため、バブル崩壊
後はその解消が急務となり、バランスシートの調整過程で資金需要を大きく減少さ
せたものと考えられる[11]。2000年代以降は、製造業では景気回復の下で2000年代半
ばに投資超過となった時期がみられるのに対し、非製造業ではその間も貯蓄超過で
あるなど相対的に貯蓄超過構造が根強い。

必要がある。
[10] 業種別にみた場合、2008年度について、一時的に製造業が投資超過、非製造業は貯蓄超
過が拡大しているが、これはリース会計基準の反映により、フィナンシャルリースについ
て、原則として使用者主義が適用され、貸手（リース企業＝非製造業）の設備投資が減額さ
れ、借手（製造業等）の設備投資が増額したことによる。このため、2008年度は基調的な
動きを示すものではない点に注意が必要。
[11] 後藤（2013）は、1990年から2010年にかけての貯蓄投資差額の変化を詳細業種別にみた
分析において、建設、不動産、サービス、卸売・小売など「不良債権関連の業種」による影
響が大きいことを指摘している。

第３－１－８図　法人企業統計でみるＩＳバランス
長期にわたる企業の貯蓄超過傾向は、主に非製造業の影響が大きい
（１）産業計

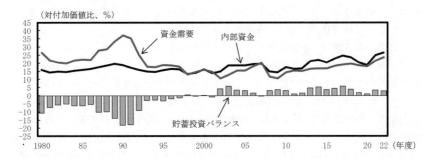

（２）業種別

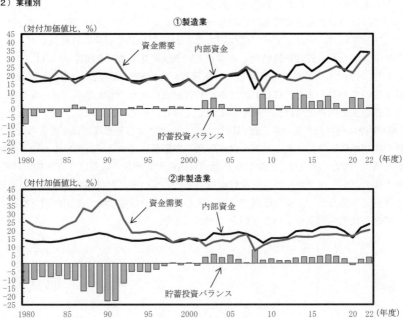

（備考）1. 財務省「法人企業統計年報」及び「法人企業調査季報」により作成。
　　　　2. 資金需要は、設備投資、在庫投資、土地投資の合計。設備投資については、年次別調査では有形固定資産に
　　　　　係る計数しか利用することができないため、ここでは、四半期別調査の計数から無形固定資産への投資相当
　　　　　額（無形固定資産の新設及び譲受の合計から売却減失を控除した額）を用いている。
　　　　3. 内部資金は、当期純利益に減価償却費を加味し、配当支払額を控除したもの。

（Ｇ７諸国でも、企業の貯蓄超過はみられるが、日本の貯蓄超過の一貫性は突出）

　このように、企業が1990年代末に投資超過主体から貯蓄超過主体へと転換した主因は、貯蓄の増加というよりも、投資の減少であったといえる。また、2000年代以降は、資金需要が一貫して内部資金を下回って推移しており、投資が常に抑制的であったことで貯蓄超過の状態が継続してきた。

　ここで、企業部門の貯蓄投資バランスの長期的な動向について、ＳＮＡベースにおける非金融法人企業部門の純貸出（＋）／純借入（－）によって主要先進国との比較を行いたい。ここで、貯蓄は、固定資本減耗を含む総貯蓄（gross saving）[12]であり、投資は、総資本形成（設備投資、在庫変動）に、土地の純購入など非金融非生産資産の純取得等[13]を加えた「総投資」（gross investment）の概念である。このようなＳＮＡベースの貯蓄投資バランスを付加価値（ＧＤＰ）比で、比較可能な1990年代半ば以降の動きをみると、アメリカやフランス、英国では、各年での変動はあるものの、おおむね総貯蓄と総投資がバランスしている。イタリアとカナダについては、コロナ禍後に貯蓄超過の傾向がみられるが、コロナ禍以前はおおむねバランスしていた。一方、ドイツについては、2000年代終盤以降に貯蓄投資バランスが黒字、すなわち貯蓄超過傾向が定着している（第３－１－９図）。日本は、上述のとおり、1990年代終盤から一貫して、総貯蓄が総投資を恒常的に上回る貯蓄超過体質が続いており、また、ＧＤＰ比でみた貯蓄超過の度合いも大きく、ドイツを除く主要先進国との対比では黒字構造が突出しているといえる。なお、ドイツでは、1999年のユーロ圏発足以降、他国に比べて、企業による無形固定資産を含む設備投資の伸びが緩慢であったことが、企業部門の貯蓄超過につながっているという指摘がある[14]。以上のように、国際資本移動の自由化と新興国の成長に伴う海外向け投資の拡大といったグローバルな投資環境が変化していること自体は各国共通であることを踏まえると、主要先進国の中で、我が国企業が収益に比して国内投資を抑制してきた状況が際立っているということができる。

---

[12] 企業会計の営業利益に相当する営業余剰（純）に、財産所得の純受取（配当は支払として控除）、各種経常移転の純受取を加え、法人税等の直接税を控除した「可処分所得」（特別損益を除けば、企業会計の税引後当期利益（かつ配当支払後）に相当）に、企業会計の減価償却費に当たる固定資本減耗を加えた概念。
[13] このほか、資本移転の純支払を加算。
[14] Guetta-Jeanrenaud, L. and G. Wolff (2021)

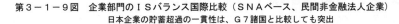

第3－1－9図　企業部門のISバランス国際比較（SNAベース、民間非金融法人企業）
　　　　日本企業の貯蓄超過の一貫性は、G7諸国と比較しても突出

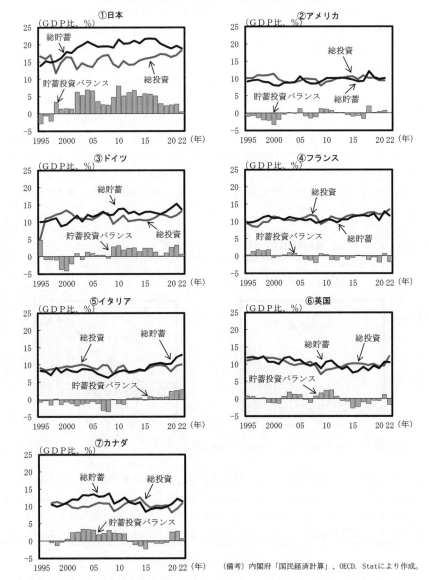

（備考）内閣府「国民経済計算」、OECD. Statにより作成。

コラム3－2　企業の貯蓄投資バランスと海外直接投資

　海外M＆Aや現地法人の設立を通じた我が国企業の海外直接投資の残高は、この約四半世紀で10倍に増加し、フローでみた海外直接投資の民間設備投資に対する比率は、2018年度に25％弱に達するなど長期的に増加傾向で推移している（コラム3－2－1図）。ここでは、こうした海外直接投資が、我が国企業の貯蓄投資バランスとどのように関係しているのかを整理する[15]。

　まず、一国の経済動向を捉えるSNAや資金循環統計で対象となる非金融法人企業は、国内に居住する企業である。これらの統計の基礎となる「国際収支統計」では、国内に主たる事業所を有する法人や、外国法人等が国内に持つ支店等は、我が国の「居住者」である一方、国内法人等が外国に持つ支店等は「非居住者」と位置付けられる。よって、日本企業の場合、SNA等の記録対象となるのは、あくまで国内に所在する事業所分となり、企業会計上で連結決算の対象となる海外子会社等は含まれない。

コラム3－2－1図　海外直接投資の推移

海外への直接投資は、ストック・フローともに増加傾向

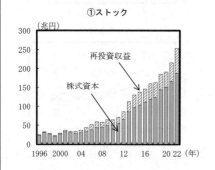

①ストック

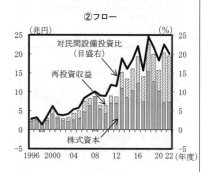

②フロー

（備考）財務省・日本銀行「国際収支統計」、内閣府「国民経済計算」により作成。

　貯蓄投資バランスは、こうした国内居住企業における営業余剰（固定資本減耗を含む）に利子・配当等の財産所得の純受取等を加算し、直接税の支払を控除したものを総貯蓄、国内における設備、在庫、土地への投資等を合計したものを総投資として、その差額となる。ここで、海外直接投資に関しては、①海外子会社等から支

---

[15] ここでの記述は、山岸（2017）も参考にしており、海外M＆Aのケースを念頭に議論する。

払われる配当は、財産所得の受取として記録される。また、②海外子会社等におけ
る当該期間の留保利益は、「海外直接投資に関する再投資収益」という形で、一旦
国内の親会社に還流したものと擬制して、財産所得の受取に記録される[16]。他方、
当該期に海外M＆Aにより外国企業を取得した場合、被買収企業の設備を取得する
ことになるが、あくまで非居住者である海外子会社において設備が増加したと記録
されるものであり、ＳＮＡ上の国内居住企業の設備投資や貯蓄投資バランスには反
映されない[17]。

　金融面からみた「資金循環統計」の資金過不足は、国内企業における金融資産の
純増（資産の取得マイナス処分）と負債の純増（負債の増加分マイナス減少分）の
差額である。海外直接投資に関連する金融取引としては、当該期間にＸ円の海外M
＆Aが行われた場合、（議論の単純化のため、内部資金を元手に行われたとして、）
「対外直接投資」資産の増加としてプラスＸが記録される一方、「現金・預金」資
産の減少としてマイナスＸが記録され（金融資産の振替）、結果として、資金過不
足には影響しない。また、海外子会社からの配当は現金・預金という形で金融資産
に、海外子会社の留保利益分は、一旦国内企業に還流した後、再度海外に投資（再
投資）されるものとして、「対外直接投資」という金融資産に加算される。

　このように、国内居住企業を計測の対象とするＳＮＡにおける非金融法人企業の
貯蓄投資バランス等には、当該期に行われた海外M＆A分は原則として関係しな
い。他方、企業の視点に立てば、各期の国内居住企業分の収支バランスとしては、
ＳＮＡ等であくまで統計上擬制的に記録される海外子会社等の留保利益分は勘案
すべきでない、という議論はあり得る。仮に、資金過不足から「海外直接投資に関
する再投資収益」の純受取分を控除すると、2010年度以降、黒字幅が縮小傾向にあ
るという点は変わらないが、より縮小が進む姿となり、2022年度は若干の資金不足
に転じる（コラム３－２－２図）。ただし、本論で述べたように、2023年度に入っ
てからは資金余剰幅が再び拡大していることから、現段階において、我が国企業部
門の貯蓄超過傾向が解消されたと判断するには尚早であろう。

---

[16] ②を財産所得の受取として計上するのは、子会社の利益をどのタイミングで配当として
引き出すか、子会社に留保しておくかは、親会社の裁量に左右されるものであり、子会社か
らの配当は当該時期に発生した収益によるものとは限らないことから、配当と区別し、発生
時点で再投資収益として記録すべき、という考えによる。
[17] ＳＮＡの国際基準（2008ＳＮＡ）においては、当該期間に行われた海外M＆Aにおい
て、買収価額が被買収企業（この場合、外国企業）の純資産を超える場合は「のれん」とい
う非金融非生産資産の純取得、つまり総投資の一部として記録される（買収価額が被取得企
業の純資産を下回る負ののれんの場合は、負ののれん投資として計上される）。ただし、我
が国のＳＮＡでは基礎統計の制約からのれんは推計対象外となっている。Ｇ５諸国の中で
は、フランスではのれんの純取得の計上をしている。

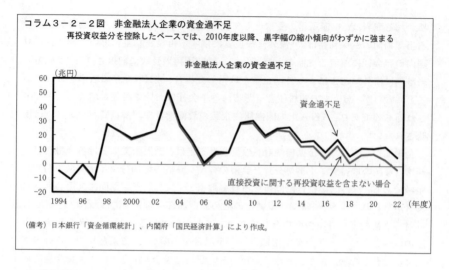

コラム３－２－２図　非金融法人企業の資金過不足
再投資収益分を控除したベースでは、2010年度以降、黒字幅の縮小傾向がわずかに強まる

非金融法人企業の資金過不足

（備考）日本銀行「資金循環統計」、内閣府「国民経済計算」により作成。

（設備投資は、フロー面に比べストック面の財務状況により大きく影響）

　このように、バブル崩壊以降、我が国企業では、財務面の体質強化が優先され、収益力の増加は主にコストカットと海外需要の取り込みによってもたらされてきた。こうした中で設備投資が抑制されてきたことで、設備の老朽化が進んで資本の平均年齢（ヴィンテージ）は上昇し[18]、さらには、資本投入寄与が縮小することで潜在成長率が低下してきた。第１章においてみたとおり、過去の景気拡大局面における潜在成長率とその内訳寄与を比較すると、全要素生産性（ＴＦＰ）上昇率と資本投入の寄与が縮小してきたことが明らかだが、とりわけ 2000 年代以降は資本投入の寄与が 0.1 または 0.2 程度と著しく低下している（前掲第１－１－16図（２））。我が国経済の供給力を強化していくためには、国内の設備投資の拡大が喫緊の課題である。

　それでは、企業が設備投資を拡大するうえで、いかなる条件や環境が必要であるか。その手がかりを探るため、設備投資がどのような要因によって影響を受けるのか、国際比較可能な企業財務データに基づく企業単位の投資関数を推計し、アメリカ企業との比較も交えた分析を行う。

　一般に、企業の設備投資は、実物資産の収益性と金利コストの差である投資採算性といった基礎的な要因の影響を受けるとされる[19]。それに加えて、資金調達面に

---

[18] 内閣府（2023）

[19] 一般的な投資関数のモデルとして、企業価値と資本の再調達価格との比であるトービンのｑが用いられることが多いが、企業の生産関数を基にした最適化行動の結果として、トービンのｑが資本の限界生産性と資本コストとの比率で表されるとの定式化が可能である（花

ついても、借入や社債発行といった外部資金の調達には、内部資金と比べてより大きなコストがかかるため、設備投資は内部資金量の制約による影響も受けると考えられる。また、これ以外の資金調達面からの制約としては、企業が過剰債務を抱えている場合には、財務リスクの高まりにより外部資金調達が困難になり、その分設備投資が制約される可能性がある。

　以上のような点を考慮して、ここでは、花崎・羽田（2017）等を踏まえつつ、各企業の設備投資[20]が、資本の限界生産性の代理変数である資本収益率（ＲＯＡ）、資本コスト（企業の支払利息の有利子負債残高に対する比率）といった基礎的な要因に加え、内部資金であるキャッシュフロー比率（キャッシュフローの資本ストックに対する比率）及び現預金比率（現金・預金の総資産に対する比率）、負債比率（有利子負債残高の総資産に対する比率）といった要因に影響を受けると想定して、その影響を推計した[21]。推計にあたっては、Osiris という国際企業財務データベースを用い、上場企業等 2,810 社（連結ベース[22]）の 1995 年度から 2022 年度までのパネルデータを用いた。また、国際比較の観点から、アメリカの上場企業等 3,111 社（連結ベース）についても同様に分析を行った。

　推計結果の全体を概観すると（第 3 − 1 − 10 図（1））、第一に、投資採算性に相当する基礎的な要因について、資本収益率の係数は日本・アメリカともに有意にプラスであり、資本収益率が高いほど投資が増えるという理論とも整合的な結果となっている。資本コストについては、日本では有意にマイナスとなり、資本コストが高いほど投資が抑制されるとの理論と整合的な結果となっている一方、アメリカでは有意にプラスとなっている。第二に、内部資金に関する要因について、キャッシュフロー比率及び現預金比率の係数は日本では有意にプラスとなり、投資が内部資金の影響を受けるとの結果が示されている。一方のアメリカでは、現預金比率の係数は有意にプラスと日本と同様の結果だが、キャッシュフロー比率については有意にマイナスとなっており、ストック面では内部資金制約が認められる一方、フローでは必ずしもそうではない結果となっている。この点については、アメリカ企業の中に、キャッシュフロー比率の分子に含まれる当期利益が赤字であり、かつ分母である資本ストックが極端に少ない企業がある程度存在することが影響している可能性がある。第三に、負債比率の係数は、日米いずれも有意にマイナスとなってお

崎・羽田（2017）を参照）。
[20] ここではデータベースの制約もあり、有形固定資産への設備投資を対象とした。
[21] 推計方法の詳細は、付注 3 − 1 を参照。
[22] より正確には、連結対象の子会社や関連会社が存在する場合は、それらを含めたグループ全体の財務データを用いており、連結対象の子会社や関連会社が存在しない場合には単体ベースのデータとなっている。

　り、高い負債比率は信用リスクや債務の過剰さなどを反映し、外部資金調達が困難になるために投資が抑制されるという理論と整合的な結果となっている。

　　日米の推計値を比べると、キャッシュフロー比率と資本コストの符号条件には違いがみられた一方で、資本収益率や現預金比率、負債比率については係数の符号、絶対値ともに大きな差は見受けられず、総じてみれば、日米企業の投資行動を規定する要因には目立った違いがみられない形となっている[23]。

　　次に、サンプルを製造業と非製造業に分けた推計結果を日米で確認する（第 3 － 1 － 10 図（2））。全体的な推計結果は、製造業、非製造業ともに全産業ベースとおおむね姿が変わらないが、製造業については、日本のキャッシュフロー比率の係数が、全産業とは異なり、アメリカと同様に有意にマイナスとなっている[24]。

　　ここで、内部資金の影響に着目すると、第一に、現預金比率については、日米、製造・非製造業ともに有意なプラスであるが、製造業に比べて非製造業の係数が大きくなっている。これは、設備投資がストック面での内部資金によって制約を受ける程度は、日米ともに、製造業に比べて非製造業で相対的に大きいことを示唆している。第二に、キャッシュフロー比率については、アメリカの製造業・非製造業、日本の製造業では有意にマイナスだが、日本の非製造業は有意にプラスとなっており、日本の非製造業ではストック・フローの両面で設備投資が内部資金によって制約を受けている可能性が考えられる。

　　以上のように、企業の収益性や財務状況は、設備投資に対して影響を持つことが確認され、日米企業ともに、資本収益率やキャッシュフロー比率と比べて、現預金比率や負債比率の係数の影響力が大きいという特徴がある。このことは、設備投資が、直近のフロー面での収益状況よりもストック面での財務状況によって大きく影響を受けることを示唆している。

---

[23] 企業財務データを用いて製造業の設備投資行動を国際比較した花崎・Thuy（2003）では、日本は、アメリカやフランスと比べて設備投資に対する内部資金制約が強いことを示しているが、分析対象時期（花崎・Thuy は 1980 年度から 1994 年度が主な分析対象）や対象が異なることの影響もありうるほか、花崎・Thuy では日本は単体ベース、アメリカは連結ベースで分析しているのに対し、今回の分析は日米ともに連結ベースの企業を対象としていることによる違いも影響している可能性がある。
[24] 内閣府政策統括官（経済財政分析担当）（2018）においても、単体ベースでの我が国の製造業企業を対象に設備投資関数の推計を行っており、現預金比率に加えて、今回の結果と異なりキャッシュフロー比率も有意にプラスとなっているが、使用しているデータベースや分析対象期間等の違いがあるほか、今回の分析は連結ベースの企業を対象としていることによる違いも影響している可能性がある。

第3－1－10図　設備投資関数の推計結果

企業の収益性や財務状況は、設備投資の重要な決定要因

（1）各説明変数に対する設備投資の反応（全産業）

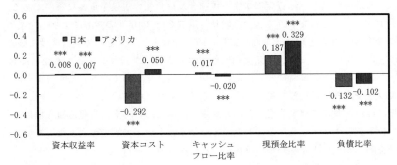

（2）業種別

①製造業

②非製造業

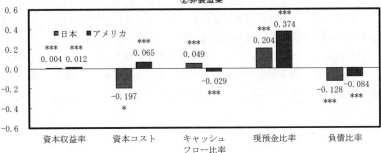

（備考）1．Bureau van Dijk社"Osiris"によりデータの把握が可能な日本企業2,810社、米国企業3,111社を対象に推計。
　　　　2．「***」は有意水準1％、「*」は同10％で有意であることを示す。
　　　　3．推計期間は1995年度～2022年度。

（投資拡大に向けた条件は整いつつあり、企業の成長期待を引き上げる取組が重要）

　このように、今回の設備投資関数の推計結果では、企業が設備投資を拡大するうえでは、収益性のほか、総資産に対する現預金及び負債の規模が重要な条件であることが示された。これまでみてきたとおり、過去20～30年間の対応により、企業の自己資本比率は40％を超えるまで高まり、1990年代と比べて財務体質は格段に強固なものとなっている。また、手元流動性も20％を超え、リーマンショック前（10％程度）と比べても、危機時のリスク耐性も相当程度強化されており、これまでのコストカットや海外向け投資の拡大により、収益力も高まっている。さらに、バブル崩壊後に債務と並んで過剰状態であった雇用と設備についても、日銀短観の雇用人員判断ＤＩ及び生産・営業用設備判断ＤＩはいずれも足下で不足超過となっており、歴史的にみても不足感が強い状況にある（第3－1－11図）。

　第1項の冒頭でもみたように企業の収益力は過去最高水準に高まっていることに加え、財務体質は過去と比べて相当程度強固なものとなっていることを踏まえると、我が国企業において、今後の投資拡大に向けた環境は十分に整っていることを示唆しているとも考えられる。

　一方で、収益力の向上と財務体質の改善は、投資の前提条件であるとしても、それだけで国内設備投資の活発化にはつながらない。この点、国内設備投資の積極化には、企業が我が国経済の成長力に対して持つ期待、つまり期待経済成長率が重要である。企業による今後5年間の我が国経済の実質期待成長率と、設備投資の対キャッシュフロー比率の関係には正の相関があり、また、非製造業では製造業よりも相関が大きい（第3－1－12図）。上述の設備投資関数の推計結果でみたとおり、非製造業では、キャッシュフロー比率と現預金比率の係数が有意にプラスであり、すなわち、フローとストックいずれの面でも内部資金が設備投資に対して正の関係性を有している。このことは、海外展開がより容易で活発な製造業に比べ、内需型産業であり国内市場の成長性が重要な非製造業において、設備投資拡大において国内経済の成長期待とそれに伴う内部資金の増加がより影響力を持つということを示唆している。こうした観点からは、我が国企業の期待成長率を引き上げ、これを通じ国内投資の積極化につなげていくことが極めて重要といえる。

第3－1－11図　雇用人員判断ＤＩと設備判断ＤＩ
　　　　　　　企業の雇用と設備は、2023年以降、いずれも不足超過の状態

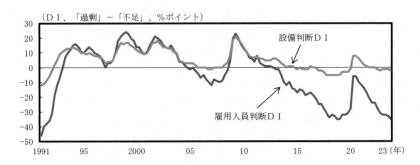

（備考）日本銀行「全国企業短期経済観測調査」により作成。

第3－1－12図　設備投資キャッシュフロー比率と期待成長率
　　　　　　　設備投資キャッシュフロー比率と期待成長率との正の相関は、非製造業で大きい

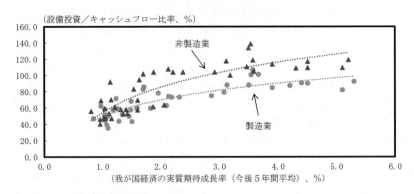

（備考）1．財務省「法人企業統計年報」、内閣府「企業行動に関するアンケート調査」により作成。
　　　　2．データ期間は1980年度～2022年度。ただし、我が国経済の実質期待成長率については、前年度調査結果における「今後5年間の見通し」の年度平均値。
　　　　3．2008年度については、業種別の設備投資について、リース会計基準の反映による特殊要因の影響がみられるためデータに含めていない。

第2節　国際的にみた日本企業のマークアップ率の現状と課題

　本節では、令和5年度年次経済財政報告（以下「内閣府（2023）」という。）で扱った企業のマークアップ率について、その長期的推移、企業ごとの分布、産業別の動向、無形固定資産との関係といった点で、より検討を深める観点から、日米の企業を中心に、国際的な比較分析を試みる。マークアップ率は、価格支配力を示す指標であるため、その値が高すぎると市場が独占的であるということであり、経済厚生上は必ずしも望ましいものではない。一方、逆に低すぎる場合は、企業が生み出す財・サービスについて、その価値に見合った価格付けができていない状況を示す。適切なマークアップを確保することは、企業の収益力を高め、賃金引上げや投資の原資が確保されることで、個人消費や設備投資の拡大につながり、これが企業の更なる売上増加に結び付く、という経済の好循環を生み出すための重要な鍵と考えられる。

1　日本企業と米欧企業におけるマークアップ率の比較

　マークアップ率とは、企業の限界費用（財・サービスの生産量を追加的に一単位増加させるときに必要な費用）に対する販売価格（財・サービス一単位当たりの売上高）の比率を指す。完全競争の下で各企業に価格設定力がないとき、限界費用と販売価格は一致してマークアップ率は1となるが、例えば、製品の差別化や生産性の向上などを通じて、他の企業よりも限界費用対比で有利な価格設定が可能となる場合、マークアップ率は1を上回る。このように、マークアップ率には企業の生産性や製品市場における価格設定力が反映されている。

　内閣府（2023）では、「経済産業省企業活動基本調査」の調査票情報を活用して、単体ベースでのマークアップ率を推計し、我が国企業のマークアップ率には過去20年間で大きな変化がみられないこと、研究開発等の無形資産への投資や海外展開はマークアップ率とプラスの関係があること、企業の前向きな設備投資の拡大には一定程度のマークアップ率の確保が重要であることなどを述べた。これに対し、ここでは、マークアップ率に係る分析を国際比較の観点から発展させるべく、日経NEEDSや前節でも使用したOsirisといった企業財務データベースを用い、内閣府（2023）と同様の考え方に基づき、日本、アメリカ、欧州（ドイツ、フランス、英国の合計）の上場

企業のマークアップ率を推計した[25] [26]。以下、その結果を基に考察をしていく。

（企業のマークアップ率は、米欧で近年上昇傾向である一方、日本は長期的に横ばい）

　まず、日本企業のマークアップ率について、内閣府（2023）における分析結果との違いを確認する（第3-2-1図）。内閣府（2023）では、上述のとおり「経済産業省企業活動基本調査」を用いており、中小企業を含む単体企業ベースを対象としているのに対し、今回は、国際比較の観点から、上場企業を中心に連結企業ベースを対象としている。両者のマークアップ率を比較すると、今回推計の方が、上場企業を対象としていることから、期間を通じて内閣府（2023）よりも幾分高めの水準となっている。一方、長期的な推移としては、両者とも同様に、推計期間である過去20年程度を均してみればおおむね横ばいとなっており[27]、日本企業のマークアップ率には、期間を通じて大きな変動がないという点が再確認された。

---

[25] 推計方法の詳細は、付注3-2を参照。推計期間は、日本とアメリカが2000年度から2022年度、ドイツ、フランス、英国は2000年度から2021年度までと、各国で約20年間とした。対象企業数は年ごとに異なるが、全期間を平均すると、日本が3,021社、アメリカが2,690社、欧州が1,308社（うちドイツが366社、フランスが387社、英国が555社）である。なお、ここでは、内閣府（2023）での分析と整合的に、Nakamura and Ohashi（2019）で採用されているトランスログ型の生産関数を用いて、国・地域別、産業別に推計を行った。生産関数の定式化やサンプルの特性により、国・地域別、産業間の中間投入の売上高に対する弾力性の水準には相応の差異が生じる場合があるため、マークアップ率の水準を比較する際には留意が必要となる。

[26] 限界費用について、内閣府（2023）では、原材料等の中間投入として、売上原価及び販売費及び一般管理費の和から減価償却費、給与総額、動産・不動産賃借料、租税公課を除いた数値を用いた。一方で、今回の分析では、中間投入として、各国・地域とも企業財務データベースから共通して得られる売上原価を使用する。このため、今回の分析の限界費用には、売上原価に計上される、商品の製造やサービス提供等に直接関わっている従業員の給与等が含まれているという点で前回と違いがある（営業部門や経理部門、経営管理部門の従業員の給与等は、販売費及び一般管理費として計上されるため、今回と前回の扱いは同様である）。なお、Diez et al.（2018）やDe Loecker et al.（2020）等の欧米企業を対象とした先行研究でも、売上原価を中間投入として扱っている。

[27] なお、今回推計結果においては、2002年度にマークアップ率に大きな上昇がみられるが、後に業種別の分析において確認するように、情報通信業における一部企業の特殊要因が影響している点に留意する必要がある。

第3－2－1図　日本企業のマークアップ率の推移
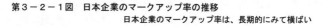
日本企業のマークアップ率は、長期的にみて横ばい

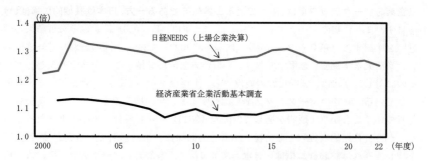

（備考）1．日経NEEDSにより作成。経済産業省「経済産業省企業活動基本調査」の調査票情報を独自集計し作成。
　　　　2．マークアップ率上位・下位1％の企業を除外し、売上高加重平均により算出。
　　　　3．経済産業省企業活動基本調査によるマークアップ率は、2000～2020年度まで。

　その上で、日本企業のマークアップ率について、アメリカ、欧州企業との比較を行う（第3－2－2図）[28]。上述のとおり、製造業・非製造業を合わせた産業全体でみた日本企業の平均的なマークアップ率は、2002年度以降はおおむね1.3程度で安定している。これに対し、アメリカ企業のマークアップ率は、期間を通じて日本企業よりも高い水準で推移しており、かつ、2010年代以降については、短期的な振れはありながらも、傾向的には上昇している。また、欧州企業については、2010年代半ば以降急速に上昇し、アメリカ企業と同程度の水準まで高まっている。このように、近年、アメリカや欧州では企業の平均的なマークアップ率が上昇傾向であるのに対し、我が国では過去20年間で大きな変化がみられず、企業の価格設定力の動向に差異が生じるようになっている様子がうかがえる。

---

[28] 本節冒頭の脚注で述べたとおり、マークアップ率の推計に当たっては、生産関数の定式化やサンプルの特性により、国・地域別、産業間の中間投入の売上高に対する弾力性の水準には相応の差異が生じる場合があるため、マークアップ率の水準を比較する際には留意が必要となる。

第３－２－２図　マークアップ率の日米欧比較（全産業）
　　　　　　企業のマークアップ率は、日本では横ばいであるのに対し、米欧では近年上昇傾向

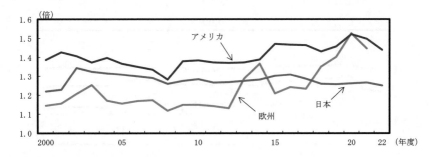

（備考）　1．日経NEEDS、Bureau van Dijk社"Osiris"により作成。
　　　　　2．マークアップ率上位・下位1％の企業を除外し、売上高加重平均により算出。
　　　　　3．米国の大手運輸企業において会計表示の変更等に伴う外れ値が存在するため、米国については当該企業を除外して売上高加重平均値を算出している。

（日本企業のマークアップ率は、非製造業でアメリカ企業に大きく劣後）

　次に、業種別にみると、日米欧いずれにおいても、製造業のマークアップ率が、非製造業のそれよりも高い水準にある点は共通している（第３－２－３図）。このうち、製造業については、日本企業のマークアップ率は、アメリカや欧州企業とさほど大きな差があるわけではない。ただし、日本では業種全体の姿と同様に、期間を通じた変動がほとんどみられないのに対し、米欧企業は2010年代後半以降にマークアップ率を高めており、価格設定力の向上という点で日本企業は出遅れている姿が浮かび上がる。また、非製造業については、米欧企業では近年マークアップ率が高まっているのに対し、日本企業のマークアップ率が長期間にわたっておおむね横ばいであるという点は製造業と同様であるが、推計期間を通じて、アメリカの非製造業のマークアップ率が日本や欧州企業と比べて、一貫して水準が高いという点に特徴がある。

第3－2－3図　業種別（製造業、非製造業）のマークアップ率の日米欧比較
　　　製造業、非製造業いずれも、日本企業のマークアップ率は横ばい傾向の一方、米欧企業では近年上昇傾向

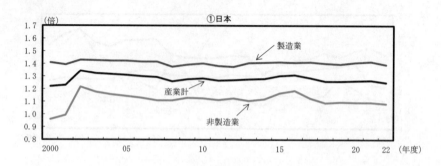

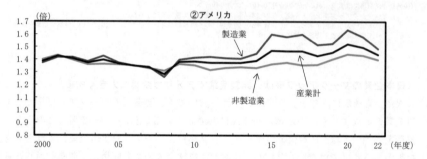

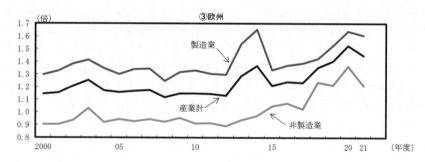

（備考）　1．日経NEEDS、Bureau van Dijk社"Osiris"により作成。
　　　　　2．マークアップ率上位・下位1％の企業を除外し、売上高加重平均により算出。
　　　　　3．米国の大手運輸企業について会計表示の変更等に伴う外れ値が存在するため、当該企業を除外して売上高加重平均値を算出している。

（製造業では半導体関連や製薬関連で日本企業の価格設定力に遅れ）

　このように、近年、アメリカや欧州では企業がマークアップ率を上昇させているのに対し、我が国では大きな変化がみられないことについて、どの分野で特に差が生じているのか、より詳細な業種別の動向を確認してみよう[29]。

　まず、製造業についてみると（第3−2−4図）、輸送用機械工業や一般機械工業といった、日本企業が世界的にも強みを持っている業種においては、アメリカや欧州企業に比べ、日本企業のマークアップ率は、遜色ない、もしくは高めの水準であることがわかる。このうち、輸送用機械工業については、日米欧ともにマークアップ率は長期にわたって比較的安定している。この背景には、世界の自動車メーカーが競合し、成熟した分野であることもあり、特定のメーカーが著しい価格設定力を持つといった状況となっていないこと等があると考えられる。また、一般機械工業については、日米欧企業ともに、年々の振れはありつつも、マークアップ率が緩やかな上昇傾向にある中で[30]、日本企業は相対的に高い水準にある。一般機械は、半導体製造装置や建設・鉱山機械をはじめとして、我が国企業の競争力が高い分野を多く含んでおり[31]、我が国企業が、製品の付加価値を高める中で、世界的な需要を取り込んできたことを示していると考えられる。

　一方で、生成AI向けの半導体をはじめとして、今後も世界的に成長が見込まれる分野である電子部品・デバイス工業及び情報通信機械工業においては、半導体メーカーを中心にアメリカ企業のマークアップ率の高さが際立っており、また、期間を通じて上昇傾向で推移していることがわかる。日本企業については、他業種と比較して高いマークアップ率を確保しているものの、業界全体としてアメリカの水準には及んでいない。また、2000年代初頭と比べると、水準は高まっているものの、上昇幅としても、やはりアメリカ企業よりは小さいものとなっている。

　化学工業については、日本企業のマークアップ率は低位で、期間を通じておおむね変化なく推移しているのに対し、アメリカや欧州企業のマークアップ率は著しく高く、米欧において、製薬会社の世界的企業が多く存在することが反映されている。新型コロナウイルス感染症のワクチンについて、アメリカや英国企業の寡占状態であったことは記憶に新しく、こうした新製品を開発・普及させる力が価格設定力となって表れ

---

[29] 企業ごとに付されている業種コード（東京証券取引所やMSCIのGlobal Industry Classification Standardによる業種コード）に基づき、SNAにおける産業分類（製造業は中分類、非製造業は大分類）に合わせて分類した。
[30] 欧州企業において2010年代前半にマークアップ率が一時的に不連続に高まっているのは、個社における会計表示の変更の影響であり、一時的な特殊要因である。
[31] 内閣府（2023）では、顕示比較優位指数（RCA）により、我が国の一般機械製造業、とりわけ半導体製造装置やブルドーザー・掘削機等の競争力が高いという分析結果を示している。

ている様子がうかがえる。また、繊維工業[32]については、やはり欧米企業のマークアップ率の水準が日本企業に比べて高いが、2010年代以降、欧州企業の伸びが著しい。これは、世界的に著名なファッションブランドを擁する企業が、そのブランド力をもとに世界の需要を取り込み、価格設定力を高めてきたことが背景にあると考えられる。

第3－2－4図　製造業における日米欧企業のマークアップ率
日本企業のマークアップ率は、一般機械工業で水準が高く、上昇傾向。その他の製造業では横ばい

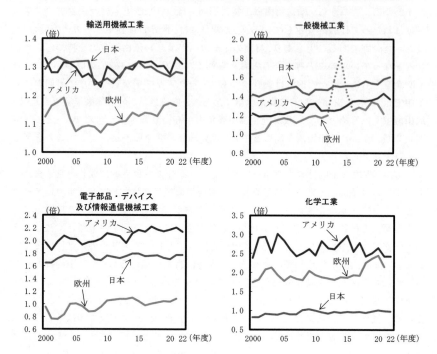

────────────
[32] 化学繊維製造業、炭素繊維製造業、紡績業など相対的にマークアップ率が低い素材系の業種のほか、相対的にマークアップ率が高いアパレル等の衣服・身の回り品製造業も含まれる。

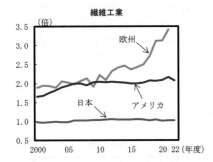

繊維工業

(備考) 1. 日経NEEDS、Bureau van Dijk社"Osiris"により作成。
2. マークアップ率上位・下位1％の企業を除外し、売上高加重平均により算出。
3. 欧州企業の一般機械で、2010年代前半にマークアップ率が一時的に不連続に高まっているのは、個社における会計表示の変更の影響によるものであり、一時的な特殊要因であるため、破線で表示している。

（非製造業では、情報通信などＩＴプラットフォーム分野にて日米間で対照的な動き）

　次に、非製造業について特徴的な分野の動向を確認する（第3－2－5図）。まず、小売業では、いずれの国でもマークアップ率は相対的に低く、期間を通じた変化もあまりみられない。ただし、アメリカでは、小売業の中に、2010年代以降、サブスクリプションサービスを含め世界的に著しい成長を遂げた e コマース分野のリーディング企業が含まれることから、マークアップ率が期間を通じて上昇傾向にあり、日本や欧州企業よりも高水準にある。

　また、情報通信業については、通信大手を含む日本では、非製造業の中ではマークアップ率が高い水準にある一方で、期間を通じてみると2002年度以降、総じて低下傾向で推移している[33]。これに対し、アメリカでは、ＩＴサービス分野において、グローバルに事業を展開する大手プラットフォーム企業の成長を反映して、マークアップ率は期間を通じて上昇傾向で推移している。これは、一部プラットフォーム企業の独占的な市場支配力の高まりを表すものでもあり、その是非について議論があることは言うまでもないが、上述の小売業における一部企業を含め、これら巨大プラットフォーム企業がアメリカにおける非製造業部門のマークアップ率の引上げをけん引していることがわかる。

　最後に、小売業、情報通信業以外のその他の非製造業（電力・ガス除く）のマークアップ率の推移をみると、日本は1.0近傍の低水準で長期的にみて横ばいとなっており、非製造業全体の動きとおおむね整合的である。一方、アメリカのその他の非製造

---

[33] なお、2002年度に日本の情報通信業のマークアップ率が大きく上昇しているのは、大手通信会社の会計基準が変更されたことに伴う断層である。この要因が、非製造業全体のマークアップ率の動きにも影響を与えている点には留意が必要である。

業は、長期的にみて低下傾向にあり、近年上昇傾向にある小売業や情報通信業を含む
非製造業全体とは異なる動きとなっている。このことからも、アメリカの非製造業部
門におけるマークアップ率は、上述の小売業、情報通信業により引き上げられている
ことがわかる。

第3－2－5図　非製造業における日米欧企業のマークアップ率

アメリカ企業では、情報通信や小売業のマークアップ率が高水準かつ上昇傾向

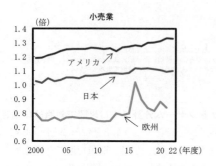

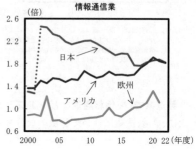

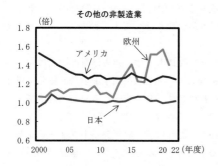

（備考）　1．日経NEEDS、Bureau van Dijk社"Osiris"により作成。
　　　　　2．マークアップ率上位・下位1％の企業を除外し、売上高加重平均により算出。
　　　　　3．米国のその他の非製造業については、大手運輸企業において会計表示の変更等に伴う外れ値が存在するため、当
　　　　　　該企業を除外して売上高加重平均値を算出している。
　　　　　4．日本の情報通信業における2002年度のマークアップ率の上昇は、大手通信会社の会計基準が変更されたことに伴
　　　　　　う断層であるため、破線で表示している。

　以上のように、詳細な業種別にみると、アメリカでは、製薬を中心とした化学工業
において独自技術を生み出してきたことで高いマークアップ率を維持し、また、世界
的にICT化やデジタル化が進む中で、半導体等の電子部品・デバイス工業や情報通
信機械工業、プラットフォーム等の情報通信業など成長分野においてマークアップ率

を高めてきた。また、欧州では、やはり製薬を中心とした化学工業において、ここ10
年程度で価格設定力を高めてきたのとともに、ファッション関連の繊維工業において、
そのブランド力を源泉に世界的な需要を取り込み、マークアップ率を引き上げてきた。
一方で、日本企業においては、非製造業のマークアップ率は総じて低位で安定してお
り、製造業においても、半導体製造装置等の一般機械工業では緩やかなマークアップ
率の上昇がみられるものの、かねてより比較優位を有してきた輸送用機械では他国の
競合企業から抜け出して高い価格設定が可能となるまでは至らず、これらの業種も含
めて、総じてマークアップ率の変動、とりわけ上昇という方向での変化が生じてこな
かったといえる。

（日本企業に比べて、アメリカ企業のマークアップ率は分布に広がり）

　次に、サンプルサイズが同程度確保できている日本とアメリカ企業のマークアップ
率について、企業ごとの分布を確認する（第3－2－6図）。分布の変化をみる際、
長期的な変動を確認する観点から、推計期間の初期の5年間である2002年度から
2006年度と、最後の5年間である2018年度から2022年度の平均値を比較すること
とした[34]。

　まず、日本企業のマークアップ率について、2002年度から2006年度までと、2018
年度から2022年度までの平均値を比べると、分布の頂点より左側に位置する相対的
に低いマークアップ率の企業割合が若干低下し、頂点より右側に位置する相対的に高
いマークアップ率の企業割合が若干上昇しているが、頂点とその周辺の企業割合には
ほぼ変化がみられない。より具体的に、マークアップ率を0.8未満、0.8以上1.0未
満、1.0以上1.2未満、1.2以上1.4未満、1.4以上1.6未満、1.6以上の6区分に分
けて企業割合の変化をみると、マークアップ率が0.8未満及び0.8以上1.0未満と
いう相対的にマークアップ率が低い企業の割合は、2002年度から2006年度まではそ
れぞれ12%、19%であるのに対し、2018年度から2022年度はそれぞれ10%、18%
と、ともに小幅に低下した。逆に、1.6以上と相対的に高いマークアップ率の企業の
割合が12%から14%へと2%ポイント程度上昇している。一方で、分布の山を形成
する1.0以上1.2未満の企業割合は27%から28%へと1%ポイント程度上昇したほ
か、1.2以上1.4未満は21%から20%へと1%ポイント程度低下しており、これら
分布の中位に位置する二つの区分の合計でみれば企業割合に変化がみられない。また、
1.4以上1.6未満は10%程度でほとんど変化がみられない。このように、日本企業で
は、マークアップ率の相対的に低い企業の割合がやや低下して、マークアップ率が高

---

[34] 比較する推計期間の初期を2002年度からとしたのは、先述のとおり、2001年度から
2002年度にかけて、日本の大手通信会社の会計基準が変更されたことに伴い、非製造業で
ある情報通信のマークアップ率が大きく上昇して断層が生じているためである。

い企業の割合が上昇しているものの、多くの企業が分布する中位の区分の企業割合には変化がなかったことで、全体的な分布構造にもほとんど変化がみられない。こうした日本企業のマークアップ率の分布の特徴は、内閣府（2023）で分析した結果とも整合的である。

　一方、アメリカ企業のマークアップ率の分布をみると、2002年度から2006年度までの平均値でみても日本企業と比べて分布に広がりがみられているが、2018年度から2022年度までの平均値では、分布の山が切り下がり、より高いマークアップ率の方向に広がりが出ていることがわかる。各区分別にみると、マークアップ率が0.8未満、0.8以上1.0未満、1.0以上1.2未満、1.2以上1.4未満の割合がいずれも2%ポイント程度低下し、一方で、1.4以上1.6未満の割合が1%ポイント程度、1.6以上の割合が6%ポイント程度上昇している。また、1.6以上の企業割合は、2018年度から2022年度までの平均で29%と、日本の約2倍となっている。

　以上のように、日本企業とアメリカ企業のマークアップ率の分布を比較すると、以下の二点がみてとれる。第一に、2002年度からの5年間と2018年度からの5年間のいずれにおいても、日本では分布の山周辺に多くの企業が集中している一方、アメリカでは日本に比べ分布に幅広さがみられる。第二に、推計期間を通じた変化をみると、相対的に低いマークアップ率の企業の割合が低下し、相対的に高いマークアップ率の企業の割合が上昇している点は日米で共通しているものの、アメリカでは分布の山の高さが切り下がり、より高いマークアップ率の企業の割合が上昇することで分布の広がりが増している一方、日本では分布の山付近に位置する企業割合がほとんど変化しておらず、全体的にみれば分布構造にほとんど変化がみられない。

第3－2－6図　日米企業のマークアップ率分布
日本企業のマークアップ率の分布は大きく変化せず、アメリカ企業では高いマークアップ率に分布がシフト

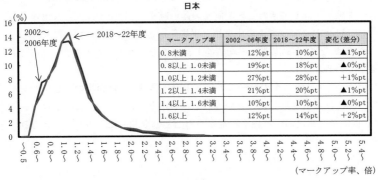

日本

マークアップ率	2002～06年度	2018～22年度	変化（差分）
0.8未満	12%pt	10%pt	▲1%pt
0.8以上　1.0未満	19%pt	18%pt	▲0%pt
1.0以上　1.2未満	27%pt	28%pt	+1%pt
1.2以上　1.4未満	21%pt	20%pt	▲1%pt
1.4以上　1.6未満	10%pt	10%pt	▲0%pt
1.6以上	12%pt	14%pt	+2%pt

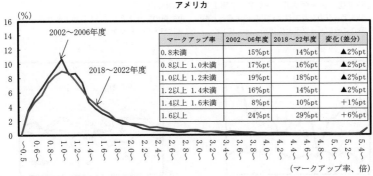

アメリカ

マークアップ率	2002～06年度	2018～22年度	変化（差分）
0.8未満	15%pt	14%pt	▲2%pt
0.8以上　1.0未満	17%pt	16%pt	▲2%pt
1.0以上　1.2未満	19%pt	18%pt	▲2%pt
1.2以上　1.4未満	16%pt	14%pt	▲2%pt
1.4以上　1.6未満	8%pt	10%pt	+1%pt
1.6以上	24%pt	29%pt	+6%pt

（備考）　1．日経NEEDS、Bureau van Dijk社"Osiris"により作成。
　　　　　2．アメリカにおいて、規模が僅少でマークアップ率が極端に高くなる企業が相応数存在するため、マークアップ率の低い企業順に売上高を並べ、その売上高合計が上下1%となる企業群を控除する処理を行っている。また、アメリカに合わせ日本でも同じ処理を実施している。

（アメリカ企業のマークアップ率は、上位企業のみならず、中央値でも上昇傾向）

　こうした結果を別の角度から確認するため、日本とアメリカのマークアップ率について中央値と上位10％の動向をみてみよう（第3－2－7図）。まず、マークアップ率の上位 10％の企業については、マークアップ率の変動幅はアメリカ企業の方が大きい一方で、この 20 年程度の間一貫して日本よりも水準が高く、また、両者の差は 2010 年代半ば以降拡大傾向にあることがわかる。こうした結果は、De Loecker et al. (2020)など先行研究において、アメリカ企業のマークアップ率上昇の背景として、価格支配力の強い一部の企業のマークアップ率が著しく上昇してきたことがあると指

摘されていることとも整合的といえる。

　次に、中央値については、2000年度以降2018年度までは日本企業の方がアメリカ企業よりも幾分高い状態にあったが、アメリカでは2010年代以降徐々にマークアップ率の中央値が上昇してきたことで両者の差は縮小し、近年では大きな差がみられない。日本では、マークアップ率の中央値と平均値がともにおおむね横ばいである一方、アメリカでは、2010年代以降、平均値の上昇幅の方が大きいものの、中央値でも相応に上昇している。

　すなわち、アメリカ企業のマークアップ率の上昇は、一部企業の著しいマークアップ率の上昇にけん引されているという点もさることながら、中央値の上昇という意味で、より広範な企業における価格設定力の向上という側面によっても支えられてきたといえる。

第3－2－7図　日米企業のマークアップ率上位10%と中央値

アメリカ企業では上位10%の企業とともに、中央値のマークアップ率も近年上昇傾向

（1）日米のマークアップ率上位10%

（2）日米のマークアップ率中央値

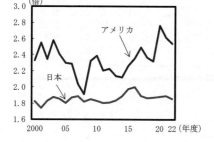
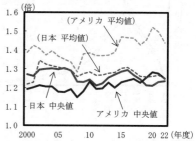

（備考）　1．日経NEEDS、Bureau van Dijk社"Osiris"により作成。
　　　　　2．上位10%は、マークアップ率の90パーセンタイル値。
　　　　　3．（1）、（2）ともに全産業ベースで作成。
　　　　　4．（2）の破線は、第3－2－2図で示した日本及びアメリカの売上高加重平均値の再掲。

2　研究開発投資をはじめとする無形固定資産とマークアップ率の関係

　これまでみてきたとおり、我が国の企業においては、上場企業等の連結ベースでみた場合でも、アメリカ企業等とは対照的に、過去20年間程度においてマークアップ率は大きく変化してこなかった。では、なぜこのような状況が生まれたのか、また、マークアップ率はどのような要因によって高めることが可能であるのか。内閣府（2023）では、その手がかりを得るべく、研究開発投資をはじめとする無形資産投資

がマークアップ率と正の相関関係にあることを示し、無形資産への投資が価格設定力を確保するうえでも重要である点を述べた。以下では、今回使用した企業財務データベースから得られる範囲において、無形資産投資とマークアップ率との関係についてみていこう。

（日本企業の研究開発費の増加は、アメリカに比して限定的）

　まず、研究開発費[35]のフローの動向を日米で比較していこう。2000年度を100とし、物価変動を割り引いた実質ベースの指数[36]でみると、研究開発費は日米企業ともに過去 20 年程度で増加しているが、アメリカ企業の増加が著しく、2022 年度の水準は2000 年度比で 5.2 倍となっている一方、日本企業においては 2.0 倍にとどまっている（第3－2－8図（1））。

　次に、業種別に研究開発費の実質値を日米でみると、製造業では日米ともに増加がみられるが、産業計と同様、アメリカの伸びの方が顕著となっている。また、非製造業の研究開発費については、日本では、この 20 年間で3倍程度に拡大しているものの、その水準は製造業に比べても極めて小さい。これに対し、アメリカでは、非製造業の研究開発費がこの 20 年程度で 10 倍以上と極めて大きく増加し、製造業の水準とも遜色ない状況に達していることがわかる（第3－2－8図（2））。ここで、アメリカの非製造業の研究開発について内訳をみると、2022 年度時点で、情報通信業が非製造業全体の 7 割弱、小売業が 3 割弱と大宗を占めており、同国における研究開発費の急拡大の主因となっている。情報通信業については、グローバルに展開するプラットフォーム企業を中心に、新たなオンラインサービスを生み出すための研究開発が積極的に行われ、結果として、アメリカ経済のデジタル化の進展をけん引してきた様子がうかがえる。また、小売業については、2010 年代以降大きく増加しているが、上述したように e コマースのリーディング企業がここに含まれており、同業種における研究開発費の拡大は当該個社要因となっている（第3－2－8図（3））。

　このように、アメリカでは、企業が製品差別化や生産効率化、付加価値の向上のために製造業、非製造業ともに研究開発に積極的に取り組んできた一方、我が国においては、非製造業を中心として研究開発費が米国に比べて低く抑えられてきた。こうした企業の取組の違いが、マークアップ率の動向にも影響してきた可能性がある。

---

[35] 企業会計上、研究開発費とは、新しい知識や新しい製品・サービス・生産方法の発見、あるいは既存の製品等を著しく改良するために要した費用であり、国民経済計算（ＳＮＡ）の国際基準（2008ＳＮＡ）とは異なり、費用計上される。

[36] 実質化に当たっては、ＳＮＡベースの研究開発投資のデフレーターを日米でそれぞれ使用している（日本は、内閣府「国民経済計算」、アメリカは OECD. Stat、アメリカ商務省のデータを使用。）。

第3－2－8図　企業財務データからみた研究開発費の日米比較

企業の研究開発費の伸びは、日米間で大きな差。アメリカでは特に非製造業の増加が顕著

（1）日米の産業計の研究開発費（実質値）

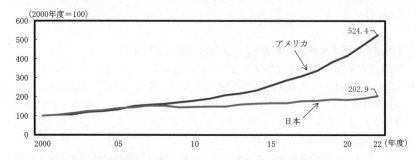

（2）日米の業種別の研究開発費（実質値）

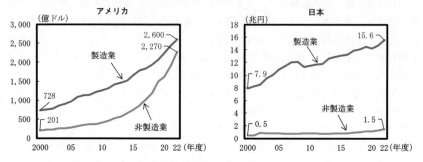

（3）アメリカの非製造業における研究開発費の詳細業種別内訳（名目値）

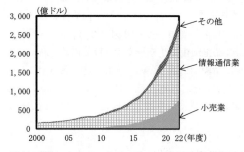

（備考）日経NEEDS、Bureau van Dijk社"Osiris"、内閣府「国民経済計算」、OECD.Stat、アメリカ商務省により作成。
　　　　日米ともに、知的財産生産物の研究・開発投資のデフレーターを用いて実質化（日本は2015年基準、アメリカは2012年基準）。

（研究開発費以外の無形固定資産の規模・成長も、日本企業はアメリカ企業に劣後）

　次に、日米企業について、研究開発費以外の企業会計上の無形固定資産の動向を簡単に確認する。ここでは、日米の企業財務データを基に、無形固定資産ストックの有形固定資産ストックに対する比率（以下「無形固定資産比率」という。）を製造業、非製造業別に確認する（第３－２－９図）。ここでの無形固定資産は、主にコンピュータ・ソフトウェア、特許権、著作権、商標権等であり、のれん（営業権）については日米間の企業会計上の取扱いの違い[37]を踏まえ、日米ともに控除している。

　製造業、非製造業に共通していえる点として、日米企業ともに、この20年程度の間、年を追って無形固定資産比率は高まっているが、アメリカ企業の方が日本に比べて上昇が顕著であり、かつ無形固定資産比率の水準が高いことがわかる。特許権が含まれており、上述した研究開発費を投下した成果としての側面もあるが、ソフトウェア投資がより旺盛に行われていることを反映しているといえる。このように、研究開発費を除く無形固定資産への投資もアメリカ企業の方がこの20年程度の間で積極的に実施しており、これが同国企業のマークアップ率の引上げにつながってきた可能性がみてとれる。例えば、Crouzet and Eberly (2019)は、アメリカの上場企業を対象に、企業会計上の無形固定資産ストックとマークアップ率の関係を推計し、ＩＴ関連を含むハイテク産業や医薬を含むヘルスケア産業等を中心に有意に正の関係があることを示している[38]。その背景として、大手企業による巨額の無形資産投資を通じた市場シェアの更なる向上、特許権取得やブランド化に伴う製品・サービスの差別化等により、企業の価格設定力が強まっている可能性が指摘されている。

---

[37] 日本の会計基準では、のれんは償却資産（減価償却が認められる）であるのに対し、アメリカの会計基準では非償却資産（減価償却が認められない）となっているため、その資産額について直接の比較が困難である。

[38] 同文献では、企業会計上の無形固定資産として、研究開発費は含まれない一方、のれんが含まれている（アメリカ企業のみを分析対象としているため、のれんについて会計基準上の扱いの違いを考慮する必要がない）。

第3－2－9図　企業財務データからみた無形固定資産比率の日米比較

ソフトウェア等の企業会計上の無形固定資産への投資も、日本企業よりアメリカ企業が積極的

企業会計上の無形固定資産への投資比率（対有形固定資産比）

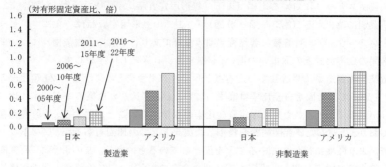

（備考）　1．日経NEEDS、Bureau van Dijk社"Osiris"により作成。
　　　　　2．ここでいう無形固定資産からは、日米の会計基準の違いを考慮し、のれんを除いている。
　　　　　3．無形固定資産比率は、無形固定資産（のれん控除後）を有形固定資産で除したもの。

（研究開発を含む無形固定資産投資は、マークアップ率とプラスの関係性）

　以上の日米間の違いを踏まえ、さらに、研究開発を含めた無形固定資産（以下「広義の無形固定資産」という。）への投資が、マークアップ率とどのように関係しているのかをより正確に捉えるため、企業財務データ等から、De Loecker and Warzynski (2012)での推計方法を参考に、広義の無形資産投資がマークアップ率に与える影響を分析した。具体的には、労働や中間投入などの要素投入量、有形固定資産等をコントロールしたうえで、広義の無形固定資産ストックが1％変化した場合のマークアップ率の変化を推計した[39]。

　推計結果をみると、日米企業のいずれにおいても、広義の無形固定資産への投資（ストックの増加）は、統計的に有意にマークアップ率に対してプラスの関係を有していることが確認できる（第3－2－10図）。これは内閣府（2023）における日本の単体

---

[39] 推計方法の詳細は、付注3－3を参照。ここで広義の無形固定資産ストックは、コンピュータ・ソフトウェア、特許権・著作権などの会計基準上の無形固定資産（のれんを除く）に、各年の研究開発費を恒久棚卸法により積み上げてストック化したものとの合計としてみている（実質ベース。実質化に当たってのデフレーターは無形固定資産については知的財産生産物ストック全体のデフレーター、研究開発費については知的財産生産物の中の研究・開発投資デフレーターを用いた）。本論でも述べたように、特許権は研究開発の成果でもあるため重複している面もあるが、企業会計上で資産計上されているもの（無形固定資産）と、費用処理されているもの（研究開発費）という違いがあることや、研究開発は特許とは関係なく知識資本の蓄積につながるという面があることから、ここでは単純に両者を合計したものを用いた。

企業ベースの分析とも整合的な結果であり、研究開発をはじめとした無形固定資産への投資は、製品差別化や生産効率化、付加価値の向上を通じて、マークアップ率の向上につながるものと考えらえる。

　一方で、マークアップ率に対する広義の無形固定資産投資の係数を比較すると、日米間で大きく異なっており、全産業でみると、アメリカの係数は日本の18倍程度大きい。このことは、アメリカでは日本に比べて、広義の無形固定資産への投資がマークアップ率の向上につながりやすいという可能性を示している。また、業種を分けてみると、製造業、非製造業いずれにおいても、アメリカ企業の方が、広義の無形固定資産の係数が大きいが、製造業では係数の日米差が6倍程度であるのに対し、非製造業においては、日米差が20倍以上となっている。非製造業を中心に、日米企業間の広義の無形固定資産投資によるマークアップ率引上げ効果の違いが説明されることがわかる。このように、日本企業はアメリカ企業に比べ、インプットとして同じだけ研究開発等の無形固定投資を増やしたとしても、過去20年程度の経験則としては、こうした投資がマークアップ率というアウトカムにつながる程度が低いという意味において、投資の効率性が低くなっていることが示唆される。

　こうした違いの背景については、様々な要因が考えられる。いわゆる研究開発効率が日本では低いという点については、例えば、内閣府（2022）では、日本の研究開発効率の低さの背景として、日本では研究者間の国際交流を含めてオープンイノベーションが不足していることや、産学連携の取組が遅れていること、特許出願数に比べて商標出願数が限定的で、研究開発の成果を事業化する取組が弱いこと等を指摘した。また、無形固定資産投資の生産性への影響という観点ではあるが、内閣府（2022）は、日本企業内においても、ソフトウェア投資の労働生産性引上げの効果は、教育訓練投資により積極的な企業では統計的に有意にプラスである一方、積極的でない企業ではソフトウェア投資の生産性引上げ効果が有意にみられないと指摘している。今回の企業財務データを用いた分析では、日米間の企業の人的資本投資の違いや、業務プロセス改革を含む組織資本の違いをみることはできなかったが[40]、八木・古川・中島（2022）等が仮説として示唆するように、日本は、アメリカに比べて人的資本や組織改革への投資の水準が低い中で[41]、ソフトウェアや研究開発投資の成果を収益に結び付ける力

---

[40] 内閣府（2023）では、日本企業のマークアップ率分析の基礎データである「経済産業省企業活動基本調査」において能力開発費が利用できたことから、日本について、人的資本投資とマークアップ率とのプラスの関係を検証できたが、企業財務データベースではこうした教育訓練支出データを得ることができない。

[41] 内閣府（2023）等では、国際的な産業別の生産性データベースであるEU-KLEMS等を基に、日本は、コンピュータ・ソフトウェアや研究開発資産のＧＤＰ比はアメリカと比べて遜色ない一方、人的資本や組織改編等の経済的競争能力に係る資産の規模が小さいとの分析結果を示した。

が不足している可能性がある。

第3－2－10図　無形固定資産ストックが1％変化した場合のマークアップ率の変化率
研究開発等の無形固定資産投資はマークアップ率と正の関係。ただし、その効果はアメリカ企業の方が大きい

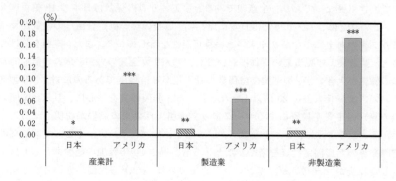

(備考) 1. 日経NEEDS、Bureau van Dijk社 "Osiris"により作成。
　　　　2. ***は1％水準、**は5％水準、*は10％水準で有意であることを示す。
　　　　3. 推計方法など詳細は付注3－3を参照。

（マークアップ率を高めるには、無形資産の投資拡大と効率性向上の取組が重要）

　以上の分析や先行研究からの考察を踏まえると、我が国企業のマークアップ率が総じてみて低位で安定しているという現状に関し、広義の無形固定資産投資の規模、効率性の二つの側面から以下の点が指摘できる。

　第一に、この20年程度において、日本企業は、研究開発やその他の無形固定資産を拡大させてきたものの、その程度はアメリカ企業に比べると限定的であった。このことは、ＳＮＡベースの民間企業部門におけるコンピュータ・ソフトウェアや研究開発等の「知的財産生産物」への投資額が、過去20年程度で、アメリカでは3.4倍に増加しているのに対し日本は1.3倍にとどまっていること、また、民間企業設備全体に占める知的財産生産物のシェアが、2000年代半ばに日米で3割弱と同程度だったが、その後アメリカでは特に2010年代後半に上昇し2022年には4割を超えるまで高まる一方、日本では依然として3割程度にとどまっていることからも確認できる（第3－2－11図）。

　第二に、研究開発を含む無形固定資産投資によるマークアップ率向上の効果が、日本企業ではアメリカ企業に比べて著しく低いことが確認された。今回の分析だけでは確定的な結論は導けないが、先行研究の考察と合わせて考えると、研究開発やソフトウェア等の無形固定資産投資を拡大させるだけでなく、教育訓練等の人的資

本投資の強化や業務プロセス改革を伴う形で、投資の成果を企業の価格設定力、ひいては利益の向上に結び付けることが重要である。

第3－2－11図　知的財産生産物への投資の日米比較（民間企業部門）
日本の知的財産生産物への投資は、過去20年間で、アメリカに比べ限定的

（1）知的財産生産物への投資

①知的財産生産物への投資

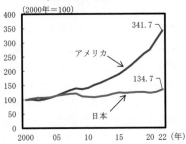

②民間企業設備に占めるシェア

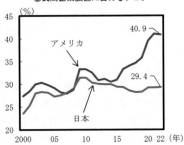

（2）民間企業設備に占める知的財産生産物のシェアとその内訳

①アメリカ

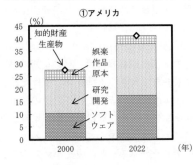

②日本

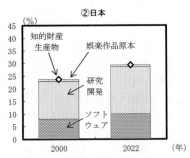

（備考）　1．内閣府「国民経済計算」、ＢＥＡ"National Income and Product Accounts"により作成。
　　　　　2．知的財産生産物は、コンピュータ・ソフトウェア、研究開発、娯楽作品原本の合計。民間企業設備は、民間企業部門における総固定資本形成のうち住宅を除いたもの。

第3節　まとめ

　我が国企業部門は、2023 年に入り、業況感や収益が改善するなど総じて堅調である一方、そうした企業部門の好調さが、必ずしも賃金や投資に回っておらず、内需は力強さを欠いた状況にある。こうした姿は、デフレから脱却できず、諸外国に比して低成長が続いてきた過去四半世紀においても同様にみられてきた。本章では、こうした認識の下で、企業行動と今後の投資拡大に向けた課題について整理・分析した。

　第 1 節では、過去 40 年間程度の我が国企業部門の動向を振り返り整理することにより、堅調な企業収益が設備投資や賃金の増加につながらず、本来は投資が貯蓄を上回る姿が正常である企業部門において、根強く貯蓄超過の状態が続いている背景等を分析した。企業の経常利益は、景気によって変動をしつつも、バブル崩壊後の約 30 年間でトレンドとしてみれば着実に増加してきたが、これらは主として、生産効率の改善等の企業の取組を受けた変動費率の低下、人件費等の抑制や過剰債務の解消等による支払利息等の減少といった固定費のコストカット、海外生産の拡大に伴う営業外収益の増加によってもたらされてきた。また、そうした得られた利益は、主として、利益剰余金の増加を通じた財務体質の強化、現金・預金の増加を通じた手元流動性の確保によるリスクへの備え、海外投資の拡大に用いられてきた。

　その一方で、収益に比して人件費や国内での設備投資は長年にわたって抑制され、内需は伸び悩み、国内市場は低成長が続いてきた。国内設備投資は、バブル期の過剰感の反動もあり、バブル崩壊後から 1990 年代末頃まで大きく水準を切り下げたが、2000 年代以降も非製造業を中心に総じて抑制された状態が続いている。その結果、1990 年代末以降、我が国企業部門では投資が貯蓄を下回る貯蓄超過状態が恒常的となっており、その一貫性は主要先進国との比較においても際立っている。このように新規の設備投資が抑制されてきた結果、設備の老朽化が進み、潜在成長率に対する資本寄与度も大きく低下している。

　こうした中、我が国の供給力強化のためには、国内設備投資の拡大が喫緊の課題となっているが、設備投資関数の推計結果では、企業の収益性や財務状況は設備投資に対して影響をもつことが確認できる。この点、企業が生産効率化や海外需要の取り込み等により売上高対比での利益率が過去最高水準となるなど収益力を高めてきたこと、自己資本比率が 40％を上回る水準となるなど過去と比べて財務基盤を相当程度強化してきたこと、リーマンショック等の経済危機の経験を経て手元流動性を 20％超まで高めてきたこと等は、今後の投資拡大に向けた前提条件が整ってきたという見方もできる。こうした強固で堅調な企業の収益・財務状況の下で、成長分野の投資を促す政策を着実に実行していくことにより、国内の期待成長率を高め、企業の国内投資の積極化につなげていくことが重要である。

　第2節では、内閣府（2023）で扱った企業のマークアップ率について、その長期的推移、企業ごとの分布、産業別の動向、無形固定資産との関係といった点で、より検討を深める観点から、日米の企業を中心に、国際的な比較分析を行った。企業の価格設定力を示すマークアップを適切に確保することは、企業の収益力を高め、賃金引上げや投資の原資が確保されることを通じて、個人消費や設備投資の拡大につながり、これが企業の更なる売上増加に結び付く、という経済の好循環を生み出し、また、物価と賃金の持続的で安定的な上昇を目指していくうえで重要な鍵である。

　連結ベースでの上場企業等を対象とした日米欧企業のマークアップ率に関する推計結果をみると、アメリカや欧州で近年、平均的なマークアップ率が上昇傾向であることと対照的に、日本企業のマークアップ率は、単体ベースで確認した内閣府（2023）と同様、過去20年間において大きな変化がみられない。このことは、日本企業の価格設定力が、欧米企業に比して相対的に低下していることを示している。日本企業とアメリカ企業のマークアップ率の分布を比較すると、日本では分布の山周辺に多くの企業が集中している一方、アメリカでは日本に比べ分布に広がりがみられる。また、これら企業の分布の長期的な変化をみると、相対的に低いマークアップ率の企業割合が低下し、相対的に高いマークアップ率の企業割合が上昇している点は日米で共通であったものの、日本では分布の山周辺の企業割合に変化がなく、このため全体的な分布構造にも変化がみられない。これに対し、アメリカでは分布の山の高さが切り下がり、より高いマークアップ率の企業割合が上昇して分布の広がりが増している。アメリカでは、先行研究でも指摘されているような、世界的に価格支配力を有する一部企業が著しくマークアップ率を高め、それが全体平均の上昇をけん引している姿が確認できるが、マークアップ率の中央値も緩やかな上昇傾向にあるなど、より広範な企業の価格設定力も向上していることが確認できた。

　こうした日米企業のマークアップ率の動向の違いには、研究開発投資をはじめとする無形固定資産への投資への積極性が表れている可能性がある。内閣府（2023）では、無形固定資産への投資がマークアップ率と正の相関関係にあることを示し、無形固定資産への投資が価格設定力を確保するうえでも重要であることを述べているが、この点は、今回の財務データを用いた分析でも改めて確認ができた。すなわち、研究開発など無形固定資産への投資は、製品差別化や生産効率化、付加価値の向上を通じて、企業のマークアップ率の向上にもつながるものと考えられる。一方、日米で比較をすると、第一に、過去20年程度において、日本企業でも研究開発やその他ソフトウェア等の無形固定資産への投資は拡大してきたが、その程度は、アメリカに比べると限定的であり、第二に、無形固定資産の増加によるマークアップ率向上効果は、日本企業ではアメリカ企業に比べて著しく低い。日本のマークアップ率が相対的に低い水準で変化がみられないという現状を踏まえると、こうした無形固定資産への投資におけ

る規模と効率性の両面での課題が浮かび上がる。先述したとおり、企業の価格設定力の向上は、経済の好循環及び物価と賃金の持続的で安定的な上昇を実現するための鍵であり、こうした観点からも、研究開発を含む企業の無形固定資産投資、さらには、そうした投資の成果の社会実装を促進していくことが重要である。

むすび

　今回の「日本経済レポート（2023年度版）」では、我が国経済が、3年以上にわたるコロナ禍を乗り越え、緩やかな回復基調を取り戻した中にあって、今後、デフレから脱却し、持続的な回復を継続できるかという重要な局面に際して直面する課題を取り上げた。

（2023年の我が国経済）

　第1章では、2023年の日本経済を振り返るとともに、過去四半世紀にわたり達成しえなかったデフレからの脱却に向けた展望を行った。我が国経済は、2023年5月に新型コロナウイルス感染症が5類感染症に移行された後、経済の自律的な回復メカニズムが働き始めた。GDPは名目・実質ともに過去最大水準となり、業況感や経常利益にみられるように企業部門は好調である。一方、その好調さが賃金や投資に必ずしも十分に結び付かず、個人消費や設備投資といった内需が力強さを欠く状況にある。GDPの約55％を占める個人消費の力強い回復には、コロナ禍で積み上がった超過貯蓄が取り崩されることも重要であるが、我が国の超過貯蓄は、アメリカと異なり、未だ本格的には取り崩されていない。所得や資産が相対的に高い世帯において、貯蓄率がコロナ禍前よりも切り上がっていることが背景にあり、賃金が持続的に増加していくこと等により、超過貯蓄が着実に取り崩されていくかどうか注意が必要である。

（デフレ脱却に向けた課題）

　我が国経済がデフレ状況に陥る以前の1980年代から1990年代前半を含む約40年を振り返れば、デフレに後戻りする見込みがないかどうかを判断していくに当たっては、物価の基調と背景について様々な指標をみる必要があるが、特に、賃金上昇、企業の価格転嫁の動向、物価上昇の広がり、予想物価上昇率など、幅広い角度から総合的に経済・物価動向を確認することが重要である。名目賃金については、企業収益が過去最高水準となり、物価動向や人手不足への対応を賃金設定において重視する企業が増える中で、2024年度における力強い賃金上昇の継続に向けた環境は整っている。主要先進国やデフレ前の日本では、物価上昇と労働生産性向上が名目賃金上昇をけん引していた。物価上昇を賃金に反映させ、物価に負けない名目賃金上昇率を実現・継続し、賃金と物価の好循環を回すとともに、労働生産性を高めていくことが重要である。価格転嫁については、仕入価格の販売価格への転嫁は、デフレに陥る以前の姿に近づきつつある。一方、人件費については、中小企業を中心に、必ずしも販売価格への転嫁が進んでおらず、受発注企業間の円滑な取引環境の整備が重要である。物価上昇の広がりという点では、輸入物価上昇を起点とした食料品等の財物価の上昇は落ち

着きつつある一方、サービス物価の上昇率が徐々に高まっており、デフレ状況に陥る前の 1980 年代の姿に近づいている。人件費の割合が高いサービス部門において、賃金から物価への転嫁が適切に行われることが、サービスを中心とする安定的な物価上昇という姿が定着するかどうかという点で極めて重要である。家計の予想物価上昇率は、極端に高い物価上昇を予想する割合は低下し、安定化に向かっている。また、企業の中期的な予想物価上昇率が 2 ％程度にレベルシフトし、安定化しつつある点は前向きな動きと評価できる。

（労働供給拡大に向けた課題）

　コロナ禍の影響により最大 9 ％まで高まった負のＧＤＰギャップが解消に向かいつつある中で、今後は、供給力を強化し、潜在成長率を高める努力が不可欠となる。第 2 章においては、労働投入面に着目し、人口減少・少子高齢化が進む中で、労働供給の制約による経済成長率の下押しを緩和するための課題について整理した。就業者数については、2010 年代半ば以降、女性の労働参加率の向上、高齢者の就業促進を通じた非労働力化の抑制により、人口減少の中でも増加してきた。潜在的な就業希望者が存在する中で、今後も労働参加率の一定の向上は期待できるものの、人口減少の波を打ち返すのは容易ではなく、経済全体の生産性向上に加え、労働時間の面での追加就業希望を実現することがより重要となる。特に、追加就業希望者の半数程度を占める非正規雇用の女性については、正規雇用への転換・復帰を後押しするようなリ・スキリング支援や、年収の壁による就業調整のインセンティブを減じる恒久的な制度の確立等が重要となる。また、幅広い年齢層で広がりが出てきている副業について、より柔軟な実施を可能とする環境整備が必要となる。

　追加就業希望の実現は、一人当たりの所得向上につながる。限られた人材が適材適所で能力を発揮し、能力に見合った賃金を得るという観点では、転職の促進も重要となる。コロナ禍を経て、転職市場は正社員間を中心に活発化し、収入の高い層では転職によりさらに賃金が上昇するケースが増えつつある。こうした動きを幅広い層に広げる観点でも、リ・スキリング支援の充実等が重要となる。また、パート労働者の所得向上につながる最低賃金の引上げについては、我が国では、40 年ぶりの物価上昇に対応し、高い伸びを実現し、最低賃金近傍の就業者の実質賃金を維持してきた。今後、物価や賃金が上昇することがノルムとして定着していく中にあって、諸外国の動向を踏まえつつ、最低賃金設定のあり方の再検討、とりわけ、物価上昇に対してより機動的に最低賃金が調整される仕組みの検討にも意義があろう。

（企業部門の設備投資拡大に向けた課題）

　我が国の潜在成長率を長期的に低下させてきたのは、主に、バブル崩壊以降の企業

による設備投資の抑制を通じた資本投入の寄与の縮小であり、無形固定資産を含めた投資の抑制は、新たな価値の創造を阻害し、全要素生産性の停滞にもつながっている。第3章では、バブル崩壊後の約30年間における企業行動の変化を振り返り、今後の投資拡大に向けた課題について整理した。企業部門の経常利益は、生産効率の改善を含めた変動費率の低下のほか、人件費の抑制及び過剰債務の解消といったコストカットや海外生産の拡大に伴う配当収益等の増加によって拡大してきた。こうした利益は、主に財務体質の強化、リスクへの備え、海外投資の更なる拡大等に充てられた一方、人件費や国内設備投資は長期にわたって抑制され、1990年代末以降、投資が貯蓄を下回る貯蓄超過の傾向が継続している。企業の収益力や財務基盤の改善は、設備投資を再起動させる条件が整っていることを示しており、国内経済の期待成長率が高まれば、非製造業を中心に、企業の国内投資の積極化につながることが期待される。

　賃金や設備投資の原資につながる企業の価格設定力、すなわちマークアップ率については、米欧企業は近年マークアップ率を高める傾向にあるのに対し、日本企業においては、一部業種を除いて、過去20年程度の間、低位に安定した状態が続き、企業間の分布にも大きな変化がみられない。マークアップ率の違いには、研究開発投資を含む無形固定資産投資の量・質両面での違いが反映されている可能性がある。これまでの日本企業における無形固定資産投資の拡大はアメリカに比べると小さく、無形固定資産投資とマークアップ率向上の関係性は、日本企業の方がアメリカ企業よりも著しく低い。企業の価格設定力やこれを通じた収益力の向上は、賃金と物価の好循環を実現するための鍵であり、企業の無形固定資産投資、さらには、そうした投資の成果の社会実装を促進していくことが重要である。

付図・付表・付注

付図1－1　新型コロナウイルス感染症に関する主な動き

2019年		
12月	31日	中国・武漢で原因不明の肺炎事例発生報告
2020年		
1月	15日	国内で初の感染者
	23日	中国・武漢市をロックダウン
	30日	新型コロナウイルス感染症対策本部を設置
2月	13日	新型コロナウイルス感染症に関する緊急対応策（財政措置153億円）を決定
	26日	全国規模のイベントの中止、延期、規模縮小等の対応を要請
	27日	小中学校等に3月2日から春休みまでの臨時休校を要請
3月	10日	新型コロナウイルス感染症に関する緊急対応策第2弾（財政措置4,308億円、金融措置1.6兆円）を決定
	11日	WHOが「世界的流行（パンデミック）」を宣言
	13日	新型インフルエンザ等対策特別措置法の改正
	24日	東京オリンピック・パラリンピックの1年延期を決定
4月	7日	緊急事態宣言を発出（対象地域：埼玉県、千葉県、東京都、神奈川県、大阪府、兵庫県、福岡県）
	16日	緊急事態宣言の対象地域を全都道府県に拡大
	20日	新型コロナウイルス感染症緊急経済対策（国費33.9兆円、事業規模117.1兆円）を決定（4月7日の決定を変更）
	30日	令和2年度1次補正予算が成立
5月	25日	同日までに、各都道府県で、緊急事態宣言が解除
6月	12日	令和2年度2次補正予算が成立
7月	22日	Go To トラベル事業の開始
10月	1日	Go To イート事業の開始
12月	8日	国民の命と暮らしを守る安心と希望のための総合経済対策（国費30.6兆円、事業規模73.6兆円）を決定
	28日	Go To トラベル事業の全国一斉停止
2021年		
1月	8日	緊急事態宣言の発出（対象地域：埼玉県、千葉県、東京都、神奈川県。その後、1都2府8県に拡大。3月21日までに解除）
	14日	外国人の新規入国の原則停止
	28日	令和2年度3次補正予算が成立
2月	3日	まん延防止等重点措置の創設などを含む改正新型インフルエンザ等対策特別措置法成立
	17日	医療従事者等向けにワクチンの先行接種開始
3月	26日	令和3年度当初予算が成立
4月	5日	まん延防止等重点措置の発出（対象地域：大阪府、兵庫県、宮城県。その後、断続的に、緊急事態宣言も含めて、1都1道2府29県に拡大）
	12日	高齢者を優先接種対象に一般向けワクチン接種開始
	20日	国内で初めてデルタ株を確認
5月	24日	自衛隊大規模センター等でのワクチン接種開始
6月	21日	ワクチンの職域接種開始
7月	23日	東京オリンピック開幕（～8月8日）
8月	24日	東京パラリンピック開幕（～9月5日）
9月	30日	同日までに、各都道府県で、緊急事態宣言やまん延防止等重点措置が解除
11月	8日	外国人の新規入国制限の見直し
	19日	コロナ克服・新時代開拓のための経済対策（国費43.7兆円、事業規模78.9兆円）を決定
	30日	国内で初めてオミクロン株を確認
12月	1日	ワクチンの3回目接種開始
	20日	令和3年度補正予算成立
2022年		
1月	9日	まん延防止等重点措置の発出（対象地域：広島県、山口県、沖縄県。その後、断続的に、1都1道2府32県に拡大）
	14日	濃厚接触者の待機期間短縮（14日間から10日間へ。その後、1月28日に7日間、7月22日に5日間へ短縮。）
3月	21日	同日までに、各都道府県で、まん延防止等重点措置が解除
6月	10日	外国人観光客の入国制限緩和
9月	7日	感染者の自宅療養期間の短縮
	26日	感染者全数把握の見直し
10月	11日	入国者総数の上限撤廃等の水際措置の見直し
	19日	渡航自粛要請解除
2023年		
1月	27日	イベント開催制限の見直し
3月	13日	マスクの着用は個人の判断へ
5月	8日	新型コロナウイルス感染症の感染症法上の位置付けの変更（5類移行）

（備考）各種報道、政府資料等を基に作成

付図1－2　輸入の動向

（1）アジアからの輸入数量

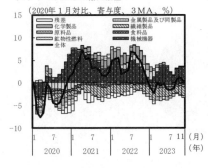

（2020年1月対比、寄与度、3MA、%）

（2）アメリカからの輸入数量

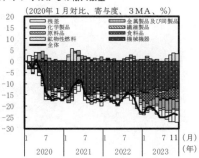

（2020年1月対比、寄与度、3MA、%）

（3）EUからの輸入数量

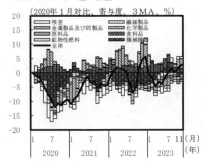

（2020年1月対比、寄与度、3MA、%）

（備考）1．財務省「貿易統計」により作成。
　　　　2．内閣府による季節調整値。
　　　　3．分解は、基準年と比較時点における輸入金額のウェイトの平均値を用い、品目別の輸入数量と加重平均して作成
　　　　　した。

付図1－3　旅行関係を除くサービスにおける輸入元の国・地域

（1）知的財産権等使用料

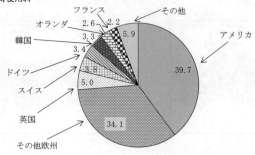

（2）その他業務サービス

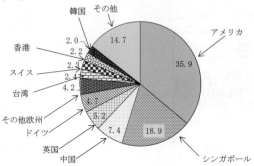

（3）保険・年金サービス

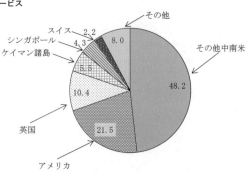

（備考）1．財務省・日本銀行「国際収支統計」より作成。2022暦年値。
　　　　2．「その他欧州」は、ドイツ、英国、フランス、オランダ、イタリア、ベルギー、ルクセンブルク、スイス、ス
　　　　　　ウェーデン、スペイン、ロシア以外の欧州諸国を指す。「その他中南米」は、メキシコ、ブラジル、ケイマン諸
　　　　　　島以外の中南米諸国を指す。

付図2-1　非労働力人口の就業希望者が求職活動をしない理由

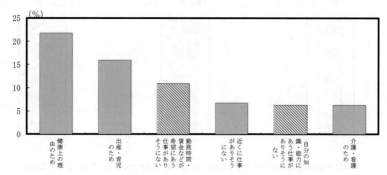

（備考）1．総務省「労働力調査（詳細集計）」により作成。
　　　　2．2022年の調査結果。

付図2－2　副業実施者の構成割合

（1）副業従事者の副業産業種別構成比（本業、副業ともに非正規雇用の女性、本業産業種別）

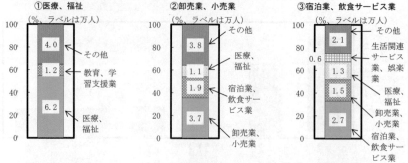

①医療、福祉

②卸売業、小売業

③宿泊業、飲食サービス業

（2）副業従事者の副業産業種別構成比（本業が正規雇用かつ副業が自営業の男性、本業産業種別）

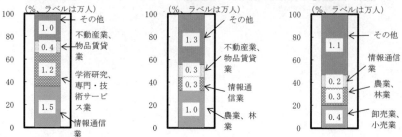

①情報通信業

②製造業

③卸売業、小売業

（3）副業従事者の副業産業種別構成比（本業が正規雇用かつ副業が非正規雇用の男性、本業産業種別）

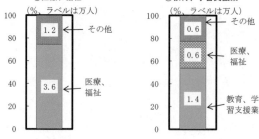

①医療、福祉

②教育、学習支援業

（備考）1．総務省「令和4年就業構造基本調査」により作成。
　　　　2．本業様態における非正規雇用は、会社などの役員を除く雇用者のうちパート・アルバイト。
　　　　3．産業種別構成比については産業種のうち構成割合の高いいくつかを表章し、それ以外の合計をその他とした。

付図２－３　サービス消費の動向

（１）家計の形態別消費支出

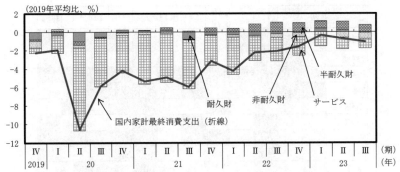

（２）人流とサービス消費の動向

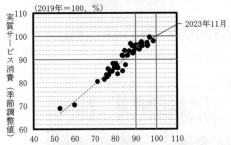

全国の８時の主要地点の人流（2019年同月＝100、％）

（備考）１．内閣府「国民経済計算」、日本銀行「消費活動指数」、ＮＴＴドコモ・ドコモインサイトマーケティング社
「モバイル空間統計」により作成。
　　　　２．（１）について、国内家計最終消費支出と各消費支出はそれぞれ季節調整が行われており、加法整合性はな
い。

付図2-4　正規雇用者における転職前後の職種変化（50歳以下）

（1）転職後の職種に占める前職の構成比（2017年から2018年）

前職＼現職	管理職	理系専門職	情報通信関係	その他専門	企画,財務,金融	営業,販売	運輸,郵便	医療関係	生産工程	一般事務	サービス	農林漁業
管理職	17.1	1.5	0.0	0.0	4.8	2.6	3.3	0.0	0.0	15.5	5.2	0.0
理系専門職	4.9	43.3	45.3	16.7	4.8	6.0	8.2	4.7	11.3	7.8	8.7	28.6
情報通信関係	4.9	1.5	37.7	0.0	0.0	0.9		6.3	1.0	2.1	1.7	0.0
その他専門	0.0	0.0	0.0	2.8	3.2		3.3		2.1	0.0	3.5	14.3
企画,財務,金融	7.3	3.0	3.8	5.6	32.3	17.1	4.9		1.0	9.8	1.7	14.3
営業,販売	12.2	11.9	1.9	5.6	11.3	45.3	4.9	2.1	5.2	8.3	3.5	0.0
運輸,郵便	4.9	6.0		11.1	0.0	1.7	13.1	2.1	41.8	1.6	4.3	0.0
医療関係	4.9	3.0		13.9	4.8	3.4	3.3	78.6	2.1	4.1	5.2	0.0
生産工程	22.0	6.0	1.9	19.4	4.8	4.3	8.2	0.5	15.5	2.6	3.5	14.3
一般事務	4.9	11.9	5.7	8.3	27.4	8.5	3.3	2.1	5.2	42.5	7.8	14.3
サービス	17.1	6.0		16.7	6.5	9.4	16.4	3.1	6.2	5.2	53.9	14.3
農林漁業	0.0	0.0	0.0	0.0	0.0	0.9	31.1	0.5	6.2	0.5	0.9	0.0

（2）転職後の職種に占める前職の構成比（2021年から2022年）

前職＼現職	管理職	理系専門職	情報通信関係	その他専門	企画,財務,金融	営業,販売	運輸,郵便	医療関係	生産工程	一般事務	サービス	農林漁業
管理職	33.3	0.0	2.6	0.0	7.9	1.8	0.0	0.0		10.4	0.0	0.0
理系専門職	6.7	49.1	43.6	22.2	13.2	8.9	9.1	6.7	8.5	7.5	8.5	0.0
情報通信関係	0.0		33.3	0.0	0.0			6.7	0.0	0.7	0.0	0.0
その他専門	0.0	3.8	0.0	7.4	2.6	1.8	0.0	4.8	0.0	2.2	0.0	20.0
企画,財務,金融	13.3	0.0	0.0	7.4	23.7	19.6	4.5	0.0	3.4	3.7	6.8	0.0
営業,販売	0.0	13.2	10.3	7.4	18.4	33.9	4.5	4.7	5.1	14.2	6.8	20.0
運輸,郵便	6.7	5.7	2.6	11.1	5.3	5.4	18.2	0.0	23.7	0.0	6.8	0.0
医療関係	0.0	3.8	0.0	3.7	7.9	1.8	0.0	79.8	3.4	0.0	11.9	0.0
生産工程	13.3	5.7	0.0	7.4	0.0	0.0	18.2	1.7	40.0	5.2	5.1	0.0
一般事務	26.7	7.5	2.6	14.8	18.4	10.7	0.0	0.0	6.8	46.6	3.4	0.0
サービス	0.0	9.4	5.1	11.1	2.6	10.7	0.0	2.5	8.5	6.0	50.8	20.0
農林漁業	0.0	1.9	0.0	7.4	0.0	1.8	13.5	0.0	1.7	0.0	0.0	40.0

（備考）1．リクルートワークス研究所「全国就業実態パネル調査」により作成。
　　　　2．2018年から2019年、2022年から2023年の調査を利用している。
　　　　3．直近一年以内に離職（出向等を除く）と就職を経験した者を転職者としている。職種分類は、調査における職種コードに基づき内閣府で独自集計している。

付注２－１　潜在労働投入量の推計方法

１．概要

　実際の労働投入量（就業者数×労働時間）に対して、潜在的な労働投入量を「経済の過去のトレンドからみて投入され得る平均的な労働投入量」と定義する。両者を比較することで、各時期における実際の労働投入量が中長期的なトレンドと比べて過剰気味か不足気味かを測ることができる。

　以下では、本稿における潜在労働投入量（潜在就業者数×潜在労働時間）の推計方法の概要を記す[1]。

２．データ

　厚生労働省「毎月勤労統計調査」、総務省「労働力調査（基本集計）」、「人口推計」等[2]

３．推計方法

（１）潜在就業者数

　潜在就業者数については以下のとおり算出している。

$$潜在就業者数＝（潜在15歳以上人口×潜在労働力率）×（1－構造失業率）$$

　潜在15歳以上人口及び潜在労働力率は、それぞれ総務省「人口推計」、「労働力調査（基本集計）」から得られるデータをHodrick-Prescottフィルター（以下「ＨＰフィルター」という。）により平滑化することで導出している[3]。構造失業率については、ＵＶ分析により得られた値を同様に平滑化することで導出している。

（２）潜在労働時間

　厚生労働省「毎月勤労統計調査」のうち、「総実労働時間指数（５人以上の事業所、原数値）」を実数化し季節調整をかけた上で実際の労働時間として用い、これをＨＰフィルターにより平滑化することで得られたトレンドを潜在労働時間としている[3]。ただし、５人以上の事業所の結果は、1989年以前について取得できないため、その期間は30人以上の事業所の結果によって外挿している。

---

[1] 推計方法の詳細については、経済財政分析ディスカッションペーパー（ＤＰ／17－3）及び今週の指標 No. 1278、No. 1294、No. 1310を参照されたい。

[2] この他、厚生労働省「職業安定業務統計」、国立社会保障・人口問題研究所「日本の将来推計人口」も使用。

[3] 2020年以降のコロナ禍において経済活動が抑制されてきたことから、実際の労働投入量について通常の景気循環とは異なる要因によって変化しており、これを潜在的な労働投入量の推計にそのまま用いると推計手法の特性もあいまって推計結果が歪んでしまう。したがって推計に際しては、足下までの労働関連指標の動向や国立社会保障・人口問題研究所「日本の将来推計人口」（出生中位（死亡中位））を踏まえて労働参加率及び労働時間の先行きを推計し、コロナ禍の期間の影響を取り除いてトレンドを推計することとしている。

付注2－2　非正規女性の追加就業希望規定要因

1．概要

　希望があるにも関わらず追加就業ができない要因を探るために、追加就業の希望が多い非正規雇用の女性を対象に、どのような要因が追加就業希望につながっているのかについてロジスティック回帰分析により検証した。

2．データ

　2015年から2022年までの状況について毎年調査を実施している、リクルートワークス研究所「全国就業実態パネル調査」個票データを用いて検証した。

3．推計方法

　本分析では、追加就業を希望する子供がいる女性について、年齢、子の通学等状況、自身の学歴、介護の有無、現在非正規雇用として就業している理由、配偶者の年収、自身の年収階級を説明変数として、転職の有無に関してロジスティック回帰を行った。推計に当たり、各サンプルは調査に回答している最新年のデータを用いた。

4．記述統計

		追加就業希望なし 13612	追加就業希望あり 4434
末子の状況[1]	子供なし	6569 （48.3）	2245 （50.6）
	未就学（うち3歳未満）	550 （ 4.0）	255 （ 5.8）
	未就学（うち3～5歳）	511 （ 3.8）	266 （ 6.0）
	小学生	1025 （ 7.5）	530 （12.0）
	中学生以上	4957 （36.4）	1138 （25.7）
配偶者所得（対数値）[2]		5.6 （1.6）	5.8 （1.3）
年収階級[1]	106万円未満	6761 （51.1）	2549 （59.3）
	106～129万円	1115 （ 8.4）	396 （ 9.2）
	130万円以上	5352 （40.5）	1355 （31.5）
年齢[2]		44.2 （16.1）	38.9 （14.7）
学歴[1]	高卒以下	4952 （41.2）	1495 （40.7）
	短大・専門学校卒	6923 （57.6）	2137 （58.2）
	大卒以上	141 （ 1.2）	38 （ 1.0）
介護の有無[2]	介護あり	695 （ 5.1）	202 （ 4.6）
	介護なし	12917 （94.9）	4232 （95.4）
現在非正規雇用として働いている理由[1]	家計補助等	4642 （34.1）	1632 （36.8）
	家事育児等	1203 （ 8.8）	509 （11.5）
	自分の都合の良い時間に働きたい	4019 （29.5）	1275 （28.8）
	正規の仕事がないから	831 （ 6.1）	281 （ 6.3）
	その他	2917 （21.4）	737 （16.6）

[1] （）の中は属性ごとの構成比。

[2] （）の中は標準誤差。

5．推計結果

		限界効果	標準誤差	P値
末子の状況	未就学（うち3歳未満）	4.2	1.7	0.01
（ref.子供なし）	未就学（うち3〜5歳）	7.5	1.8	0.00
	小学生	11.8	1.4	0.00
	中学生以上	6.9	1.3	0.00
配偶者所得（対数値）		-0.1	0.3	0.86
年収階級	106万円未満	6.7	1.0	0.00
（ref.130万円以上）	106〜129万円	4.3	1.5	0.00
年齢		-0.6	0.1	0.00
学歴	短大・専門学校卒	1.7	0.9	0.06
（ref.高卒以下）	大卒以上	4.5	4.9	0.35
介護の有無（ref.介護あり）	介護あり	-2.9	2.1	0.18
現在非正規雇用として	家計補助等	6.4	1.3	0.00
働いている理由	家事育児等	5.8	1.6	0.00
（ref.その他）	自分の都合の良い時間に働きたい	2.1	1.3	0.12
	正規の仕事がないから	14.9	3.2	0.00

付注2－3　テレワークの地域別格差

1．概要
　東京都と他道府県のテレワーク実施率の差の要因を探るために、重回帰分析により産業構成割合の影響を除いた東京都と他道府県のテレワーク実施率の差を推計した。

2．データ
　総務省「令和４年就業構造基本調査」による都道府県別産業分類別テレワーク実施率。

3．推計方法
　本分析では、テレワーク実施率が都道府県区分及び産業分類の効果で説明されると仮定した。

$$T_{i,j} = P_i + I_j + \varepsilon_{i,j}$$

ここで、$T_{i,j}$は都道府県i、産業分類jのテレワーク実施率、P_iは都道府県iの効果、I_jは産業jの効果を表している。このとき、$\pi_i = P_i - P_{東京都}$が、産業構成割合の影響を除いた実施率の差と解釈される。本分析では、このπ_iを産業の効果の「農業、林業」との差$\iota_j = I_j - I_{農業、林業}$及び定数項と合わせて、都道府県ダミー及び産業分類ダミーを説明変数とする重回帰分析により推定した。

4．推計結果
　道府県iの結果は東京都との差π_i、産業分類jの結果は「農業、林業」との差ι_jの推計結果を表している。

	変数	推定値	標準誤差	p値
産業	農業・林業		(基準)	
	漁業	-1.34	1.21	0.27
	鉱業，採石業，砂利採取業	3.48	1.21	0.00***
	建設業	7.75	1.21	0.00***
	製造業	12.53	1.21	0.00***
	電気・ガス・熱供給・水道業	32.81	1.21	0.00***
	情報通信業	60.17	1.21	0.00***
	運輸業，郵便業	3.08	1.21	0.01**
	卸売業，小売業	6.44	1.21	0.00***
	金融業，保険業	34.83	1.21	0.00***
	不動産業，物品賃貸業	11.1	1.21	0.00***
	学術研究，専門・技術サービス業	31.64	1.21	0.00***
	宿泊業，飲食サービス業	-0.57	1.21	0.64
	生活関連サービス業，娯楽業	3.08	1.21	0.01**
	教育，学習支援業	12.32	1.21	0.00***
	医療，福祉	0.41	1.21	0.74
	複合サービス事業	-0.09	1.21	0.94
	サービス業（他に分類されないもの）	8.37	1.21	0.00***
	公務（他に分類されるものを除く）	16	1.21	0.00***

	変数	推定値	標準誤差	p値
都道府県	東京都		(基準)	
	愛知県	-18.71	1.91	0.00***
	愛媛県	-24.28	1.91	0.00***
	茨城県	-20.46	1.91	0.00***
	岡山県	-24.25	1.91	0.00***
	沖縄県	-19.67	1.91	0.00***
	岩手県	-23.61	1.91	0.00***
	岐阜県	-22.72	1.91	0.00***
	宮崎県	-23.65	1.91	0.00***
	宮城県	-20.89	1.91	0.00***
	京都府	-18.38	1.91	0.00***
	熊本県	-21	1.91	0.00***
	群馬県	-25.19	1.91	0.00***
	広島県	-20.77	1.91	0.00***
	香川県	-23.17	1.91	0.00***
	高知県	-25.61	1.91	0.00***
	佐賀県	-24.04	1.91	0.00***
	埼玉県	-15.65	1.91	0.00***
	三重県	-22.95	1.91	0.00***
	山形県	-24.75	1.91	0.00***
	山口県	-26.03	1.91	0.00***
	山梨県	-24.37	1.91	0.00***
	滋賀県	-20.88	1.91	0.00***
	鹿児島県	-24.4	1.91	0.00***
	秋田県	-26.93	1.91	0.00***
	新潟県	-23.7	1.91	0.00***
	神奈川県	-11.46	1.91	0.00***
	青森県	-26.21	1.91	0.00***
	静岡県	-23.56	1.91	0.00***
	石川県	-20.74	1.91	0.00***
	千葉県	-11.72	1.91	0.00***
	大阪府	-16.37	1.91	0.00***
	大分県	-26.79	1.91	0.00***
	長崎県	-23.57	1.91	0.00***
	長野県	-23.25	1.91	0.00***
	鳥取県	-26.86	1.91	0.00***
	島根県	-27.45	1.91	0.00***
	徳島県	-26.13	1.91	0.00***
	栃木県	-21.06	1.91	0.00***
	奈良県	-19.13	1.91	0.00***
	富山県	-22.94	1.91	0.00***
	福井県	-22.42	1.91	0.00***
	福岡県	-19.05	1.91	0.00***
	福島県	-23.43	1.91	0.00***
	兵庫県	-17.58	1.91	0.00***
	北海道	-20.73	1.91	0.00***
	和歌山県	-24.49	1.91	0.00***

※　***、**、*は、それぞれ1％、5％、10％水準で有意であることを示す。

付注2－4　マンション取得能力指数とその要因分解

1．概要

　マンション取得能力指数はマンションの取得環境の動向を指数化したものであり、高いほどその時点でのマンション取得が容易であることを表す。さらに、マンション取得者における収入動向および取得価格動向を用いることで、その変化要因を分解して示した。なお、2019 年を基準年=100 として指数化した。

2．算出方法

$$取得能力指数 = \frac{世帯収入}{マンション価格指数}$$

　さらに、

$$取得能力指数 = \frac{世帯収入}{マンション取得世帯収入} \times \frac{マンション取得世帯収入}{マンション取得価格} \times \frac{マンション取得価格}{マンション価格指数}$$

　と分解し、各因子のみの変化率をそれぞれ、取得層変化要因、負担変化要因、質変化要因と呼んでいる。なお、各因子の変化率の和は取得能力指数の変化率に一致しないが、残差は図示していない。

3．各数値の詳細

名称	算出方法詳細、使用データ等
世帯収入	総務省「家計調査」による実収入。二人以上の世帯のうち勤労者世帯。
マンション価格指数	一般財団法人日本不動産研究所「不動研住宅価格指数」による。首都圏。
マンション取得世帯収入	2019 年首都圏新築マンション契約者動向調査(株式会社リクルート住まいカンパニー)、2020 年首都圏新築マンション契約者動向調査(株式会社リクルート住まいカンパニー)、2021 年首都圏新築マンション契約者動向調査(株式会社リクルート)、2022 年首都圏新築マンション契約者動向調査(株式会社リクルート)による、各世帯分類の平均。
マンション取得価格	2019 年首都圏新築マンション契約者動向調査(株式会社リクルート住まいカンパニー)、2020 年首都圏新築マンション契約者動向調査(株式会社リクルート住まいカンパニー)、2021 年首都圏新築マンション契約者動向調査(株式会社リクルート)、2022 年首都圏新築マンション契約者動向調査(株式会社リクルート)による、各世帯分類の平均。

付注２－５　最低賃金とパート時給に関する推計

１．概要

　地域別最低賃金の上昇が非正規雇用労働者の時給に対して与える影響について分析を行った。

２．データ

　本分析に使用したデータは３つである。

　１つ目は、2015 年から 2022 年までの状況について毎年調査を実施している、リクルートワークス研究所「全国就業実態パネル調査」である。

　２つ目は、厚生労働省「職業安定業務統計」における都道府県別有効求人倍率である。都道府県別有効求人倍率は、都道府県別有効求人数及び都道府県別有効求職者数の年次データより算出している。

　３つ目は、厚生労働省「地域別最低賃金改定状況」における地域別最低賃金である。

　上記３つのデータを、年及び都道府県をもとに接続している。

３．推計方法

　本分析では、地域別最低賃金の上昇が非正規雇用労働者の時給に与える影響について、非正規雇用労働者の時給（対数値）を被説明変数とした、地域別最低賃金（対数値）、都道府県別有効求人倍率、タイムトレンド、コロナダミー、都道府県ダミーに対する回帰式について、個体固定効果モデルで推計を行った。非正規雇用労働者の時給については、各調査年において 2.5％点を下回る値及び 97.5％点を上回る値を外れ値として除外したうえで対数変換を行った。コロナダミーは 2020 年及び 2021 年に１を、2015 年から 2019 年及び 2022 年に０をとるダミー変数である。都道府県ダミーは北海道をベンチマークとした。

４．推計結果

変数	推定値	標準誤差	t値	p値
最低賃金（対数値）	0.353	0.119	2.953	0.003
有効求人倍率	0.000	0.004	0.061	0.951
タイムトレンド	0.010	0.003	3.122	0.002
コロナダミー	0.001	0.002	0.326	0.744
都道府県ダミー	あり			
個体固定効果	あり			
サンプルサイズ	42,376			

付注2－6　最低賃金の引上げによる分布圧縮効果の推計について

1．概要

　最低賃金を引き上げることで、最低賃金を上回る時給を得ている層についても波
及効果が生じる可能性がある。この効果は時給の水準が低くなるにつれて強くなる。
つまり、最低賃金に近い時給で働いている労働者ほど、より賃金が大きく増加する
ことが想定される。この効果を最低賃金の増加に伴う時給分布の圧縮効果とよび、
これを検証する。

2．データ

　　2016 年から 2023 年までのリクルートワークス研究所「全国就業実態パネル調
査」個票データ及び厚生労働省「地域別最低賃金改定状況」を用いて検証した。都
道府県パネルの作成には、全国就業実態パネル調査の個票から、給与計算が時給に
基づき行われている非正規雇用労働者を抽出し、居住している各都道府県別にグル
ープを作成した。

3．推計方法

　最低賃金の上昇に伴う時給分布の圧縮効果は、最低賃金の水準だけでなく、各都
道府県の賃金分布の形状にも影響されうる。このため本稿では、Lee (1999) により提
案された手法に従い、最低賃金の上昇に伴う時給分布の圧縮を、最低賃金の水準と、
基準となる賃金分位点の差（$\Delta mw_{i,t} = \log(mw_{i,t}) - \log(pw_{i,t}^x)$ と表す。ただし、i は都
道府県、t は年、x は基準となるパーセンタイルをそれぞれ表す。）が、各分位点と
基準となる賃金分位点の差に対して与える影響を、以下の式を通じてみることとす
る。

$$\Delta y_{i,t} = \beta_y \Delta mw_{i,t} + \mu_i + \gamma_t + \epsilon_{i,t}$$

ただし、$\Delta y_{i,t}$ は基準となるパーセンタイルと y パーセンタイルの差
（$\log(pw_{i,t}^y) - \log(pw_{i,t}^x)$）、$\mu_i$ は都道府県の固定効果、γ_t は年の固定効果、$\epsilon_{i,t}$ は誤差
項をそれぞれ表す。

4．推定結果

変数	推定量	標準誤差	p値
パーセンタイル 10%	0.79	0.02	0.00
20%	0.69	0.02	0.00
30%	0.61	0.02	0.00
40%	0.54	0.03	0.00
50%	0.49	0.03	0.00
60%	0.33	0.03	0.00
80%	0.05	0.04	0.21
90%	−0.13	0.08	0.11

付注3－1　投資関数について

1．概要
　企業の投資行動の決定要因について、投資の種類や時点による違いを観察するために、東京証券取引所に上場する日本企業、ニューヨーク証券取引所及びナスダックに上場するアメリカ企業のパネルデータにより分析を行った。

2．データ
　Bureau van Dijk 社 "Osiris" に収録されている各企業の財務データにより推計。

3．推計方法
（1）推計式
　被説明変数を固定資産対比の国内設備投資、説明変数を資本収益率、資本コスト、キャッシュフロー対固定資産比率、現金・預金対総資産比率及び有利子負債対総資産比率とするモデルを推計。推計方法は固定効果モデルを採用。

$$\frac{I_{i,t}}{K_{i,t-1}} = \beta_0 + \beta_1 ROFA_{i,t-1} + \beta_2 R_{i,t-1} + \beta_3 \frac{CF_{i,t}}{K_{i,t-1}} + \beta_4 \frac{CASH_{i,t-1}}{TA_{i,t-1}} + \beta_5 \frac{DEBT_{i,t-1}}{TA_{i,t-1}} + Z_i + u_{i,t}$$

（2）変数の定義と使用データ等

変数名	定義	使用データ等
I	国内設備投資	有形固定資産の前期差＋減価償却費
K	固定資産	固定資産
$ROFA$	資本収益率	営業利益／期首期末平均有形固定資産
R	資本コスト	支払利息／期首期末平均有利子負債
CF	キャッシュフロー	税引後当期純利益＋減価償却費－配当金支払－正味運転資本増減 （※正味運転資本＝売掛金＋棚卸資産－買掛金）
$CASH$	現金・預金	現金又は同額価値
$DEBT$	有利子負債	有利子負債
TA	総資産	総資産
Z	企業固定効果	－
u	誤差項	－

（備考）i は企業、t は時点を表す。

（３）推計対象

期間：1995 年度～2022 年度

企業数：日本企業 2,810 社、アメリカ企業 3,111 社（連結対象の子会社や関連会
社が存在する場合は、それらを含めたグループ全体の財務データを使用。連結
対象の子会社や関連会社が存在しない場合には、単体ベースのデータを使用）

（４）異常値の処理

下記に該当するものを異常値とみなし、除去した。

・I/K、R、DEBT の異常値（数値の大きい方の片側 1 ％）
・ROFA、CF/K、CASH/K の異常値（両側 1 ％）

（５）推計結果

	日本		
	全産業	製造業	非製造業
資本収益率（－1）	0.008***	0.018***	0.004***
	(10.453)	(12.957)	(4.803)
資本コスト（－1）	-0.292***	-0.331***	-0.197*
	(-4.796)	(-4.853)	(-1.793)
キャッシュフロー比率	0.017***	-0.026***	0.049***
	(5.343)	(-5.861)	(10.086)
現預金比率（－1）	0.187***	0.175***	0.204***
	(20.115)	(15.007)	(13.717)
負債比率（－1）	-0.132***	-0.128***	-0.128***
	(-18.106)	(-14.261)	(-10.927)
定数項	0.097***	0.107***	0.084***
	(35.787)	(33.513)	(17.927)
データ数	37,764	20,794	16,796
決定係数	0.376	0.351	0.401
企業数	2,810	1,370	1,417

	アメリカ		
	全産業	製造業	非製造業
資本収益率 (-1)	0.007***	0.002*	0.012***
	(7.535)	(1.929)	(6.844)
資本コスト (-1)	0.050***	0.065***	0.065***
	(3.275)	(4.302)	(2.852)
キャッシュフロー比率	-0.020***	-0.013***	-0.029***
	(-35.797)	(-21.853)	(-28.132)
現預金比率 (-1)	0.329***	0.293***	0.374***
	(26.850)	(17.955)	(20.485)
負債比率 (-1)	-0.102***	-0.119***	-0.084***
	(-11.458)	(-9.509)	(-6.606)
定数項	0.140***	0.131***	0.142***
	(42.292)	(29.183)	(29.661)
データ数	45,319	20,096	25,222
決定係数	0.334	0.312	0.347
企業数	3,111	1,204	1,899

（備考）1．()内はt値。***は1％、*は10％水準で有意であることを表す。
　　　　2．推計には、年ダミーを含めている。
　　　　3．異常値処理等により、製造業と非製造業の合計の企業数は、全産業に一致しない。

付注3－2　マークアップ率の推計

1．概要

　個別企業のマークアップ率について、日米欧の上場企業の財務データを利用して、De Loecker and Warzynski（2012）、Nakamura and Ohashi（2019）などを参考に推計した。

2．データ

　日本企業は日経 NEEDS、アメリカ及び欧州企業は Bureau van Dijk 社"Osiris"。

3．推計方法

　2．記載のデータベースに収録されている日米欧の上場企業[1]を対象にマークアップ率を推計した。推計に必要な産業別の変数などについては、日本は内閣府「国民経済計算」、欧米は OECD. stat から取得している[2]。

　De Loecker and Warzynski（2012）によれば、生産関数に基づき企業の費用最小化問題を前提とすると、マークアップ率は以下の式により求められる。

$$\mu_{i,t} = \frac{\theta_{i,t}^X}{\alpha_{i,t}^X}$$

　ここで、$\mu_{i,t}$は企業i、t時点におけるマークアップ率、$\theta_{i,t}^X$は中間投入量に対する生産量の弾力性、$\alpha_{i,t}^X$は名目売上高に占める名目中間投入支出の割合を示す。

　$\theta_{i,t}^X$の算出に当たっては、生産関数を推定する必要がある。日本、アメリカについてはそれぞれ１国ずつ別々に生産関数を推計したが、欧州（ドイツ、フランス、イギリス）についてはサンプルサイズの制約もあり３か国をまとめて推計した。産業については日本の国民経済計算における大分類（製造業は中分類）に合わせて分類した。ここでは、Nakamura and Ohashi（2019）に倣って、以下の交差項を除いたトランスログ型生産関数を仮定し、国・地域別、産業別に推計した。

$$\log Y_{i,t} = \beta_l \log L_{i,t} + \beta_{ll}(\log L_{i,t})^2 + \beta_k \log K_{i,t} + \beta_x \log X_{i,t} + \beta_{xx}(\log X_{i,t})^2 + Z_{i,t} + \omega_{i,t} + \varepsilon_{i,t}$$

　ここで、$Y_{i,t}$は生産量、$L_{i,t}$は労働投入量、$K_{i,t}$は資本投入量、$X_{i,t}$は中間投入量、$Z_{i,t}$はコントロール変数、$\omega_{i,t}$は外部から観測できない生産性、$\varepsilon_{i,t}$は誤差項。ただし、卸

---

[1] 生産量、労働投入量、資本投入量、中間投入量のいずれかが欠損値となっているサンプルは除いている。推計期間は、日本、アメリカは 2000～22 年度、欧州は 2000～21 年度。
[2] アメリカについては、アメリカ商務省のデータを用いて 2022 年の変数を延伸している。

売・小売業については、卸売と小売を別々に推計したほか、サンプルサイズの小さかった保健衛生・社会事業はその他のサービス業と統合して推計した[3]。

　生産量は、売上高を産業別の産出デフレーターで除した。労働投入量は、従業者数に産業別の一人当たり労働時間を乗じた。資本投入量は、有形固定資産を産業別の有形固定資産デフレーターで除した。中間投入量は売上原価を産業別の中間投入デフレーターで除した。コントロール変数には年ダミーを設定している。生産関数には生産性（$\omega_{i,t}$）が含まれるが、これは外部から観測できない。これを含めずに推計を行うと、内生性バイアスが生じることから、ここでは、Nakamura and Ohashi (2019)で行われたように、Levinsohn and Petrin (2003)に従って、生産性の代理変数として中間投入量を用いた。これらの下で、中間投入量に対する生産量の弾力性は以下のとおりとなる。

$$\theta_{i,t}^X = \beta_x + 2\beta_{xx} \log X_{i,t}$$

また、$\alpha_{i,t}^X$については、名目中間投入（売上原価）を売上高で除した。

---

[3] アメリカにおいてウエイトの高い情報通信業について、中間投入量の2条項の係数（β_{xx}）が有意とならず、マイナスとなってしまったことから、アメリカの情報通信業の中間投入量に対する生産量の弾力性（$\theta_{i,t}^X$）に関しては、β_{xx}をゼロと仮定し、1条項（β_x）のみとすることとした（推計期間中$\theta_{i,t}^X$は一定となる。）。

付注3－3　マークアップ率と広義の無形資産ストックとの関係

1．概要
　付注3－2で推計した個別企業のマークアップ率と広義の無形資産ストックとの関係を日本企業、アメリカ企業に分けて分析した。

2．データ
　日本企業は日経 NEEDS、アメリカ企業は Bureau van Dijk 社 "Osiris"。

3．推計方法
　付注3－2において推計したマークアップ率と広義の無形資産ストックとの関係を固定効果モデルを用いて、日本企業、アメリカ企業別に推計した。個別企業の輸出の有無とマークアップ率の関係について分析を行った De Loecker and Warzynski（2012）を参考に、推計式は以下のとおりとした。

$$\log \mu_{i,t} = \beta_p P_{i,t} + \beta_l \log L_{i,t} + \beta_{ll}(\log L_{i,t})^2 + \beta_k \log K_{i,t} + \beta_x \log X_{i,t} + \beta_{xx}(\log X_{i,t})^2$$
$$+ Z_{i,t} + u_i + \varepsilon_{i,t}$$

　ここで、$\mu_{i,t}$は付注3－2で求めた企業i、t時点におけるマークアップ率、$P_{i,t}$は無形資産ストック、$L_{i,t}$は労働投入量、$K_{i,t}$は資本投入量、$X_{i,t}$は中間投入量、$Z_{i,t}$はコントロール変数、u_iは各個別企業の固定効果、$\varepsilon_{i,t}$は誤差項。労働投入量、資本投入量、中間投入量については付注3－2と同様に求めた。コントロール変数には年ダミーを入れた。なお、推計は全産業のほか、製造業のみ、非製造業のみのサブサンプルに対しても行った。推計期間は2000～22年度とした。
　広義の無形資産ストックについては、実質化した研究開発費を恒久棚卸法にて積み上げてストック化した数値と、のれんを除いた無形固定資産を実質化した数値を合計して作成し、説明変数に加える際には対数化した。実質化にあたっては、日本は内閣府「国民経済計算」、アメリカは OECD. stat におけるデフレーターのデータを用いた[1]。具体的には、研究開発費に関しては、研究開発の設備投資デフレーターを用いたほか、無形固定資産については、知的財産生産物の資本ストックデフレーターを用いた[2]。

---

[1] アメリカについては、アメリカ商務省のデータを用いて 2022 年の数値を延伸している。
[2] 研究開発費をストック化する際の償却率は、日米両国の国民経済計算から求めた償却率を参考に 15％とした。

4．推計結果
・日本

	全産業	製造業	非製造業
無形資産ストック	$0.0050^{*}(0.0028)$	$0.0107^{**}(0.0051)$	$0.0081^{**}(0.0034)$
$\log L_{i,t}$	$0.4654^{***}(0.1555)$	$0.3042(0.2910)$	$0.4228^{***}(0.1553)$
$\left(\log L_{i,t}\right)^2$	$-0.0116^{**}(0.0049)$	$-0.0082(0.0098)$	$-0.0087(0.0059)$
$\log K_{i,t}$	$0.0307^{***}(0.0048)$	$0.0148(0.0107)$	$0.0315^{***}(0.0056)$
$\log X_{i,t}$	$-0.1786^{*}(0.0915)$	$-0.3271(0.2447)$	$-0.1255(0.0909)$
$\left(\log X_{i,t}\right)^2$	$0.0016(0.0048)$	$0.0116(0.0115)$	$-0.0032(0.0051)$
年ダミー	Yes	Yes	Yes
個別企業ダミー	Yes	Yes	Yes
Obs.	55,205	27,747	27,458
R^2	0.1811	0.1291	0.2356

（備考）括弧内は Cluster robust standard error。***、**、*は、それぞれ１％、５％、10％
水準で有意であることを示す。

・アメリカ

	全産業	製造業	非製造業
無形資産ストック	$0.0916^{***}(0.0177)$	$0.0645^{***}(0.0194)$	$0.1739^{***}(0.00461)$
$\log L_{i,t}$	$0.3567^{***}(0.1208)$	$0.4175^{***}(0.1387)$	$0.0682(0.1879)$
$\left(\log L_{i,t}\right)^2$	$-0.0065^{*}(0.0039)$	$-0.0095^{**}(0.0046)$	$-0.0051(0.0062)$
$\log K_{i,t}$	$0.0854^{***}(0.0174)$	$0.0918^{***}(0.0235)$	$0.0841^{***}(0.0243)$
$\log X_{i,t}$	$-0.7285^{***}(0.1055)$	$-0.7836^{***}(0.1668)$	$-0.5135^{***}(0.1066)$
$\left(\log X_{i,t}\right)^2$	$0.0133^{***}(0.0043)$	$0.0181^{***}(0.0066)$	$-0.0021(0.0052)$
年ダミー	Yes	Yes	Yes
個別企業ダミー	Yes	Yes	Yes
Obs.	7,269	5,595	1,674
R^2	0.4272	0.4235	0.4875

（備考）括弧内は Cluster robust standard error。***、**、*は、それぞれ１％、５％、10％
水準で有意であることを示す。

参考文献

第1章

第1節について

小林若葉（2023）「乗用車の脱炭素化の進展と国際競争力の変化」今週の指標 No.1327　内閣府（2023年12月）

内閣府（2023）『令和5年度　年次経済財政報告』

内閣府政策統括官（経済財政分析担当）（2023）『地域の経済2023』

Auclert, A., M. Rognlie and L. Straub (2023) , "The Trickling Up of Excess Savings", *AEA Papers and Processing*, 113, 70-75

IMF (2023) "World Economic Outlook, October 2023: Navigating Global Divergences"

Voinea, L. and P. Loungani (2022) , "Excess Savings Are Recession-Specific and Compensatory: Evidence From the US", *Intereconomics*, 2022, 57(4), 233-237

第2節について

上野有子・北口隆雅（2023）「オルタナティブデータの景気判断への活用可能性～POSデータによる物価変動要因の分析～」『経済分析』　第208号　内閣府経済社会総合研究所

倉知善行・平木一浩・西岡慎一（2016）「ミクロデータからみた価格改定頻度の増加はマクロの価格粘着性にどのような影響を及ぼすか─価格改定の一時性に着目した分析─」日本銀行ワーキングペーパーシリーズ No.16-J-6

小寺信也・藤田隼平・井上祐介・新田尭之（2018）「POS・テキストデータを用いた消費分析─機械学習を活用して─」経済財政分析ディスカッション・ペーパー・シリーズ

日本銀行（2023）『経済・物価情勢の展望』2023年10月

第2章

第1節について

アットホーム（2023）「全国主要都市の「賃貸マンション・アパート」募集家賃動向（2023年10月）」

尾崎達哉・玄田有史（2019）「賃金上昇が抑制されるメカニズム」日本銀行ワーキングペーパーシリーズ No.19-J-6

国立社会保障・人口問題研究所（2023）『第16回出生動向基本調査（独身者調査ならびに夫婦調査）報告書』

内閣府（2022）『令和4年度　年次経済財政報告』

森川正之（2017）『サービス立国論』　日本経済新聞出版

労働省（1986）『昭和61年労働白書』

第2節について

神吉知郁子(2012)「イギリスの全国最低賃金制度」『連合総研レポート2012年6月号No.272』　公益財団法人連合総合生活開発研究所

厚生労働省（2015）「資料3－1　最低賃金近傍の労働者の実態について（賃金構造基本統計調査に基づく分析）」『第10回目安制度の在り方に関する全員協議会資料一覧』

厚生労働省（2022）『2021年　海外情勢報告』

厚生労働省（2023）『2022年　海外情勢報告』

厚生労働省年金局（2022）『令和3年度厚生年金保険・国民年金事業の概況』

国税庁（2023）『民間給与実態統計調査』

社会保障審議会（2023a）「第7回社会保障審議会年金部会」配付資料

社会保障審議会（2023b）「第11回社会保障審議会年金部会」配付資料

玉田桂子・森知晴（2013）「最低賃金の決定過程と生活保護基準の検証」『RIETI Discussion Paper Series 13-J-013』　独立行政法人経済産業研究所

内閣府政策統括官（経済財政分析担当）（2023a）『日本経済2022-2023』

内閣府政策統括官（経済財政分析担当）（2023b）『地域の経済2023』

内閣府政策統括官(経済財政分析担当)(2023c)「主要国における最低賃金制度の特徴と課題」政策課題分析シリーズ24

日本労働研究機構(JIL)（1999）「基礎情報：韓国（1999年）」

松丸和夫（2019）「ドイツの法定最低賃金制度（MiLoG 2015）とその賃金・雇用に対する影響に関する若干の考察」『経済学論纂（中央大学）第59巻第5・6合併号』（2019年3月）中央大学

三菱総合研究所（2022）『最低賃金に関する報告書』

労働政策研究・研修機構（2022）「最低賃金の改定」

労働政策研究・研修機構（2023）『データブック国際労働比較2023』

OECD（2022）"Minimum wages in times of rising inflation"

IMF（2022）"World Economic Outlook, October 2022: Countering the Cost-of-Living Crisis"

第3章

第1節について

後藤康雄（2013）「我が国企業部門のISバランスについて」、参議院事務局企画調整室『経済のプリズム』第115号（平成25年7月）

内閣府（2023）『令和5年度　年次経済財政報告』

内閣府政策統括官（経済財政分析担当）（2018）『日本経済2017-2018』

花崎正晴・Tran Thi Thu Thuy（2003）、「日米仏の設備投資行動の国際比較 —日本的特徴に関する分析—」、一橋大学経済研究所『経済研究』第54巻第1号、33-46頁

花崎正晴・羽田徹也（2017）「企業の投資行動の決定要因分析 —投資の多様化の進展と内部資金の役割—」財務省財務総合政策研究所『フィナンシャル・レビュー』平成29年第4号（通巻第132号）、56-80頁

山岸圭輔（2017）「ＳＮＡのより正確な理解のために ～ＳＮＡに関し、よくある指摘について～」内閣府経済社会総合研究所『季刊国民経済計算』第162号、33-59頁

Guetta-Jeanrenaud, L. and G. Wolff (2021), "Germany's post-pandemic current account surplus", Bruegel Blog, 21 October

第2節について

内閣府（2022）『令和4年度 年次経済財政報告』

内閣府（2023）『令和5年度 年次経済財政報告』

八木智之・古河角歩・中島上智（2022）「わが国の生産性動向 —近年の事実整理とポストコロナに向けた展望—」 日本銀行ワーキングペーパーシリーズ No.22-J-3 日本銀行

Crouzet, N. and J. C. Eberly (2019), "Understanding Weak Capital Investment: The Role of Market Concentration and Intangibles", Proceedings of the 2018 Jackson Hole Symposium 87-148

De Loecker, J., J. Eeckhout, and G. Unger (2020), "The Rise of Market Power and the Macroeconomic Implications", *The Quarterly Journal of Economics*, 135(2), 561-644

De Loecker, J. and F. Warzynski (2012), "Markups and Firm-Level Export Status", American Economic Review, 102 (6) : 2437-2471

Diez, F. J., D. Leigh, and S. Tambunlertchai (2018), "Global Market Power and its Macroeconomic Implications", IMF working paper

Levinsohn, J. and A. Petrin (2003), "Estimating Production Functions Using Inputs to Control for Unobservables", The Review of Economic Studies, 70(2), 317-341

Nakamura, T. and H. Ohashi (2019), "Linkage of Markups through Transaction", RIETI Discussion Paper Series, 19-E-10

長期経済統計

国民経済計算 (1/5)

年度	国内総生産 (GDP) 名目 総額 10億円	名目 前年度比 %	実質 前年度比 %	国民総所得 (GNI) 名目 前年度比 %	実質 前年度比 %	名目国民所得 総額 10億円	前年度比 %	名目雇用者報酬 総額 10億円	前年度比 %	1人当たりGDP 千円	1人当たり雇用者報酬 前年度比 %
1955	9,162.9	—	—	—	—	6,973.3		3,548.9		97	
1956	10,281.7	12.2	6.8	12.1	6.7	7,896.2	13.2	4,082.5	15.0	107	6.8
1957	11,791.2	14.7	8.1	14.5	8.0	8,868.1	12.3	4,573.0	12.0	122	5.8
1958	12,623.5	7.1	6.6	7.0	6.5	9,382.9	5.8	5,039.2	10.2	129	5.4
1959	14,810.3	17.3	11.2	17.2	11.1	11,042.1	17.7	5,761.2	14.3	150	8.9
1960	17,776.8	20.0	12.0	19.9	11.9	13,496.7	22.2	6,702.0	16.3	178	10.0
1961	21,496.4	20.9	11.7	20.9	11.7	16,081.9	19.2	7,988.7	19.2	214	14.4
1962	23,796.2	10.7	7.5	10.6	7.5	17,893.3	11.3	9,425.6	18.0	234	13.6
1963	27,952.3	17.5	10.4	17.4	10.4	21,099.3	17.9	11,027.3	17.0	272	12.9
1964	32,397.5	15.9	9.5	15.8	9.4	24,051.4	14.0	12,961.2	17.5	312	13.7
1965	35,984.3	11.1	6.2	11.1	6.2	26,827.0	11.5	14,980.6	15.6	343	10.6
1966	42,307.8	17.6	11.0	17.6	11.1	31,644.8	18.0	17,208.9	14.9	400	11.1
1967	49,497.7	17.0	11.0	17.0	11.0	37,547.7	18.7	19,964.5	16.0	463	13.1
1968	58,558.0	18.3	12.4	18.3	12.3	43,720.9	16.4	23,157.7	16.0	541	13.3
1969	69,337.1	18.4	12.0	18.4	12.0	52,117.8	19.2	27,488.7	18.7	633	16.4
1970	80,247.0	15.7	8.2	15.8	8.3	61,029.7	17.1	33,293.9	21.1	722	17.0
1971	88,347.3	10.1	5.0	10.2	5.1	65,910.5	8.0	38,896.6	16.8	781	14.0
1972	102,827.2	16.4	9.1	16.6	9.3	77,936.9	18.2	45,702.0	17.5	898	14.1
1973	124,385.3	21.0	5.1	20.9	5.0	95,839.6	23.0	57,402.8	25.6	1,070	22.2
1974	147,549.8	18.6	-0.5	18.4	-0.7	112,471.6	17.4	73,752.4	28.5	1,251	28.0
1975	162,374.5	10.0	4.0	10.2	4.1	123,990.7	10.2	83,851.8	13.7	1,361	12.7
1976	182,550.5	12.4	3.8	12.4	3.8	140,397.2	13.2	94,328.6	12.5	1,515	10.8
1977	202,587.1	11.0	4.5	11.0	4.6	155,753.2	10.9	104,997.8	11.3	1,666	9.9
1978	222,311.1	9.7	5.4	9.9	5.5	171,778.5	10.3	112,800.6	7.4	1,814	6.3
1979	240,039.4	8.0	5.1	8.0	5.1	182,206.6	6.1	122,126.2	8.3	1,942	5.7
1980	261,683.4	9.0	2.6	8.9	2.4	203,878.7	9.5	131,850.4	8.7	2,123	5.2
1981	278,401.8	6.4	4.1	6.3	4.1	211,615.1	3.8	142,097.7	7.8	2,246	6.4
1982	291,415.4	4.7	3.2	4.9	3.1	220,131.4	4.0	150,232.9	5.7	2,328	3.8
1983	305,551.5	4.9	3.9	4.9	4.1	231,290.0	5.1	157,301.3	4.7	2,417	2.3
1984	324,347.6	6.2	4.4	6.2	4.7	243,117.2	5.1	166,017.3	5.5	2,564	4.1
1985	345,769.1	6.6	5.4	6.7	5.6	260,559.9	7.2	173,977.0	4.8	2,731	3.7
1986	360,009.6	4.1	2.7	4.1	4.8	267,941.5	2.8	180,189.4	3.6	2,815	2.3
1987	381,358.0	5.9	6.0	6.2	5.9	281,099.8	4.9	187,098.9	3.8	2,965	2.2
1988	407,507.5	6.9	6.2	6.8	6.6	302,710.1	7.7	198,486.5	6.1	3,160	3.3
1989	434,830.0	6.7	4.0	6.9	4.2	320,802.0	6.0	213,309.1	7.5	3,378	4.3
1990	470,877.6	8.3	5.6	8.1	4.9	346,892.9	8.1	231,261.5	8.4	3,655	4.6
1991	496,062.6	5.3	2.5	5.3	2.9	368,931.6	6.4	248,310.9	7.4	3,818	4.1
1992	505,824.6	2.0	0.6	2.2	0.9	366,007.2	-0.8	254,844.4	2.6	3,883	0.5
1993	504,513.7	-0.3	-0.8	-0.3	-0.6	365,376.0	-0.2	260,704.4	2.3	3,865	0.9
1994	511,958.8	1.5	1.6	1.5	1.7	372,976.8	1.3	262,822.6	1.8	4,015	0.2
1995	525,299.5	2.6	3.2	2.7	3.6	380,158.1	1.9	267,095.2	1.6	4,113	0.9
1996	538,659.6	2.5	2.9	2.9	2.8	394,024.8	3.6	272,962.4	2.2	4,205	0.9
1997	542,508.0	0.7	-0.1	0.8	-0.1	390,943.1	-0.8	279,054.2	2.2	4,230	1.4
1998	534,564.1	-1.5	-1.0	-1.6	-0.9	379,393.9	-3.0	273,370.2	-2.0	4,161	-1.3
1999	530,298.6	-0.8	0.6	-0.7	0.6	378,088.5	-0.3	269,177.0	-1.5	4,121	-1.0
2000	537,614.2	1.4	2.6	1.6	2.7	390,163.8	3.2	270,736.4	0.6	4,165	-0.3
2001	527,410.5	-1.9	-0.7	-1.9	-0.8	376,138.7	-3.6	264,606.8	-2.3	4,081	-1.9
2002	523,465.9	-0.7	0.9	-0.9	0.8	374,247.9	-0.5	256,723.4	-3.0	4,040	-2.5
2003	526,219.9	0.5	1.9	0.8	2.0	381,555.6	2.0	253,616.6	-1.2	4,055	-1.4
2004	529,637.9	0.6	1.7	0.9	1.6	388,576.1	1.8	256,437.0	1.1	4,081	0.8
2005	534,106.2	0.8	2.2	1.3	1.6	388,114.4	-0.1	261,644.3	2.0	4,181	0.8
2006	537,257.9	0.6	1.3	1.0	1.0	394,989.7	1.8	265,771.5	1.6	4,201	0.2
2007	538,485.5	0.2	1.1	0.5	0.4	394,813.2	-0.0	267,280.1	0.6	4,207	-0.3
2008	516,174.9	-4.1	-3.6	-4.7	-4.9	364,368.0	-7.7	265,523.7	-0.7	4,031	-0.7
2009	497,364.2	-3.6	-2.4	-3.5	-1.3	352,701.1	-3.2	252,674.2	-4.8	3,885	-3.9
2010	504,873.7	1.5	3.3	1.7	2.6	364,688.2	3.4	251,154.8	-0.6	3,943	-1.0
2011	500,046.2	-1.0	0.5	-0.9	-0.6	357,473.5	-2.0	251,977.0	0.3	3,914	0.4
2012	499,420.6	-0.1	0.6	-0.1	0.6	358,156.2	0.2	251,431.0	-0.2	3,915	-0.5
2013	512,677.5	2.7	2.7	3.3	3.1	372,570.0	4.0	253,705.1	0.9	4,024	-0.2
2014	523,422.8	2.1	-0.4	2.4	0.1	376,693.4	1.1	258,435.2	1.9	4,114	1.0
2015	540,740.8	3.3	1.7	3.4	3.3	392,629.3	4.2	262,003.5	1.4	4,255	0.3
2016	544,829.9	0.8	0.8	0.4	0.8	392,329.9	-0.1	268,251.3	2.4	4,290	0.9
2017	555,712.5	2.0	1.8	2.1	1.3	400,621.5	2.1	273,710.4	2.0	4,379	0.5
2018	556,570.5	0.2	0.2	0.4	-0.2	403,099.1	0.6	282,424.0	3.2	4,392	1.2
2019	556,845.4	0.0	-0.8	0.2	-0.5	402,479.2	-0.2	287,994.7	2.0	4,401	0.8
2020	539,009.1	-3.2	-3.9	-3.4	-3.2	375,998.0	-6.6	283,549.6	-1.5	4,272	-0.0
2021	553,642.3	2.7	2.8	4.3	2.4	395,772.3	5.3	289,565.9	2.1	4,411	1.9
2022	566,489.7	2.3	1.5	3.1	0.4	408,953.8	3.3	296,381.8	2.4	4,535	1.8
2022年10-12月	147,845.1	2.0	0.5	3.3	0.2	—		86,022.0	3.3	—	2.7
2023年1-3月	144,842.9	4.9	2.5	4.7	1.7	—		63,709.2	1.6	—	1.2
2023年4-6月	146,513.3	6.1	2.2	6.2	3.3	—		78,601.0	2.6	—	2.1
2023年7-9月	145,049.5	6.9	1.5	6.5	3.2	—		71,071.3	1.5	—	0.7

（備考） 1. 内閣府「国民経済計算」、総務省「労働力調査（基本集計）」により作成。
　　　　 2. 国内総生産は、総額については、1979年度（前年度比は1980年度）以前は「平成10年度国民経済計算（1990年基準・68SNA）」、1980年度から
　　　　　 1993年度まで（前年度比は1981年度から1994年度まで）は「平成21年度国民経済計算（2000年基準・93SNA）」、1994年度（前年度比は1995年度）
　　　　　 以降は「支出側GDP系列簡易遡及（2015年基準・08SNA）」による。また前年度比は「2023年7－9月期四半期別GDP速報（2次速報値）（2015年基準・08SNA）」による。
　　　　　 なお、1993年度以前の総額の数値については、異なる基準間の数値を基づく簡易的な処理を行っている。
　　　　 3. 国民総所得の項目は、1980年度以前は国民総生産（GNP）。
　　　　 4. 名目国民所得は、1979年度（前年度比は1980年度）以前は「平成10年度国民経済計算（1990年基準・68SNA）」に、1980年度から1993年度まで
　　　　　 （前年度比は1981年度から1994年度まで）は「平成21年度国民経済計算（2000年基準・93SNA）」によるため、時系列として接続しない。
　　　　　 それ以降は「2022年度国民経済計算（2015年基準・08SNA）」による。
　　　　 5. 名目雇用者報酬は、総額は1979年度（前年度比は1980年度）以前は「平成2年度基準改定国民経済計算（68SNA）」に、1980年度から1993年度まで
　　　　　 （前年度比は1981年度から1994年度まで）は「平成21年度国民経済計算（2000年基準・93SNA）」によるため、時系列として接続しない。
　　　　　 それ以降は「2023年7－9月期四半期別GDP速報（2次速報値）（2015年基準・08SNA）」を用いている。
　　　　 6. 1人当たりGDPは、1979年度以前は「長期遡及主要系列国民経済計算報告（昭和30年～平成10年）（1990年基準・68SNA）」に、1980年度から
　　　　　 1993年度までは「平成21年度国民経済計算（2000年基準・93SNA）」に、それ以降は「2022年度国民経済計算（2015年基準・08SNA）」による。
　　　　　 1人当たり雇用者報酬は、名目雇用者報酬を総務省「労働力調査（基本集計）」の雇用者数で除したもの。

国民経済計算 (2/5)

年度	民間最終消費支出 (実質) 前年度比	寄与度	民間住宅 (実質) 前年度比	寄与度	民間企業設備 (実質) 前年度比	寄与度	民間在庫変動 (実質) 寄与度	政府最終消費支出 (実質) 前年度比	寄与度	公的固定資本形成 (実質) 前年度比	寄与度	財貨・サービスの輸出 (実質) 前年度比	寄与度	財貨・サービスの輸入 (実質) 前年度比	寄与度
1955															
1956	8.2	5.4	11.1	0.4	39.1	1.9	0.7	-0.4	-0.1	1.0	0.1	14.6	0.5	34.3	-1.3
1957	8.2	5.4	7.9	0.3	21.5	1.3	0.5	-0.2	0.0	17.4	0.8	11.4	0.4	8.1	-0.4
1958	6.4	4.2	12.3	0.4	-0.4	0.0	-0.7	6.3	1.2	17.3	0.9	3.0	0.1	-7.9	0.4
1959	9.6	6.3	19.7	0.7	32.6	2.1	0.6	7.7	1.4	10.8	0.6	15.3	0.5	28.0	-1.2
1960	10.3	6.7	22.3	0.8	39.6	3.1	0.5	3.3	0.6	15.0	0.9	11.8	0.4	20.3	-1.0
1961	10.2	6.6	10.6	0.4	23.5	2.3	1.1	6.5	1.1	27.4	1.6	6.5	0.2	24.4	-1.3
1962	7.1	4.5	14.1	0.6	3.5	0.4	-1.4	7.6	1.2	23.5	1.6	15.4	0.5	-3.1	0.2
1963	9.9	6.2	26.3	1.1	12.4	1.3	0.9	7.4	1.1	11.6	0.9	9.0	0.3	26.5	-1.4
1964	9.5	6.0	20.5	1.0	14.4	1.5	-0.5	2.0	0.3	5.7	0.4	26.1	0.9	7.2	-0.4
1965	6.5	4.1	18.9	1.0	-8.4	-0.9	0.1	3.3	0.5	13.9	1.0	19.6	0.8	6.6	-0.4
1966	10.3	6.5	7.5	0.5	24.7	2.3	0.2	4.5	0.6	13.3	1.1	15.0	0.7	15.5	-0.9
1967	9.8	6.1	21.5	1.3	27.3	2.9	0.2	3.6	0.5	9.6	0.8	8.4	0.4	21.9	-1.3
1968	9.4	5.8	15.9	1.0	21.0	2.6	0.7	4.9	0.6	13.2	1.1	26.1	1.2	10.5	-0.7
1969	9.8	5.9	19.8	1.3	30.0	3.9	-0.1	3.9	0.4	9.5	0.8	19.7	1.0	17.0	-1.1
1970	6.6	3.9	9.2	0.7	11.7	1.8	1.0	5.0	0.5	15.2	1.2	17.3	1.0	22.3	-1.5
1971	5.9	3.4	5.6	0.4	-4.2	-0.7	-0.8	4.8	0.5	22.2	1.9	12.5	0.8	2.3	-0.2
1972	9.8	5.7	20.3	1.5	5.8	0.8	0.4	4.8	0.5	12.0	1.2	5.6	0.4	15.1	-1.1
1973	6.0	3.5	11.6	0.9	13.6	1.9	0.4	4.3	0.4	-7.3	-0.7	5.5	0.3	22.7	-1.8
1974	1.5	0.9	-17.3	-1.5	-8.6	-1.3	-0.6	2.6	0.3	0.1	0.0	22.8	1.5	-1.6	0.1
1975	3.5	2.1	12.3	0.9	-3.8	-0.5	-0.8	10.8	1.1	5.6	0.5	-0.1	0.0	-7.4	0.7
1976	3.4	2.0	3.3	0.2	0.6	0.1	0.4	4.0	0.4	-0.4	0.0	17.3	1.3	7.9	-0.7
1977	4.1	2.5	1.8	0.1	-0.8	-0.1	-0.2	4.2	0.4	13.5	1.2	9.6	0.8	3.3	-0.3
1978	5.9	3.5	2.3	0.2	8.5	1.0	0.1	5.4	0.6	13.0	1.2	-3.3	-0.3	10.8	-0.9
1979	5.4	3.2	0.4	0.0	10.7	1.3	0.2	3.6	0.4	-1.8	-0.2	10.6	0.9	6.1	-0.5
1980	0.7	0.4	-9.9	-0.7	7.5	1.0	0.0	3.3	0.3	-1.7	-0.2	14.4	1.2	-6.3	0.6
1981	3.2	1.6	-1.3	-0.1	3.2	0.6	-0.1	5.7	0.8	0.7	0.1	12.7	1.7	4.2	-0.6
1982	4.5	2.3	1.1	0.1	1.5	0.3	-0.4	3.9	0.6	-0.5	-0.0	-0.4	-0.1	-4.7	0.6
1983	3.2	1.7	-5.2	-0.3	4.0	0.7	0.2	4.3	0.6	0.1	0.0	8.7	1.2	1.9	-0.2
1984	3.2	1.7	-0.2	-0.0	9.5	1.6	0.0	2.4	0.3	-2.1	-0.2	13.6	1.8	8.1	-0.9
1985	4.3	2.3	3.5	0.2	7.5	1.3	0.3	1.6	0.2	3.4	0.3	2.5	0.4	-4.2	0.5
1986	3.6	1.8	8.8	0.5	6.2	1.1	-0.4	3.5	0.5	6.5	0.5	-4.1	-0.5	7.6	-0.7
1987	4.7	2.4	19.4	1.1	8.8	1.5	0.5	3.7	0.5	10.5	0.8	1.2	0.1	12.7	-0.9
1988	5.4	2.7	4.4	0.3	18.8	3.3	-0.1	3.4	0.5	0.6	0.0	8.7	0.8	19.1	-1.4
1989	4.1	2.1	-2.1	-0.1	7.7	1.5	0.2	2.6	0.3	4.6	0.3	8.7	0.8	14.9	-1.2
1990	5.0	2.5	0.3	0.0	11.5	2.3	-0.2	4.0	0.5	3.0	0.2	6.9	0.7	5.5	-0.5
1991	2.4	1.2	-8.9	-0.6	1.3	0.3	0.3	3.5	0.5	3.9	0.3	5.4	0.5	-0.5	0.0
1992	1.4	0.7	-2.7	-0.2	-7.0	-1.5	-0.6	2.9	0.4	14.8	1.1	4.0	0.4	-0.1	0.0
1993	1.6	0.8	2.0	0.1	-13.4	-2.5	-0.0	3.1	0.4	5.9	0.5	-0.0	-0.0	0.6	-0.0
1994	2.1	1.1	5.9	0.3	-0.0	-0.0	-0.1	4.3	0.6	-4.0	-0.4	5.4	0.5	9.5	-0.7
1995	2.4	1.3	-4.6	-0.3	8.4	1.3	0.4	3.4	0.5	7.2	0.6	4.1	0.4	14.6	-1.0
1996	2.4	1.3	12.0	0.7	5.9	1.0	0.0	2.1	0.3	-1.6	-0.1	6.5	0.6	9.1	-0.7
1997	-1.1	-0.6	-16.0	-1.0	2.4	0.4	0.1	1.3	0.2	-6.6	-0.6	9.9	0.9	-2.0	0.2
1998	0.3	0.2	-10.1	-0.5	-3.5	-0.6	-0.0	2.0	0.3	2.2	0.2	-3.8	-0.4	-6.6	0.6
1999	1.4	0.7	2.8	0.1	-1.6	-0.3	-0.6	3.7	0.6	-0.6	-0.1	6.1	0.6	6.6	-0.6
2000	1.4	0.8	1.0	0.0	6.1	1.0	0.7	3.6	0.6	-7.3	-0.6	9.7	1.0	10.3	-0.9
2001	1.9	1.0	-5.4	-0.3	-3.9	-0.6	-0.3	2.3	0.4	-5.3	-0.4	-7.6	-0.8	-3.2	0.3
2002	1.2	0.7	-1.3	-0.1	-3.0	-0.5	0.0	1.7	0.3	-4.8	-0.3	12.2	1.2	4.8	-0.5
2003	0.7	0.4	0.5	0.0	3.1	0.5	0.1	2.0	0.4	-7.3	-0.5	10.0	1.1	2.4	-0.2
2004	1.2	0.6	2.1	0.1	4.0	0.6	0.1	0.8	0.1	-8.1	-0.5	11.8	1.4	9.0	-0.9
2005	1.8	1.0	0.0	0.0	7.6	1.2	-0.2	0.4	0.1	-7.9	-0.4	9.4	1.2	6.0	-0.6
2006	0.6	0.3	-0.3	-0.0	2.3	0.4	0.1	0.6	0.1	-6.3	-0.3	8.7	1.2	3.6	-0.5
2007	0.7	0.4	-13.3	-0.6	-0.7	-0.1	0.2	1.6	0.3	-4.2	-0.2	9.5	1.5	2.5	-0.4
2008	-2.1	-1.2	-2.5	-0.1	-5.8	-0.9	-0.6	-0.6	-0.1	-4.2	-0.2	-10.2	-1.8	-4.3	0.7
2009	0.7	0.4	-20.3	-0.8	-11.4	-1.8	-1.4	2.6	0.5	9.3	0.5	-9.0	-1.4	-10.5	1.7
2010	1.3	0.7	4.8	0.2	2.0	0.3	1.2	2.3	0.4	-7.2	-0.4	17.9	2.4	12.1	-1.5
2011	0.6	0.4	4.4	0.2	4.0	0.6	0.1	1.9	0.4	-2.2	-0.1	-1.4	-0.2	5.2	-0.6
2012	1.7	1.0	4.5	0.2	1.5	0.3	-0.3	1.3	0.3	1.1	0.1	-1.4	-0.2	3.8	-0.6
2013	2.9	1.7	8.6	0.3	5.4	0.8	-0.4	1.8	0.4	8.5	0.4	4.4	0.6	7.0	-1.2
2014	-2.6	-1.5	-8.1	-0.3	2.7	0.4	0.9	0.2	0.0	-2.3	-0.1	8.9	1.4	3.9	-0.7
2015	0.7	0.4	3.1	0.1	3.4	0.6	0.2	2.2	0.4	-1.1	-0.1	1.1	0.2	0.4	-0.1
2016	-0.3	-0.2	4.3	0.2	0.8	0.1	-0.1	0.8	0.2	0.5	0.0	3.4	0.6	-0.5	0.1
2017	1.0	0.5	-1.8	-0.1	2.8	0.4	0.3	0.3	0.1	0.6	0.0	6.3	1.0	3.8	-0.6
2018	0.1	0.1	-4.8	-0.2	1.6	0.3	0.1	1.1	0.2	0.9	0.0	2.0	0.4	3.0	-0.5
2019	-0.9	-0.5	2.6	0.1	-1.3	-0.2	0.2	2.1	0.4	1.6	0.1	-2.3	-0.4	0.2	-0.0
2020	-4.8	-2.6	-7.4	-0.3	-5.6	-0.9	-0.2	2.7	0.5	4.8	0.3	-9.9	-1.7	-6.3	1.1
2021	1.8	0.9	-0.1	0.0	1.7	0.3	0.0	3.2	0.7	-6.5	-0.4	12.4	2.0	7.1	-1.2
2022	2.7	1.5	-3.4	-0.1	3.4	0.6	0.1	1.4	0.3	-6.1	-0.3	4.7	0.9	7.1	-1.4
2022年10-12月	1.0	0.6	-2.8	-0.1	2.9	0.5	-0.0	2.1	0.5	-5.7	-0.3	7.6	1.4	10.4	-1.9
2023年1-3月	3.1	1.7	-1.3	-0.0	5.1	1.0	0.1	1.6	0.3	0.6	0.0	2.1	0.4	4.2	-1.0
2023年4-6月	0.3	0.2	3.2	0.1	1.5	0.2	0.2	0.8	0.2	4.7	0.2	3.9	0.9	-1.1	0.3
2023年7-9月	-0.0	-0.0	0.5	0.0	0.2	0.0	0.2	0.2	0.2	2.6	0.1	2.3	0.5	-4.7	1.2

（備考） 1．内閣府「国民経済計算」による。
  2．各項目とも、1980年度以前は「平成10年度国民経済計算（1990年基準・68SNA）」、1981年度から1994年度までは「支出側GDP系列簡易遡及及（2015年基準・08SNA）」、1995年度以降は「2023年7-9月期四半期別GDP速報（2次速報値）（2015年基準・08SNA）」に基づく。
  3．寄与度については、1980年度以前は次式により算出した。
    寄与度＝（当年度の実数－前年度の実数）／（前年度の国内総支出（GDP）の実数）×100
    1981年度以降は次式により算出した。

$$\% \triangle_{i,(t-1) \to t} = 100 \cdot \frac{p_{i,t-1} q_{i,t-1}}{\sum_i p_{i,t-1} q_{i,t-1}} \cdot \left(\frac{q_{i,t}}{q_{i,t-1}} - 1 \right)$$

ただし、$p_{i,t}$：t年度の下位項目デフレーター、 $q_{i,t}$：t年度の下位項目数量指数

国民経済計算 (3/5)

暦 年	国内総生産 (GDP) 名目総額 10億円	名目前年比 %	実質前年比 %	国民総所得 (GNI) 名目前年比 %	実質前年比 %	名目国民所得 総額 10億円	前年比 %	名目雇用者報酬 総額 10億円	前年比 %	1人当たり GDP 千円	1人当たり雇用者報酬 前年比 %
1955	8,923.6	—	—	—	—	6,772.0	—	3,456.0	—	94	—
1956	10,046.0	12.6	7.5	12.5	7.4	7,587.4	12.0	3,973.5	15.0	105	6.9
1957	11,577.1	15.2	7.8	15.1	7.7	8,790.1	15.9	4,480.9	12.8	120	5.2
1958	12,302.2	6.3	6.2	6.2	6.1	9,188.0	4.5	4,952.1	10.5	126	5.9
1959	14,063.5	14.3	9.4	14.2	9.3	10,528.7	14.6	5,590.8	12.9	143	7.5
1960	17,069.6	21.4	13.1	21.3	13.0	12,912.0	22.6	6,483.1	16.0	172	10.1
1961	20,616.6	20.8	11.9	20.7	11.8	15,572.3	20.6	7,670.2	18.3	206	13.2
1962	23,395.3	13.5	8.6	13.4	8.6	17,499.2	12.4	9,151.7	19.3	231	14.0
1963	26,775.7	14.4	8.8	14.4	8.7	20,191.9	15.4	10,672.5	16.6	262	13.1
1964	31,497.0	17.6	11.2	17.5	11.1	23,377.0	15.8	12,475.8	16.9	305	13.0
1965	35,041.8	11.3	5.7	11.3	5.7	26,065.4	11.5	14,528.2	16.5	336	11.8
1966	40,696.9	16.1	10.2	16.2	10.3	30,396.1	16.6	16,811.9	15.7	386	11.1
1967	47,691.7	17.2	11.1	17.2	11.1	36,005.3	18.5	19,320.1	14.9	448	12.0
1968	56,481.9	18.4	11.9	18.4	11.9	42,479.3	18.0	22,514.0	16.5	525	13.7
1969	66,348.5	17.5	12.0	17.5	12.0	49,938.3	17.6	26,500.7	17.7	609	15.8
1970	78,200.4	17.9	10.3	17.9	10.3	59,152.7	18.5	31,942.2	20.5	708	16.6
1971	86,043.8	10.0	4.4	10.1	4.5	64,645.1	9.3	37,867.7	18.6	764	14.9
1972	98,511.0	14.5	8.4	14.7	8.6	74,601.0	15.4	44,069.3	16.4	862	13.3
1973	119,945.6	21.8	8.0	21.8	8.1	91,823.1	23.1	55,235.8	25.3	1,035	21.6
1974	143,130.9	19.3	-1.2	19.1	-1.4	109,060.8	18.8	70,087.7	26.9	1,219	26.1
1975	158,146.6	10.5	3.1	10.6	3.2	121,025.9	11.0	81,678.2	16.5	1,330	16.2
1976	177,600.7	12.3	4.0	12.3	4.0	137,119.6	13.3	92,120.9	12.8	1,478	10.8
1977	197,910.5	11.4	4.4	11.5	4.4	151,395.2	10.4	102,896.8	11.7	1,631	10.0
1978	217,936.0	10.1	5.3	10.2	5.4	167,571.7	10.7	111,163.6	8.0	1,780	7.2
1979	236,213.3	8.4	5.5	8.5	5.6	180,707.3	7.8	120,120.3	8.1	1,915	5.9
1980	256,075.9	8.4	2.8	8.2	2.7	196,750.2	8.0	129,497.8	8.5	2,079	5.2
1981	274,615.9	7.2	4.3	7.1	4.3	209,047.2	6.3	140,219.9	8.3	2,219	6.5
1982	288,613.0	5.1	3.3	5.3	3.3	219,327.2	4.9	148,172.1	5.7	2,314	4.1
1983	301,844.1	4.6	3.6	4.7	3.7	227,666.8	3.8	155,782.0	5.1	2,390	2.4
1984	319,663.6	5.9	4.4	6.0	4.8	240,786.9	5.8	164,342.6	5.5	2,524	4.1
1985	340,395.3	6.5	5.2	6.7	5.3	256,338.4	6.5	171,887.9	4.6	2,693	3.4
1986	357,276.1	5.0	3.3	4.9	5.1	267,217.4	4.2	179,163.3	4.2	2,805	2.6
1987	373,273.0	4.5	4.6	4.7	4.9	276,729.3	3.6	185,400.9	3.5	2,901	2.3
1988	400,566.9	7.3	6.7	7.4	7.0	296,228.2	7.0	196,182.1	5.8	3,107	3.3
1989	428,994.1	7.1	4.9	7.2	5.2	316,002.5	6.7	210,203.2	7.1	3,333	3.9
1990	461,295.1	7.5	4.8	7.5	4.4	339,441.1	7.4	227,342.6	8.2	3,587	4.7
1991	491,418.9	6.5	3.5	6.5	3.6	363,375.7	7.1	245,595.0	8.0	3,787	4.4
1992	504,161.2	2.6	0.9	2.7	1.3	366,179.6	0.8	253,578.4	3.3	3,866	0.9
1993	504,497.8	0.1	-0.5	0.1	-0.2	366,975.1	0.2	259,075.4	2.2	3,877	0.5
1994	510,916.1	1.3	1.1	1.2	1.3	369,217.5	0.1	261,624.5	2.0	4,009	0.3
1995	521,613.5	2.1	2.6	2.1	2.9	377,736.2	2.3	266,002.9	1.7	4,086	1.2
1996	535,562.1	2.7	3.1	3.0	3.2	390,199.0	3.3	270,690.3	1.8	4,183	0.6
1997	543,545.4	1.5	1.0	1.6	0.8	394,664.2	1.1	278,751.3	3.0	4,239	1.7
1998	536,497.4	-1.3	-1.3	-1.4	-1.1	383,849.9	-2.7	274,572.1	-1.5	4,178	-1.1
1999	528,069.9	-1.6	-0.3	-1.6	-0.3	377,739.1	-1.6	269,252.2	-1.9	4,105	-1.3
2000	535,417.7	1.4	2.8	1.6	2.7	385,745.1	2.1	269,889.6	0.2	4,153	-0.2
2001	531,653.9	-0.7	0.4	-0.6	0.4	379,833.5	-1.5	266,603.6	-1.2	4,114	-1.5
2002	524,478.7	-1.3	0.0	-1.4	0.0	375,854.9	-1.0	257,433.1	-3.4	4,050	-2.8
2003	523,968.6	-0.1	1.5	0.1	1.5	379,296.3	0.9	255,180.0	-0.9	4,038	-0.9
2004	529,400.9	1.0	2.2	1.3	2.3	385,931.1	1.7	255,963.4	0.3	4,079	-0.1
2005	532,515.6	0.6	1.3	0.9	1.3	390,658.9	1.2	260,594.3	1.8	4,103	1.1
2006	535,170.2	0.5	1.4	0.9	0.9	392,040.4	0.4	265,191.6	1.8	4,121	0.2
2007	539,281.7	0.8	1.5	1.2	1.3	396,233.9	1.1	266,616.2	0.5	4,154	-0.5
2008	527,823.8	-2.1	-1.2	-2.5	-3.1	379,416.9	-4.2	266,805.9	0.1	4,067	-0.1
2009	494,938.4	-6.2	-5.7	-6.4	-4.3	348,968.2	-8.0	253,797.8	-4.9	3,823	-3.9
2010	505,530.6	2.1	4.1	2.3	3.5	362,501.8	3.9	251,175.0	-1.0	3,908	-1.2
2011	497,448.9	-1.6	0.0	-1.4	-1.0	356,058.0	-1.8	251,584.0	0.2	3,844	-0.1
2012	500,474.7	0.6	1.4	0.5	1.0	359,170.1	0.9	251,650.1	0.0	3,878	0.0
2013	508,700.6	1.6	2.0	1.8	2.5	369,919.6	3.0	253,333.1	0.7	3,948	-0.3
2014	518,811.0	2.0	0.3	2.3	0.9	373,996.7	1.1	257,520.7	1.7	4,038	0.8
2015	538,032.3	3.7	1.6	3.9	3.2	389,444.5	4.1	260,613.9	1.2	4,180	0.3
2016	544,364.6	1.2	0.8	0.7	1.3	393,196.6	1.0	267,401.2	2.6	4,218	1.0
2017	553,073.0	1.6	1.7	1.8	1.2	401,073.7	2.0	272,101.5	1.8	4,307	0.4
2018	556,630.1	0.6	0.6	0.8	-0.0	402,480.5	0.4	281,350.2	3.4	4,325	1.3
2019	557,910.8	0.2	-0.4	0.3	-0.2	401,407.7	-0.3	286,892.4	2.0	—	0.7
2020	539,808.2	-3.2	-4.1	-3.5	-3.5	378,900.4	-5.6	283,186.5	-1.3	—	-0.9
2021	552,571.4	2.4	2.6	2.3	2.0	393,200.1	3.8	288,745.4	2.0	—	1.8
2022	559,710.1	1.3	1.0	2.5	-0.1	403,156.0	2.5	295,384.9	2.3	—	1.9

(備考) 1. 内閣府「国民経済計算」、総務省「労働力調査（基本集計）」により作成。
2. 国内総生産は、総額については、1979年（前年比は1980年）以前は「平成10年度国民経済計算（1990年基準・68SNA）」、1980年から1993年まで（前年比は1981年から1994年まで）は「支出側GDP系列簡易遡及（2015年基準・08SNA）」、1994年（前年比は1995年）以降は「2023年7～9月期四半期別GDP速報（2次速報値）（2015年基準・08SNA）」による。なお、1993年以前の総額の数値については、異なる基準間の数値を接続するための処理を行っている。
3. 国民総所得の項目は、1980年以前は国民総生産（GNP）。
4. 名目国民所得は、1979年（前年比は1980年）以前は「平成10年度国民経済計算（1990年基準・68SNA）」、1980年から1993年まで（前年比は1981年から1994年まで）は「平成21年国民経済計算（2000年基準・93SNA）」によるため、時系列として接続しない。それ以降は「2022年度国民経済計算（2015年基準・08SNA）」による。
5. 名目雇用者報酬は、総額は1979年（前年比は1980年）以前は「平成2年基準改定国民経済計算（68SNA）」、1980年から1993年まで（前年比は1981年から1994年まで）は「平成21年国民経済計算（2000年基準・93SNA）」によるため、時系列として接続しない。それ以降は「2023年7～9月期四半期別GDP速報（2次速報値）（2015年基準・08SNA）」に基づく名目雇用者報酬を用いている。
6. 1人当たりGDPは、1979年以前は「長期遡及主要系列国民経済計算報告（昭和30年～平成10年）」、1980年から1993年までは「平成21年国民経済計算（2000年基準・93SNA）」、それ以降は「平成30年度国民経済計算（2011年基準・08SNA）」による。
1人当たり雇用者報酬は、名目雇用者報酬を総務省「労働力調査（基本集計）」の雇用者数で除したもの。

国民経済計算 (4/5)

歴 年	民間最終消費支出 (実質) 前年比	寄与度	民間住宅 (実質) 前年比	寄与度	民間企業設備 (実質) 前年比	寄与度	民間在庫変動 (実質) 寄与度	政府最終消費支出 (実質) 前年比	寄与度	公的固定資本形成 (実質) 前年比	寄与度	財貨・サービスの輸出 (実質) 前年比	寄与度	財貨・サービスの輸入 (実質) 前年比	寄与度
1955	—	—	—	—	—	—	—	—	—	—	—	—	—	—	—
1956	8.9	5.8	11.4	0.4	37.9	1.7	0.7	-0.2	0.0	-1.5	-0.1	17.4	0.5	26.9	-1.0
1957	8.1	5.4	6.8	0.2	27.5	1.6	1.2	-0.4	-0.1	10.3	0.5	11.4	0.4	22.8	-1.0
1958	6.3	4.2	14.0	0.5	-0.6	0.0	-1.3	4.6	0.9	17.7	0.9	5.2	0.2	-13.4	0.7
1959	8.4	5.5	9.9	0.4	23.1	1.5	0.5	7.5	1.4	11.8	0.7	13.0	0.5	22.8	-1.0
1960	11.0	7.3	27.9	1.0	44.4	3.2	0.5	4.4	0.8	15.0	0.8	12.8	0.5	23.1	-1.1
1961	10.4	6.7	12.8	0.5	27.8	2.6	1.2	5.4	0.9	22.8	1.3	5.3	0.2	26.4	-1.4
1962	7.5	4.8	15.6	0.6	6.2	0.7	-1.0	7.5	1.2	28.2	1.8	17.2	0.6	-1.2	0.1
1963	8.8	5.5	18.3	0.8	8.3	0.9	0.2	7.6	1.2	13.9	1.0	7.0	0.3	19.6	-1.0
1964	10.8	6.8	25.6	1.2	17.9	1.9	0.3	3.0	0.5	6.3	0.5	21.6	0.8	13.6	-0.8
1965	5.8	3.6	20.7	1.1	-5.7	-0.6	-0.4	3.1	0.4	10.0	0.7	23.8	0.9	5.6	-0.3
1966	10.0	6.3	6.0	0.4	14.5	1.4	-0.1	4.5	0.6	19.2	1.5	16.9	0.8	12.2	-0.7
1967	10.4	6.5	19.2	1.1	28.6	2.9	0.6	3.4	0.4	3.8	0.3	6.8	0.3	22.7	-1.4
1968	8.5	5.3	19.5	1.2	23.4	2.8	0.4	4.7	0.6	16.3	1.3	23.9	1.1	12.1	-0.8
1969	10.3	6.3	16.7	1.1	25.6	3.3	0.0	4.1	0.5	9.6	0.8	20.8	1.1	13.7	-0.9
1970	7.4	4.4	13.3	0.9	19.3	2.8	1.3	4.8	0.5	13.8	1.1	17.5	1.0	22.6	-1.5
1971	5.5	3.2	4.7	0.3	-2.5	-0.4	-0.8	4.9	0.5	18.6	1.5	16.0	1.0	7.0	-0.5
1972	9.0	5.3	18.0	1.3	2.3	0.3	-0.1	5.0	0.5	16.2	1.5	4.1	0.3	10.5	-0.8
1973	8.8	5.2	15.3	1.2	14.2	2.0	0.2	5.4	0.5	4.9	0.5	5.2	0.3	24.3	-1.9
1974	-0.1	0.0	-12.3	-1.0	-4.2	-0.6	0.5	-0.4	-0.0	-11.8	-1.1	23.1	1.4	4.2	-0.4
1975	4.4	2.6	1.2	0.1	-6.0	-0.9	-1.6	12.6	1.2	6.4	0.6	-1.0	-0.1	-10.3	1.0
1976	2.9	1.8	8.7	0.6	-0.1	0.0	0.2	4.2	0.4	2.5	0.2	16.6	1.2	6.7	-0.6
1977	4.0	2.4	0.5	0.0	-0.5	-0.1	0.0	4.2	0.4	9.5	0.8	11.7	1.0	4.1	-0.3
1978	5.3	3.2	5.6	0.4	4.5	0.5	-0.1	5.2	0.5	14.2	1.3	-0.3	0.0	6.9	-0.6
1979	6.5	3.9	-0.9	-0.1	12.8	1.5	0.3	4.2	0.4	2.7	0.3	4.3	0.4	12.9	-1.1
1980	1.1	0.6	-9.2	-0.6	7.9	1.0	0.0	3.1	0.3	-4.8	-0.5	17.0	1.4	-7.8	0.7
1981	2.5	1.3	-1.8	-0.1	3.9	0.7	-0.1	5.4	0.8	2.7	0.3	13.4	1.7	2.4	-0.3
1982	4.7	2.4	-1.3	-0.1	1.2	0.2	0.1	4.2	0.6	-1.3	-0.1	1.5	0.2	-0.6	0.1
1983	3.4	1.8	-1.8	-0.1	2.8	0.5	-0.3	4.6	0.7	0.3	0.0	5.0	0.7	-3.2	0.4
1984	3.1	1.7	-2.1	-0.1	8.4	1.4	0.2	3.0	0.4	-1.1	-0.1	15.4	2.0	10.6	-1.2
1985	4.1	2.1	2.7	0.2	9.1	1.6	0.2	1.3	0.2	-1.1	-0.1	5.3	0.7	-2.6	0.3
1986	3.7	1.9	6.5	0.4	5.9	1.0	0.1	3.2	0.4	7.6	0.6	-5.0	-0.7	4.3	-0.4
1987	4.4	2.2	17.4	1.0	6.8	1.2	-0.2	3.6	0.5	8.7	0.7	0.1	0.0	9.4	-0.7
1988	5.1	2.6	9.2	0.6	17.0	3.0	0.4	3.8	0.5	4.0	0.3	6.8	0.7	19.0	-1.3
1989	4.9	2.5	-0.3	-0.0	11.6	2.2	0.0	2.5	0.3	3.3	0.3	9.6	0.9	17.8	-1.3
1990	4.8	2.4	-1.6	-0.1	9.3	1.9	-0.2	3.4	0.5	4.5	0.3	7.4	0.7	8.2	-0.7
1991	2.2	1.1	-6.0	-0.4	6.6	1.4	0.2	4.0	0.5	1.6	0.1	5.4	0.5	-1.1	0.1
1992	2.3	1.1	-4.8	-0.3	-7.1	-1.5	-0.4	2.7	0.4	13.7	1.0	4.6	0.4	-0.7	0.1
1993	1.1	0.5	0.2	0.0	-11.6	-2.2	-0.1	3.4	0.5	8.6	0.7	0.8	0.1	-1.2	0.1
1994	2.3	1.2	6.0	0.3	-4.6	-0.8	-0.0	3.8	0.5	-1.5	-0.1	4.4	0.4	8.3	-0.6
1995	2.5	1.3	-4.2	-0.3	7.6	1.2	0.4	3.8	0.5	0.0	0.0	4.2	0.4	13.0	-0.9
1996	2.0	1.0	10.9	0.6	6.0	1.0	0.1	2.3	0.4	5.7	0.5	4.8	0.4	11.8	-0.9
1997	0.6	0.3	-9.7	-0.6	3.6	0.6	0.1	1.6	0.2	-6.8	-0.6	11.1	1.0	0.5	-0.0
1998	-0.6	-0.3	-13.5	-0.7	-1.3	-0.2	-0.2	1.3	0.2	-4.1	-0.3	-2.4	-0.3	-6.8	0.6
1999	1.1	0.6	0.0	0.0	-4.8	-0.8	-1.0	3.5	0.6	6.0	0.5	2.0	0.2	3.7	-0.3
2000	1.5	0.8	1.3	0.1	6.0	0.9	0.6	3.9	0.6	-9.7	-0.8	13.0	1.3	9.6	-0.8
2001	2.1	1.1	-3.2	-0.2	0.2	0.0	0.1	2.4	0.4	-3.6	-0.3	-6.6	-0.7	1.2	-0.1
2002	1.3	0.7	-2.5	-0.1	-5.6	-0.9	-0.4	1.9	0.3	-4.7	-0.3	7.9	0.8	0.8	-0.1
2003	0.6	0.3	-0.5	-0.0	2.2	0.3	0.3	1.9	0.3	-6.9	-0.5	9.6	1.0	3.4	-0.3
2004	1.3	0.7	2.9	0.1	3.5	0.5	0.4	1.1	0.2	-9.0	-0.6	14.4	1.6	8.5	-0.8
2005	1.5	0.8	-0.1	-0.0	8.1	1.2	0.2	0.8	0.1	-8.2	-0.5	7.1	0.9	5.9	-0.6
2006	0.9	0.5	0.4	0.0	2.1	0.3	-0.1	0.2	0.0	-4.9	-0.3	10.3	1.4	4.7	-0.6
2007	0.8	0.4	-9.6	-0.4	0.8	0.1	0.3	1.5	0.3	-5.3	-0.3	8.7	1.4	2.3	-0.3
2008	-1.1	-0.6	-6.2	-0.3	-2.9	-0.5	0.2	-0.1	-0.0	-5.0	-0.2	1.6	0.3	0.7	-0.1
2009	-0.9	-0.5	-17.8	-0.7	-13.0	-2.1	-1.6	2.0	0.4	6.6	0.3	-23.4	-4.0	-15.6	2.6
2010	2.3	1.3	-1.3	-0.0	-1.0	-0.1	1.0	1.9	0.4	-2.2	-0.1	24.9	3.1	11.3	-1.4
2011	-0.5	-0.3	6.9	0.2	4.0	0.6	0.2	1.9	0.4	-5.7	-0.3	-0.1	-0.0	5.7	-0.8
2012	2.0	1.2	2.3	0.1	3.1	0.5	0.0	1.7	0.3	2.0	0.1	0.1	0.0	5.5	-0.8
2013	2.6	1.5	8.2	0.3	2.7	0.4	-0.4	1.5	0.3	5.6	0.3	0.8	0.1	3.2	-0.5
2014	-0.9	-0.5	-3.1	-0.1	3.9	0.6	0.1	1.0	0.2	1.4	0.1	9.3	1.5	8.1	-1.5
2015	-0.2	-0.1	-0.4	-0.0	5.0	0.8	0.3	1.9	0.4	-4.0	-0.2	3.2	0.6	0.4	-0.1
2016	-0.4	-0.2	3.9	0.1	0.1	0.0	-0.1	1.6	0.3	2.4	0.1	1.6	0.3	-1.2	0.2
2017	1.1	0.6	0.5	0.0	2.4	0.4	0.1	0.1	0.0	0.1	0.0	6.6	1.1	3.3	-0.5
2018	0.2	0.1	-6.4	-0.3	2.3	0.4	0.2	1.0	0.2	0.6	0.0	3.8	0.7	3.8	-0.6
2019	-0.6	-0.3	4.1	0.2	-0.7	-0.1	0.1	1.9	0.4	1.9	0.1	-1.5	-0.3	1.0	-0.2
2020	-4.4	-2.4	-7.7	-0.3	-4.9	-0.8	-0.5	2.4	0.5	3.5	0.2	-11.6	-2.0	-6.8	1.2
2021	0.8	0.4	-1.2	-0.1	0.5	0.1	0.3	3.4	0.7	-1.8	-0.1	11.9	1.8	5.1	-0.8
2022	2.2	1.2	-3.5	-0.1	3.1	0.5	0.1	1.7	0.4	-9.6	-0.5	5.3	1.0	7.9	-1.5

(備考)　1．内閣府「国民経済計算」による。
　　　　2．各項目とも、1980年以前は「平成10年度国民経済計算（1990年基準・68SNA）」、1981年から1994年までは「支出側GDP系列簡易遡及及（2015年基準・08SNA）」、1995年以降は「2023年7-9月期四半期別GDP速報（2次速報値）（2015年基準・08SNA）」に基づく。
　　　　3．寄与度については、1980年以前は次式により算出した。
　　　　　　寄与度＝（当年の実数－前年の実数）/（前年の国内総支出（GDP）の実数）×100
　　　　　　1981年以降は次式により算出した。

$$\%\,\Delta_{i,(t-1)\to t} = 100 \cdot \frac{p_{i,t}q_{i,t-1}}{\sum_i p_{i,t}q_{i,t-1}} \cdot \left(\frac{q_{i,t}}{q_{i,t-1}} - 1\right)$$

ただし、$p_{i,t}$：t年の下位項目デフレーター，$q_{i,t}$：t年の下位項目数量指数

年　末	国　民　総　資　産		構成比　%			国　富	
	10億円	名目GDP比率	実物資産(除土地等)	土地等	金融資産	10億円	名目GDP比率
1955	51,422.0	5.76	32.6	30.6	36.8	32,704.7	3.66
1956	60,322.2	6.00	31.8	29.8	38.4	37,103.0	3.69
1957	68,244.2	5.89	29.8	29.9	40.3	40,481.3	3.50
1958	76,193.1	6.19	27.0	30.6	42.4	43,752.0	3.56
1959	89,131.9	6.34	25.5	30.2	44.4	49,584.9	3.53
1960	107,840.0	6.32	23.7	31.7	44.6	59,819.6	3.50
1961	133,283.4	6.46	23.5	31.0	45.6	72,297.0	3.51
1962	156,357.7	6.68	22.3	31.3	46.4	83,461.1	3.57
1963	183,270.6	6.84	21.8	29.3	48.9	92,923.6	3.47
1964	213,870.8	6.79	21.5	29.1	49.4	107,292.4	3.41
1965	241,570.7	6.89	21.2	27.9	50.9	118,028.4	3.37
1966	280,648.7	6.90	21.2	27.8	51.0	137,212.2	3.37
1967	333,694.7	7.00	21.0	28.2	50.8	163,842.2	3.44
1968	394,566.2	6.99	20.7	29.4	49.9	197,671.5	3.50
1969	476,211.0	7.18	20.6	30.0	49.4	241,579.4	3.64
	499,408.6	7.53	19.6	28.6	51.7	241,682.8	3.64
1970	590,573.4	7.55	20.5	29.4	50.1	296,467.3	3.79
1971	702,445.3	8.16	20.0	29.8	50.2	352,859.8	4.10
1972	932,810.6	9.47	18.8	31.5	49.7	473,379.9	4.81
1973	1,178,254.6	9.82	20.6	32.0	47.4	624,072.1	5.20
1974	1,300,905.2	9.09	23.4	29.1	47.5	685,723.9	4.79
1975	1,438,800.4	9.10	23.1	28.1	48.7	739,585.8	4.68
1976	1,627,933.8	9.17	23.3	26.6	50.1	814,906.7	4.59
1977	1,781,916.0	9.00	23.2	26.0	50.8	883,505.2	4.46
1978	2,031,898.0	9.32	22.3	25.9	51.7	989,289.6	4.54
1979	2,335,455.9	9.89	22.7	27.0	50.3	1,166,035.8	4.94
1980	2,642,194.0	10.32	22.4	28.2	49.4	1,339,614.4	5.23
	2,864,276.8	11.19	21.2	26.1	52.7	1,363,008.4	5.32
1981	3,160,372.8	11.51	20.0	26.7	53.3	1,484,720.7	5.41
1982	3,416,324.6	11.84	19.3	26.5	54.2	1,575,452.3	5.46
1983	3,699,899.5	12.26	18.2	25.5	56.3	1,629,378.0	5.40
1984	4,006,993.9	12.54	17.5	24.4	58.1	1,699,381.1	5.32
1985	4,377,491.7	12.86	16.5	24.3	59.2	1,811,019.5	5.32
1986	5,094,260.6	14.26	14.4	26.3	59.3	2,113,913.1	5.92
1987	5,962,689.6	15.97	13.0	29.4	57.6	2,579,662.1	6.91
1988	6,716,329.3	16.77	12.2	28.9	58.9	2,836,726.9	7.08
1989	7,710,418.9	17.97	11.9	29.4	58.7	3,231,062.4	7.53
1990	7,936,547.0	17.20	12.6	31.2	56.1	3,531,467.2	7.66
1991	7,987,085.8	16.25	13.4	28.7	57.8	3,422,746.4	6.97
1992	7,804,398.3	15.48	14.3	26.6	59.1	3,265,515.1	6.48
1993	7,903,074.8	15.67	14.3	25.1	60.6	3,192,859.5	6.33
1994	8,044,314.4	15.74	14.3	23.9	61.8	3,150,014.4	6.17
	8,599,526.3	16.83	18.8	22.9	58.2	3,671,951.7	7.19
1995	8,738,157.0	16.75	18.8	21.6	59.6	3,617,050.6	6.93
1996	8,913,942.3	16.64	19.2	20.8	60.0	3,665,584.7	6.84
1997	9,046,789.9	16.64	19.3	20.1	60.6	3,688,583.5	6.79
1998	9,102,612.8	16.97	19.2	19.2	61.6	3,628,751.2	6.76
1999	9,321,407.0	17.65	18.8	17.9	63.3	3,507,170.9	6.64
2000	9,209,077.6	17.20	19.3	17.2	63.5	3,494,809.8	6.53
2001	9,022,142.3	16.97	19.6	16.6	63.9	3,440,413.9	6.47
2002	8,876,598.4	16.92	19.8	15.9	64.3	3,346,758.1	6.38
2003	8,963,281.9	17.11	19.8	14.9	65.3	3,285,006.8	6.27
2004	8,997,050.0	16.99	20.0	14.2	65.8	3,258,914.1	6.16
2005	9,376,672.8	17.61	19.5	13.4	67.1	3,269,476.1	6.14
2006	9,412,194.7	17.59	19.8	13.6	66.6	3,359,820.4	6.28
2007	9,277,663.0	17.20	20.6	14.1	65.3	3,469,616.5	6.43
2008	8,903,129.2	16.87	21.7	14.5	63.7	3,455,035.1	6.55
2009	8,800,022.8	17.78	21.2	14.1	64.7	3,373,238.4	6.82
2010	8,831,076.2	17.47	21.1	13.7	65.2	3,322,230.9	6.57
2011	8,806,788.7	17.70	21.0	13.3	65.6	3,293,039.1	6.62
2012	9,008,897.0	18.00	20.5	12.8	66.7	3,298,061.0	6.59
2013	9,564,712.5	18.80	19.7	11.9	68.3	3,354,625.3	6.59
2014	10,001,851.8	19.28	19.3	11.5	69.2	3,430,080.6	6.61
2015	10,286,726.2	19.12	18.9	11.2	69.9	3,426,254.9	6.37
2016	10,580,670.8	19.44	18.4	11.2	70.4	3,471,881.1	6.38
2017	11,027,901.8	19.94	18.0	10.9	71.1	3,520,415.1	6.37
2018	11,023,913.4	19.80	18.3	11.1	70.6	3,589,868.2	6.45
2019	11,349,813.8	20.34	18.2	11.0	70.8	3,678,930.0	6.59
2020	11,912,783.7	22.07	17.3	10.7	72.1	3,689,186.7	6.83
2021	12,467,970.9	22.56	17.4	10.3	72.3	3,871,712.9	7.01
2022	12,649,323.4	22.60	17.9	10.4	71.7	3,999,057.9	7.14

(備考) 1．1955年末から1969年末残高（上段）は「長期遡及推計国民経済計算報告（昭和30年～平成10年）」（1990年基準・68SNA）」による。1969年末（下段）から1980年末残高（上段）は「平成10年度国民経済計算（1990年基準・68SNA）」による。推計方法が異なるため、1969年末の計数は異なる。1980年末（下段）から1994年末残高（上段）は「平成21年度国民経済計算（1990年基準・93SNA）」及び「支出側GDP系列簡易遡及（2015年基準・08SNA）」による。推計方法が異なるため、1980年末の計数は異なる。1994年末（下段）以降は、「2022年度国民経済計算（2015年基準・08SNA）」による。推計方法が異なるため、1994年末の計数は異なる。
2．土地等には、土地、鉱物・エネルギー資源、非育成生物資源を含む。

家計 (1/1)

	個人消費			賃金		住宅	
	家計貯蓄率	新車新規登録・届出台数（乗用車）	乗用車保有台数（100世帯当たり）（年度末値）	春季賃上げ率	現金給与総額伸び率	新設着工戸数	
暦年	%	台	台	%	%	千戸	前年比
1957	12.6	—	—	—	—	321	4.0
1958	12.3	49,236	—	—	—	338	5.3
1959	13.7	73,050	—	—	—	381	12.6
1960	14.5	145,227	—	—	—	424	11.5
1961	15.9	229,057	—	—	—	536	26.4
1962	15.6	259,269	—	—	—	586	9.4
1963	14.9	371,076	—	—	—	689	17.5
1964	15.4	493,536	—	—	—	751	9.1
1965	15.8	586,287	—	10.6	—	843	12.1
1966	15.0	740,259	9.8	10.6	—	857	1.7
1967	14.1	1,131,337	13.3	12.5	—	991	15.7
1968	16.9	1,569,404	17.6	13.6	—	1,202	21.2
1969	17.1	2,036,677	22.6	15.8	—	1,347	12.1
1970	17.7	2,379,137	26.8	18.5	—	1,485	10.2
1971	17.8	2,402,757	32.0	16.9	—	1,464	-1.4
1972	18.2	2,627,087	38.8	15.3	—	1,808	23.5
1973	20.4	2,953,026	42.3	20.1	—	1,905	5.4
1974	23.2	2,286,795	45.0	32.9	—	1,316	-30.9
1975	22.8	2,737,641	47.2	13.1	—	1,356	3.1
1976	23.2	2,449,429	55.0	8.8	—	1,524	12.4
1977	21.8	2,500,095	55.6	8.8	—	1,508	-1.0
1978	20.8	2,856,710	60.8	5.9	—	1,549	2.7
1979	18.2	3,036,873	64.1	6.0	—	1,493	-3.6
1980	17.7	2,854,175	64.9	6.74	—	1,269	-15.0
1981	18.6	2,866,695	71.7	7.68	—	1,152	-9.2
1982	17.3	3,038,272	76.4	7.01	—	1,146	-0.5
1983	16.8	3,135,611	79.2	4.40	—	1,137	-0.8
1984	16.7	3,095,554	83.6	4.46	—	1,187	4.4
1985	16.2	3,252,291	84.5	5.03	—	1,236	4.1
1986	15.4	3,322,888	91.3	4.55	—	1,365	10.4
1987	13.7	3,477,762	94.5	3.56	—	1,674	22.7
1988	14.2	3,980,942	104.1	4.43	—	1,685	0.6
1989	14.1	4,760,084	108.0	5.17	—	1,663	-1.3
1990	13.5	5,575,208	112.3	5.94	—	1,707	2.7
1991	15.1	5,416,423	114.2	5.65	4.4	1,370	-19.7
1992	14.7	5,097,435	116.1	4.95	2.0	1,403	2.4
1993	14.2	4,805,535	116.2	3.89	0.3	1,486	5.9
1994	12.3	4,860,582	118.6	3.13	1.5	1,570	5.7
1995	11.1	5,119,034	121.0	2.83	1.1	1,470	-6.4
1996	9.5	5,394,596	125.1	2.86	1.1	1,643	11.8
1997	9.7	5,182,286	127.8	2.90	1.6	1,387	-15.6
1998	11.1	4,647,966	126.7	2.66	-1.3	1,198	-13.6
1999	9.6	4,656,505	130.7	2.21	-1.5	1,215	1.4
2000	8.0	4,802,493	132.7	2.06	0.1	1,230	1.3
2001	4.2	4,789,300	137.3	2.01	-1.6	1,174	-4.6
2002	2.7	4,790,215	143.8	1.66	-2.9	1,151	-1.9
2003	2.3	4,715,921	142.3	1.63	-0.7	1,160	0.8
2004	2.0	4,768,101	134.3	1.67	-0.5	1,189	2.5
2005	2.7	4,748,391	139.1	1.71	0.8	1,236	4.0
2006	3.2	4,641,708	140.2	1.79	0.2	1,290	4.4
2007	3.3	4,400,259	140.3	1.87	-0.9	1,061	-17.8
2008	3.4	4,227,594	137.0	1.99	-0.3	1,094	3.1
2009	4.5	3,923,714	139.4	1.83	-3.8	788	-27.9
2010	3.3	4,212,201	136.9	1.82	0.6	813	3.1
2011	3.6	3,524,770	141.8	1.83	-0.3	834	2.6
2012	2.2	4,572,313	138.4	1.78	-0.8	883	5.8
2013	-0.1	4,562,150	128.6	1.80	-0.2	980	11.0
2014	-1.3	4,699,462	129.2	2.19	0.5	892	-9.0
2015	-0.4	4,215,799	131.1	2.38	0.1	909	1.9
2016	1.4	4,146,403	125.2	2.14	0.6	967	6.4
2017	1.0	4,386,315	128.4	2.11	0.4	965	-0.3
2018	1.1	4,391,089	126.3	2.26	1.4	942	-2.3
2019	2.9	4,301,012	125.7	2.18	-0.4	905	-4.0
2020	10.9	3,809,896	126.9	2.0	-1.2	815	-9.9
2021	6.6	3,675,650	127.2	1.86	0.3	856	5.0
2022	3.4	3,448,272	130.2	2.20	2.0	860	0.4
2023	—	3,992,660		3.60			
2020年4－6月	—	772,526	—	—	-1.7	800	-12.4
2020年7－9月	—	1,011,006	—	—	-1.3	805	-10.1
2020年10－12月	—	1,016,209	—	—	-2.0	809	-7.0
2021年1－3月	—	1,007,541	—	—	-0.5	834	-1.6
2021年4－6月	—	985,846	—	—	1.0	865	8.1
2021年7－9月	—	863,454	—	—	0.5	864	7.2
2021年10－12月	—	813,808	—	—	0.0	860	6.1
2022年1－3月	—	834,316	—	—	1.5	871	4.9
2022年4－6月	—	846,419	—	—	1.5	853	-1.3
2022年7－9月	—	864,525	—	—	1.7	863	0.0
2022年10－12月	—	901,640	—	—	2.9	851	-1.6
2023年1－3月	—	975,929	—	—	0.9	876	0.6
2023年4－6月	—	1,051,757	—	—	2.0	815	-4.7
2023年7－9月	—	995,749	—	—	0.9	797	-7.7
2023年10－12月	—	988,606					

(備考) 1. 内閣府「国民経済計算」、「消費動向調査」、日本自動車販売協会連合会及び全国軽自動車協会連合会資料、
厚生労働省「毎月勤労統計調査」、国土交通省「建築着工統計」により作成。

2. 家計貯蓄率は、1979年までは68SNA、1980年より93SNA、1994年より08SNAによる。

3. 新車新規登録・届出台数は、1985～2002年まで登録ナンバーベース、2003年以降はナンバーベースの値。
四半期はナンバーベース。内閣府による季節調整値。乗用車保有台数は「消費動向調査」の二人以上世帯の値。

4. 春季賃上げ率は厚生労働省調べ（主要企業）。79年以前は単純平均、80年以降は加重平均。

5. 現金給与総額は本系列、事業所規模5人以上。

6. 新設着工戸数の四半期別戸数は年率季節調整値。

	設備投資	鉱工業指数					
	設備投資名目 GDP比率	生産指数		出荷指数		在庫指数	
暦年	%	2020年=100	前年比	2020年=100	前年比	2020年=100	前年比
1960	18.2	15.0	24.8	15.1	22.9	13.5	24.3
1961	20.2	18.1	19.4	17.8	18.0	17.6	31.7
1962	19.2	19.6	8.3	19.3	8.2	21.0	20.6
1963	18.1	21.8	10.1	21.4	10.5	21.8	5.5
1964	18.3	25.2	15.7	24.5	15.0	26.0	19.4
1965	15.7	26.2	3.7	25.6	4.1	27.9	6.9
1966	15.8	29.7	13.2	29.1	13.7	28.4	2.2
1967	17.8	35.5	19.4	34.3	17.5	33.5	18.1
1968	18.7	40.9	17.7	39.7	16.2	40.9	25.3
1969	20.2	47.4	16.0	46.2	16.4	47.7	16.8
1970	21.0	54.0	13.8	52.2	13.0	58.3	22.5
1971	19.0	55.4	2.6	53.8	3.1	63.9	9.1
1972	17.5	59.4	7.3	58.5	8.6	60.7	-4.9
1973	18.5	68.2	17.5	66.8	15.4	62.7	3.7
1974	18.4	65.4	-4.0	63.2	-5.3	89.8	43.2
1975	16.4	58.3	-11.0	58.5	-7.5	81.8	-8.9
1976	15.1	64.9	11.1	64.5	10.3	87.8	7.3
1977	14.1	67.5	4.1	67.0	3.9	90.6	3.0
1978	13.7	71.7	6.2	71.0	5.8	88.1	-2.9
1979	14.9	77.0	7.3	75.8	6.7	91.0	3.3
1980	16.0	80.7	4.7	77.9	2.9	98.6	8.3
1981	15.7	81.5	1.0	78.4	0.6	95.1	-3.6
1982	15.3	81.8	0.3	77.9	-0.7	93.5	-1.5
1983	14.6	84.1	3.6	80.5	3.5	88.2	-5.2
1984	15.0	92.2	9.4	87.0	8.2	95.0	7.6
1985	16.5	95.5	3.7	90.2	3.4	98.4	3.5
1986	16.5	95.3	-0.2	90.6	0.5	97.2	-1.2
1987	16.4	98.6	3.4	94.1	3.9	94.3	-3.0
1988	17.7	108.1	9.5	102.6	8.7	99.3	5.4
1989	19.3	114.4	5.8	108.5	5.9	107.6	8.3
1990	20.0	119.0	4.1	113.9	4.8	106.9	-0.7
1991	20.1	121.0	1.7	115.5	1.5	121.2	13.4
1992	18.3	113.6	-6.1	109.6	-5.1	120.1	-0.8
1993	16.3	109.2	-4.5	106.5	-3.7	117.8	-3.5
1994	15.7	110.4	0.9	107.5	0.9	112.3	-4.6
1995	16.2	113.8	3.2	110.2	2.6	118.5	5.5
1996	16.5	116.5	2.3	113.2	2.7	118.1	-0.3
1997	16.8	120.7	3.6	117.7	4.0	125.2	6.0
1998	16.6	112.4	-7.2	111.1	-6.6	115.2	-7.4
1999	15.7	112.6	0.2	112.3	1.1	107.3	-6.9
2000	16.3	119.2	5.7	119.0	5.8	109.5	2.1
2001	16.0	111.1	-6.8	111.3	-6.3	108.7	-0.7
2002	15.0	109.8	-1.3	111.1	-0.2	99.9	-8.0
2003	15.0	113.0	3.3	114.9	4.0	97.1	-2.4
2004	15.1	118.4	4.9	120.6	4.8	97.0	-0.1
2005	16.2	120.0	1.3	122.2	1.4	101.5	4.8
2006	16.5	125.3	4.5	127.9	4.6	105.1	3.5
2007	16.5	129.0	2.8	131.7	3.1	106.5	1.3
2008	16.4	124.6	-3.4	126.4	-3.2	113.7	4.8
2009	14.8	97.4	-21.9	99.0	-21.7	93.7	-17.6
2010	14.2	112.5	15.6	114.3	15.5	95.9	2.4
2011	14.9	109.3	-2.8	110.0	-3.7	97.9	2.0
2012	15.2	110.1	0.6	111.3	1.2	103.0	5.2
2013	15.4	109.6	-0.8	113.2	-0.6	95.1	-4.3
2014	15.9	111.9	2.0	114.0	0.7	100.7	5.9
2015	16.2	110.5	-1.2	112.5	-1.4	98.4	-2.3
2016	15.9	110.5	0.0	112.1	-0.3	95.3	-3.2
2017	16.1	114.0	3.1	114.9	2.5	99.2	4.1
2018	16.5	114.6	1.1	114.9	0.8	100.5	1.7
2019	16.5	111.6	-2.6	112.0	-2.5	101.0	0.5
2020	16.2	100.0	-10.4	100.0	-10.7	92.6	-8.3
2021	16.3	105.4	5.4	104.4	4.4	98.5	6.4
2022	17.1	105.3	-0.1	103.9	-0.5	101.2	2.7
2019年1-3月	16.6	113.4	-1.8	113.9	-0.9	102.0	-1.0
2019年4-6月	16.5	113.5	0.1	114.3	0.4	104.1	2.1
2019年7-9月	16.8	112.6	-0.8	113.2	-1.0	103.0	-1.1
2019年10-12月	16.0	108.0	-4.1	107.5	-5.0	103.4	0.4
2020年1-3月	16.6	106.8	-1.1	106.8	-0.7	104.3	0.9
2020年4-6月	16.5	90.7	-15.1	90.5	-15.3	100.1	-4.0
2020年7-9月	15.7	97.7	7.7	97.9	8.2	96.7	-3.4
2020年10-12月	15.7	103.5	5.9	103.3	5.5	94.7	-2.1
2021年1-3月	16.0	106.3	2.7	106.3	2.9	94.0	-0.7
2021年4-6月	16.2	107.5	1.1	107.3	0.9	95.4	1.5
2021年7-9月	16.1	103.3	-3.9	101.3	-5.6	97.5	2.2
2021年10-12月	16.2	104.6	1.3	102.7	1.4	100.5	3.1
2022年1-3月	16.4	105.4	0.8	104.0	1.3	101.4	0.9
2022年4-6月	16.8	103.9	-1.4	103.4	-0.6	99.9	-1.5
2022年7-9月	17.4	107.1	3.1	105.2	1.7	103.4	3.5
2022年10-12月	17.1	105.3	-1.7	103.7	-1.4	103.1	-0.3
2023年1-3月	17.1	103.4	-1.3	102.7	-0.7	103.8	2.3
2023年4-6月	16.6	104.8	1.0	104.2	1.0	105.8	5.9
2023年7-9月	16.7	103.5	-3.6	103.1	-2.2	103.6	0.2

(備考) 1. 設備投資名目GDP比率は内閣府「四半期別GDP速報」、鉱工業指数は経済産業省「鉱工業指数」による。
2. 鉱工業指数の前年比は、原指数の前年同期比。
3. 生産、出荷及び在庫の四半期の指数は、季節調整値。在庫指数は、期末値。

企業 (2/2)

暦年	鉱工業指数			企業収益	
	在庫率指数	製造工業稼働率指数	第3次産業活動指数	経常利益	売上高経常利益率
	2020年=100	2020年=100	2015年=100	前年比	%
1960	—	—	—	40.7	3.8
1961	—	—	—	20.2	3.6
1962	—	—	—	-1.9	3.2
1963	—	—	—	25.5	3.3
1964	—	—	—	10.6	2.9
1965	—	—	—	-4.5	2.5
1966	—	—	—	42.2	3.0
1967	—	—	—	39.4	3.3
1968	55.2	-	—	19.5	3.4
1969	56.0	-	—	30.2	3.6
1970	59.0	-	—	13.7	3.4
1971	68.0	-	—	-17.4	2.6
1972	62.7	—	—	30.3	2.9
1973	52.9	—	—	78.9	3.8
1974	73.2	—	—	-27.3	2.2
1975	82.7	—	—	-32.6	1.4
1976	73.5	—	—	72.9	2.1
1977	74.6	—	—	8.0	2.1
1978	68.6	130.8	—	34.3	2.6
1979	63.4	138.6	—	31.9	3.0
1980	68.9	139.6	—	10.0	2.8
1981	72.2	132.4	—	-8.2	2.4
1982	72.5	128.4	—	-4.4	2.2
1983	69.0	130.1	—	12.3	2.4
1984	67.2	137.7	—	17.9	2.6
1985	70.0	137.9	—	3.9	2.6
1986	71.3	131.6	—	-1.6	2.5
1987	67.2	131.7	—	27.6	3.0
1988	63.6	139.4	—	25.6	3.4
1989	65.3	142.1	—	14.7	3.7
1990	64.5	143.6	—	-6.9	3.1
1991	68.9	140.6	—	-8.8	2.7
1992	75.6	129.1	—	-26.2	2.0
1993	76.5	122.5	—	-12.1	1.8
1994	73.4	122.0	—	11.9	1.9
1995	74.7	125.1	—	10.9	2.0
1996	75.4	126.3	—	21.9	2.4
1997	74.7	130.7	—	4.8	2.5
1998	82.4	120.8	—	-26.4	1.9
1999	75.4	120.4	—	17.7	2.3
2000	73.1	125.8	—	33.7	3.0
2001	80.6	116.3	—	-15.5	2.5
2002	74.5	117.6	—	-0.7	2.7
2003	70.9	122.7	—	12.6	3.0
2004	67.8	128.4	—	27.7	3.6
2005	69.6	130.0	—	11.8	3.9
2006	69.7	133.5	—	9.1	4.0
2007	69.8	134.7	—	3.6	4.0
2008	76.5	128.6	—	-26.3	3.0
2009	92.0	96.4	—	-35.3	2.3
2010	72.3	115.3	—	68.1	3.5
2011	78.2	110.4	—	-6.0	3.4
2012	81.9	112.7	—	8.8	3.8
2013	78.2	114.8	100.2	19.7	4.6
2014	79.4	119.7	99.6	10.9	5.0
2015	81.7	116.5	100.0	7.5	5.4
2016	82.5	114.7	100.6	1.5	5.5
2017	82.2	119.2	101.5	13.2	5.9
2018	85.5	119.3	102.8	3.7	5.9
2019	89.5	114.8	103.1	-3.5	5.7
2020	100.0	100.0	96.0	-27.3	4.7
2021	89.8	108.5	97.4	41.8	6.3
2022	96.6	108.1	99.0	11.2	6.6
2019年1-3月	86.5	116.8	103.5	10.3	6.3
2019年4-6月	87.8	118.2	103.6	-12.0	5.6
2019年7-9月	89.6	115.4	104.4	-5.3	5.6
2019年10-12月	93.7	109.5	101.2	-4.6	5.5
2020年1-3月	93.7	107.4	100.1	-28.4	4.9
2020年4-6月	113.8	86.5	90.0	-46.6	3.0
2020年7-9月	99.2	98.1	95.8	-28.4	4.9
2020年10-12月	91.4	106.8	98.0	-0.7	5.8
2021年1-3月	87.1	110.1	97.0	26.0	6.4
2021年4-6月	87.5	110.8	97.3	93.9	6.1
2021年7-9月	91.0	104.2	96.8	35.1	6.0
2021年10-12月	93.7	109.0	98.3	24.7	6.8
2022年1-3月	94.4	108.1	98.1	13.7	6.7
2022年4-6月	94.9	104.3	99.5	17.6	6.8
2022年7-9月	97.5	109.5	99.4	18.3	6.5
2022年10-12月	99.3	111.2	99.4	-2.8	6.3
2023年1-3月	102.5	106.6	100.4	4.3	6.7
2023年4-6月	105.4	107.8	101.0	11.6	7.3
2023年7-9月	105.1	106.2	101.7	20.1	7.3

(備考) 1. 鉱工業指数及び第3次産業活動指数は、経済産業省「鉱工業指数」「第3次産業活動指数」による。
斜字体は速報値。
2. 在庫率指数は、季節調整済期末値。在庫率指数及び第3次産業活動指数の四半期の指数は季節調整値。
3. 企業収益は財務省「法人企業統計季報」による。全規模・全産業（除く金融業、保険業）ベース。
4. 四半期の売上高経常利益率は季節調整値。

	人　口			雇　用	
	総人口	平均世帯人員	合計特殊出生率	労働力人口	労働力人口比率
暦年	万人	人	人	万人	%
1960	9,342	4.13	2.00	4,511	69.2
1961	9,429	3.97	1.96	4,562	69.1
1962	9,518	3.95	1.98	4,614	68.3
1963	9,616	3.81	2.00	4,652	67.1
1964	9,718	3.83	2.05	4,710	66.1
1965	9,828	3.75	2.14	4,787	65.7
1966	9,904	3.68	1.58	4,891	65.8
1967	10,020	3.53	2.23	4,983	65.9
1968	10,133	3.50	2.13	5,061	65.9
1969	10,254	3.50	2.13	5,098	65.5
1970	10,372	3.45	2.13	5,153	65.4
1971	10,515	3.38	2.16	5,186	65.0
1972	10,760	3.32	2.14	5,199	64.4
1973	10,910	3.33	2.14	5,326	64.7
1974	11,057	3.33	2.05	5,310	63.7
1975	11,194	3.35	1.91	5,323	63.0
1976	11,309	3.27	1.85	5,378	63.0
1977	11,417	3.29	1.80	5,452	63.2
1978	11,519	3.31	1.79	5,532	63.4
1979	11,616	3.30	1.77	5,596	63.4
1980	11,706	3.28	1.75	5,650	63.3
1981	11,790	3.24	1.74	5,707	63.3
1982	11,873	3.25	1.77	5,774	63.3
1983	11,954	3.25	1.80	5,889	63.8
1984	12,031	3.19	1.81	5,927	63.4
1985	12,105	3.22	1.76	5,963	63.0
1986	12,166	3.22	1.72	6,020	62.8
1987	12,224	3.19	1.69	6,084	62.6
1988	12,275	3.12	1.66	6,166	62.6
1989	12,321	3.10	1.57	6,270	62.9
1990	12,361	3.05	1.54	6,384	63.3
1991	12,410	3.04	1.53	6,505	63.8
1992	12,457	2.99	1.50	6,578	64.0
1993	12,494	2.96	1.46	6,615	63.8
1994	12,527	2.95	1.50	6,645	63.6
1995	12,557	2.91	1.42	6,666	63.4
1996	12,586	2.85	1.43	6,711	63.5
1997	12,616	2.79	1.39	6,787	63.7
1998	12,647	2.81	1.38	6,793	63.3
1999	12,667	2.79	1.34	6,779	62.9
2000	12,693	2.76	1.36	6,766	62.4
2001	12,732	2.75	1.33	6,752	62.0
2002	12,749	2.74	1.32	6,689	61.2
2003	12,769	2.76	1.29	6,666	60.8
2004	12,779	2.72	1.29	6,642	60.4
2005	12,777	2.68	1.26	6,651	60.4
2006	12,790	2.65	1.32	6,664	60.4
2007	12,803	2.63	1.34	6,684	60.4
2008	12,808	2.63	1.37	6,674	60.2
2009	12,803	2.62	1.37	6,650	59.9
2010	12,806	2.59	1.39	6,632	59.6
2011	12,783	2.58	1.39	6,596	59.3
2012	12,759	2.57	1.41	6,565	59.1
2013	12,741	2.51	1.43	6,593	59.3
2014	12,724	2.49	1.42	6,609	59.4
2015	12,709	2.49	1.45	6,625	59.6
2016	12,704	2.47	1.44	6,678	60.0
2017	12,692	2.47	1.43	6,732	60.5
2018	12,675	2.44	1.42	6,849	61.5
2019	12,656	2.39	1.36	6,912	62.1
2020	12,615	—	1.33	6,902	62.0
2021	12,550	2.37	1.30	6,907	62.1
2022	12,495	2.25	1.26	6,902	62.5
2023 p	12,434	—	—	—	—
2019年10-12月	12,656	—	—	6,915	62.3
2020年1-3月	12,639	—	—	6,857	61.9
2020年4-6月	12,634	—	—	6,845	61.8
2020年7-9月	12,626	—	—	6,878	62.1
2020年10-12月	12,615	—	—	6,934	62.2
2021年1-3月	12,607	—	—	6,883	61.8
2021年4-6月	12,585	—	—	6,928	62.3
2021年7-9月	12,568	—	—	6,934	62.4
2021年10-12月	12,550	—	—	6,883	62.0
2022年1-3月	12,531	—	—	6,844	61.9
2022年4-6月	12,507	—	—	6,927	62.8
2022年7-9月	12,512	—	—	6,938	62.9
2022年10-12月	12,495	—	—	6,899	62.5
2023年1-3月	12,475	—	—	6,862	62.3
2023年4-6月	12,455	—	—	6,942	63.0
2023年7-9月	12,452	—	—	6,961	63.2
2023年10-12月 p	12,434	—	—	—	—

(備考)　1．総務省「人口推計」、「労働力調査（基本集計）」、厚生労働省「国民生活
　　　　基礎調査」、「人口動態統計」により作成。
　　　　2．総人口は各年10月1日現在。四半期の数値は各期首月1日現在。Pは概算値。
　　　　3．「労働力調査」については72年以前は沖縄を含まない。

人口・雇用 (2/2)

				雇　　用			労働時間
	就業者数	雇用者数	雇用者比率	完全失業者数	完全失業率	有効求人倍率	総実労働時間
暦年	万人	万人	%	万人	%	倍	時間
1960	4,436	2,370	53.4	75	1.7	－	－
1961	4,498	2,478	55.1	66	1.4	－	－
1962	4,556	2,593	56.9	59	1.3	－	－
1963	4,595	2,672	58.2	59	1.3	0.73	－
1964	4,655	2,763	59.4	54	1.1	0.79	－
1965	4,730	2,876	60.8	57	1.2	0.61	－
1966	4,827	2,994	62.0	65	1.3	0.81	－
1967	4,920	3,071	62.4	63	1.3	1.05	－
1968	5,002	3,148	62.9	59	1.2	1.14	－
1969	5,040	3,199	63.5	57	1.1	1.37	－
1970	5,094	3,306	64.9	59	1.1	1.35	2,239.2
1971	5,121	3,412	66.6	64	1.2	1.06	2,217.6
1972	5,126	3,465	67.6	73	1.4	1.30	2,205.6
1973	5,259	3,615	68.7	68	1.3	1.74	2,184.0
1974	5,237	3,637	69.4	73	1.4	0.98	2,106.0
1975	5,223	3,646	69.8	100	1.9	0.59	2,064.0
1976	5,271	3,712	70.4	108	2.0	0.64	2,094.0
1977	5,342	3,769	70.6	110	2.0	0.54	2,096.4
1978	5,408	3,799	70.2	124	2.2	0.59	2,102.4
1979	5,479	3,876	70.7	117	2.1	0.74	2,114.4
1980	5,536	3,971	71.7	114	2.0	0.73	2,108.4
1981	5,581	4,037	72.3	126	2.2	0.67	2,101.2
1982	5,638	4,098	72.7	136	2.4	0.60	2,096.4
1983	5,733	4,208	73.4	156	2.6	0.61	2,097.6
1984	5,766	4,265	74.0	161	2.7	0.66	2,115.6
1985	5,807	4,313	74.3	156	2.6	0.67	2,109.6
1986	5,853	4,379	74.8	167	2.8	0.62	2,102.4
1987	5,911	4,428	74.9	173	2.8	0.76	2,110.8
1988	6,011	4,538	75.5	155	2.5	1.08	2,110.8
1989	6,128	4,679	76.4	142	2.3	1.30	2,088.0
1990	6,249	4,835	77.4	134	2.1	1.43	2,052.0
1991	6,369	5,002	78.5	136	2.1	1.34	2,016.0
1992	6,436	5,119	79.5	142	2.2	1.00	1,971.6
1993	6,450	5,202	80.7	166	2.5	0.71	1,912.8
1994	6,453	5,236	81.1	192	2.9	0.64	1,904.4
1995	6,457	5,263	81.5	210	3.2	0.64	1,909.2
1996	6,486	5,322	82.1	225	3.4	0.72	1,918.8
1997	6,557	5,391	82.2	230	3.4	0.69	1,899.6
1998	6,514	5,368	82.4	279	4.1	0.50	1,879.2
1999	6,462	5,331	82.5	317	4.7	0.49	1,842.0
2000	6,446	5,356	83.1	320	4.7	0.62	1,858.8
2001	6,412	5,369	83.7	340	5.0	0.56	1,848.0
2002	6,330	5,331	84.2	359	5.4	0.56	1,837.2
2003	6,316	5,335	84.5	350	5.3	0.69	1,845.6
2004	6,329	5,355	84.6	313	4.7	0.86	1,839.6
2005	6,356	5,393	84.8	294	4.4	0.98	1,830.0
2006	6,389	5,478	85.7	275	4.1	1.06	1,843.2
2007	6,427	5,537	86.2	257	3.9	1.02	1,851.6
2008	6,409	5,546	86.5	265	4.0	0.77	1,836.0
2009	6,314	5,489	86.9	336	5.1	0.45	1,767.6
2010	6,298	5,500	87.3	334	5.1	0.56	1,797.6
2011	6,293	5,512	87.6	302	4.6	0.68	1,789.2
2012	6,280	5,513	87.8	285	4.3	0.82	1,808.4
2013	6,326	5,567	88.0	265	4.0	0.97	1,791.6
2014	6,371	5,613	88.1	236	3.6	1.11	1,789.2
2015	6,402	5,663	88.5	222	3.4	1.23	1,784.4
2016	6,470	5,755	88.9	208	3.1	1.39	1,782.0
2017	6,542	5,830	89.1	190	2.8	1.54	1,780.8
2018	6,682	5,954	89.1	167	2.4	1.62	1,768.8
2019	6,750	6,028	89.3	162	2.4	1.55	1,732.8
2020	6,710	6,005	89.5	192	2.8	1.10	1,684.8
2021	6,713	6,016	89.6	195	2.8	1.16	1,708.8
2022	6,723	6,041	89.9	179	2.6	1.31	1,718.4
2019年10-12月	6,782	6,054	89.3	159	2.3	1.57	146.3
2020年1-3月	6,765	6,064	89.6	169	2.4	1.44	139.9
2020年4-6月	6,669	5,960	89.4	187	2.7	1.20	137.3
2020年7-9月	6,683	5,974	89.4	203	3.0	1.05	140.0
2020年10-12月	6,723	6,023	89.6	210	3.0	1.05	144.4
2021年1-3月	6,732	6,034	89.6	198	2.9	1.09	138.5
2021年4-6月	6,706	6,008	89.6	201	2.9	1.11	144.4
2021年7-9月	6,717	6,017	89.6	192	2.8	1.14	141.4
2021年10-12月	6,694	6,007	89.7	188	2.7	1.17	145.0
2022年1-3月	6,707	6,020	89.8	185	2.7	1.21	139.3
2022年4-6月	6,727	6,049	89.9	179	2.6	1.25	145.4
2022年7-9月	6,732	6,049	89.9	178	2.6	1.30	143.4
2022年10-12月	6,725	6,047	89.9	174	2.5	1.35	144.9
2023年1-3月	6,730	6,045	89.8	181	2.6	1.34	140.4
2023年4-6月	6,745	6,080	90.1	177	2.6	1.31	146.3
2023年7-9月	6,750	6,093	90.3	182	2.6	1.29	143.0

（備考）1．総務省「労働力調査」、厚生労働省「職業安定業務統計」、「毎月勤労統計調査」
　　　　　　（事業所規模30人以上）により作成。
　　　　2．「労働力調査」については72年以前は沖縄県を含まない。
　　　　3．労働力調査の四半期の値は、各月の季節調整値の単純平均である。

	物　価　等			
	国内企業物価指数		消費者物価指数	
暦年	2020年＝100	前年比	2020年＝100	前年比
1955	—	—	16.5	-1.1
1956	—	—	16.6	0.3
1957	—	—	17.1	3.1
1958	—	—	17.0	-0.4
1959	—	—	17.2	1.0
1960	48.0	—	17.9	3.6
1961	48.5	1.0	18.9	5.3
1962	47.7	-1.6	20.1	6.8
1963	48.4	1.5	21.6	7.6
1964	48.5	0.2	22.5	3.9
1965	49.0	1.0	23.9	6.6
1966	50.1	2.2	25.1	5.1
1967	51.5	2.8	26.1	4.0
1968	52.0	1.0	27.6	5.3
1969	52.9	1.7	29.0	5.2
1970	54.7	3.4	30.9	7.7
1971	54.2	-0.9	32.9	6.3
1972	55.1	1.7	34.5	4.9
1973	63.8	15.8	38.6	11.7
1974	81.4	27.6	47.5	23.2
1975	83.6	2.7	53.1	11.7
1976	88.3	5.6	58.1	9.4
1977	91.2	3.3	62.8	8.1
1978	90.7	-0.5	65.5	4.2
1979	95.3	5.1	67.9	3.7
1980	109.6	15.0	73.2	7.7
1981	111.1	1.4	76.7	4.9
1982	111.6	0.5	78.9	2.8
1983	110.9	-0.6	80.3	1.9
1984	111.0	0.1	82.2	2.3
1985	110.2	-0.7	83.8	2.0
1986	105.0	-4.7	84.3	0.6
1987	101.7	-3.1	84.4	0.1
1988	101.2	-0.5	85.0	0.7
1989	103.0	1.8	86.9	2.3
1990	104.6	1.6	89.6	3.1
1991	105.7	1.1	92.6	3.3
1992	104.7	-0.9	94.1	1.6
1993	103.1	-1.5	95.4	1.3
1994	101.4	-1.6	96.0	0.7
1995	100.5	-0.9	95.9	-0.1
1996	98.9	-1.6	96.0	0.1
1997	99.5	0.6	97.7	1.8
1998	98.0	-1.5	98.3	0.6
1999	96.6	-1.4	98.0	-0.3
2000	96.6	0.0	97.3	-0.7
2001	94.4	-2.3	96.7	-0.7
2002	92.5	-2.0	95.8	-0.9
2003	91.6	-1.0	95.5	-0.3
2004	92.8	1.3	95.5	0.0
2005	94.3	1.6	95.2	-0.3
2006	96.4	2.2	95.5	0.3
2007	98.1	1.8	95.5	0.0
2008	102.6	4.6	96.8	1.4
2009	97.2	-5.3	95.5	-1.4
2010	97.1	-0.1	94.8	-0.7
2011	98.5	1.4	94.5	-0.3
2012	97.7	-0.8	94.5	0.0
2013	98.9	1.2	94.9	0.4
2014	102.1	3.2	97.5	2.7
2015	99.7	-2.4	98.2	0.8
2016	96.2	-3.5	98.1	-0.1
2017	98.4	2.3	98.6	0.5
2018	101.0	2.6	99.5	1.0
2019	101.2	0.2	100.0	0.5
2020	100.0	-1.2	100.0	0.0
2021	104.6	4.6	99.8	-0.2
2022	114.9	9.8	102.3	2.5
2023	119.6	4.1	105.6	3.2
2023年　1-3月	119.7	8.3	104.4	3.6
4-6月	119.5	5.0	105.1	3.3
7-9月	119.6	3.0	105.9	3.2
10-12月	119.6	0.4	106.9	2.9

（備考）1．日本銀行「企業物価指数」、総務省「消費者物価指数」による。
　　　　2．1969年以前の消費者物価指数は「持家の帰属家賃を除く総合」であり、2020年基準の総合指数とは
　　　　　接続しない。また、1970年以前の上昇率は「持家の帰属家賃を除く総合」である。
　　　　3．国内企業物価は月次の指数を基に内閣府作成。

国際経済（1/3）

通関輸出入

	輸出数量指数		輸入数量指数		製品輸入比率
暦年	2020年=100	前年比、%	2020年=100	前年比、%	%
1955	—	—	—	—	11.9
1956	—	—	—	—	15.9
1957	—	—	—	—	22.9
1958	—	—	—	—	21.7
1959	—	—	—	—	21.5
1960	3.9	—	4.7	—	22.1
1961	4.1	5.1	6.0	27.7	24.5
1962	4.9	19.5	5.9	-1.7	25.9
1963	5.5	12.2	7.0	18.6	24.5
1964	6.8	23.6	8.0	14.3	25.8
1965	8.7	27.9	8.1	1.3	22.7
1966	10.1	16.1	9.4	16.0	22.8
1967	10.4	3.0	11.5	22.3	26.8
1968	12.8	23.1	12.9	12.2	27.5
1969	15.2	18.8	15.0	16.3	29.5
1970	17.5	15.1	18.1	20.7	30.3
1971	20.9	19.4	18.1	0.0	28.6
1972	22.4	7.2	20.3	12.2	29.6
1973	23.5	4.9	26.1	28.6	30.6
1974	27.6	17.4	25.5	-2.3	23.7
1975	28.2	2.2	22.3	-12.5	20.3
1976	34.3	21.6	24.1	8.1	21.5
1977	37.3	8.7	24.8	2.9	21.5
1978	37.8	1.3	26.5	6.9	26.7
1979	37.3	-1.3	29.3	10.6	26.0
1980	43.7	17.2	27.7	-5.5	22.8
1981	48.2	10.3	27.0	-2.5	24.3
1982	47.1	-2.3	26.8	-0.7	24.9
1983	51.4	9.1	27.3	1.9	27.2
1984	59.5	15.8	30.1	10.3	29.8
1985	62.1	4.4	30.2	0.3	31.0
1986	61.7	-0.6	33.1	9.6	41.8
1987	61.8	0.2	36.2	9.4	44.1
1988	65.1	5.3	42.2	16.6	49.0
1989	67.5	3.7	45.6	8.1	50.3
1990	71.3	5.6	48.2	5.7	50.3
1991	73.1	2.5	50.0	3.7	50.8
1992	74.2	1.5	49.8	-0.4	50.2
1993	73.0	-1.6	52.0	4.4	52.0
1994	74.2	1.6	59.0	13.5	55.2
1995	77.0	3.8	66.3	12.4	59.1
1996	78.0	1.3	70.0	5.6	59.4
1997	87.1	11.7	71.2	1.7	59.3
1998	86.0	-1.3	67.4	-5.4	62.1
1999	87.8	2.1	73.9	9.6	62.5
2000	96.1	9.4	82.0	11.0	61.1
2001	87.0	-9.5	80.4	-2.0	61.4
2002	93.9	7.9	82.0	2.0	62.2
2003	108.3	15.3	89.7	9.4	61.4
2004	120.8	11.6	137.1	52.9	61.3
2005	120.8	0.0	98.8	-28.0	58.5
2006	130.1	7.7	102.6	3.8	56.8
2007	136.4	4.8	102.4	-0.2	56.4
2008	134.3	-1.5	101.8	-0.6	50.1
2009	98.6	-26.6	87.1	-14.4	56.1
2010	122.5	24.2	99.2	13.9	55.0
2011	117.8	-3.8	101.8	2.6	51.6
2012	112.1	-4.8	104.2	2.4	50.9
2013	110.4	-1.5	104.5	0.3	51.7
2014	111.1	0.6	105.2	0.6	53.4
2015	109.9	-1.0	102.2	-2.8	61.6
2016	110.5	0.5	100.9	-1.2	66.0
2017	116.4	5.4	105.1	4.2	63.4
2018	118.3	1.7	108.1	2.8	61.9
2019	113.2	-4.3	106.9	-1.1	63.1
2020	100.0	-11.7	100.0	-6.4	66.7
2021	110.7	10.7	104.8	4.8	63.1
2022	110.0	-0.6	104.4	-0.4	56.7
2021年1-3月	112.0	3.0	103.9	2.4	65.6
2021年4-6月	113.1	1.0	106.1	2.1	65.0
2021年7-9月	108.6	-3.9	104.5	-1.5	62.2
2021年10-12月	108.9	0.2	104.5	0.0	60.3
2022年1-3月	111.5	2.4	105.7	1.2	59.7
2022年4-6月	110.0	-1.4	104.9	-0.8	56.1
2022年7-9月	110.3	0.3	105.2	0.3	55.1
2022年10-12月	107.6	-2.5	102.7	-2.4	56.6
2023年1-3月	103.6	-3.7	99.6	-3.0	57.5
2023年4-6月	105.7	2.0	99.3	-0.3	60.6
2023年7-9月	107.3	1.6	99.7	0.4	62.0

（備考） 1．財務省「貿易統計」による。
　　　　2．前年比、四半期の値については、内閣府試算値。
　　　　3．四半期の数値は季節調整値。伸び率は前期比。

国際経済 (2/3)

	通関輸出入		国際収支等			
	関税負担率	輸出円建て比率	貿易収支	輸出額	輸入額	円相場
暦年	%	%	億円	億円	億円	円／ドル
1955	－	－	－	－	－	360.00
1956	－	－	－	－	－	360.00
1957	－	－	－	－	－	360.00
1958	－	－	－	－	－	360.00
1959	－	－	－	－	－	360.00
1960	－	－	－	－	－	360.00
1961	－	－	－	－	－	360.00
1962	－	－	－	－	－	360.00
1963	－	－	－	－	－	360.00
1964	－	－	－	－	－	360.00
1965	－	－	－	－	－	360.00
1966	－	－	8,247	34,939	26,692	360.00
1967	－	－	4,200	37,049	32,849	360.00
1968	－	－	9,096	45,948	36,851	360.00
1969	－	－	13,257	56,190	42,933	360.00
1970	－	－	14,188	67,916	53,728	360.00
1971	6.6	－	26,857	81,717	54,860	347.83
1972	6.3	－	27,124	84,870	57,747	303.08
1973	5.0	－	10,018	98,258	88,240	272.18
1974	2.7	－	4,604	159,322	154,718	292.06
1975	2.9	－	14,933	162,503	147,570	296.84
1976	3.3	－	29,173	195,510	166,337	296.49
1977	3.8	－	45,647	211,833	166,187	268.32
1978	4.1	－	51,633	199,863	148,230	210.11
1979	3.1	－	3,598	222,958	219,360	219.47
1980	2.5	－	3,447	285,612	282,165	226.45
1981	2.5	－	44,983	330,329	285,346	220.83
1982	2.6	－	45,572	342,568	296,996	249.26
1983	2.5	－	74,890	345,553	270,663	237.61
1984	2.5	－	105,468	399,936	294,468	237.61
1985	2.6	－	129,517	415,719	286,202	238.05
1986	3.3	－	151,249	345,997	194,747	168.03
1987	3.4	－	132,319	325,233	192,915	144.52
1988	3.4	－	118,144	334,258	216,113	128.20
1989	2.9	－	110,412	373,977	263,567	138.11
1990	2.7	－	100,529	406,879	306,350	144.88
1991	3.3	－	129,231	414,651	285,423	134.59
1992	3.4	－	157,764	420,816	263,055	126.62
1993	3.6	－	154,816	391,640	236,823	111.06
1994	3.4	－	147,322	393,485	246,166	102.18
1995	3.1	－	123,445	402,596	279,153	93.97
1996	2.8	－	90,346	430,153	339,807	108.81
1997	2.5	－	123,709	488,801	365,091	120.92
1998	2.6	－	160,782	482,899	322,117	131.02
1999	2.4	－	141,370	452,547	311,176	113.94
2000	2.1	36.1	126,983	489,635	362,652	107.79
2001	2.2	34.9	88,469	460,367	371,898	121.58
2002	1.9	35.8	121,211	489,029	367,817	125.17
2003	1.9	38.9	124,631	513,292	388,660	115.94
2004	1.7	40.1	144,235	577,036	432,801	108.17
2005	1.5	38.9	117,712	630,094	512,382	110.21
2006	1.4	37.8	110,701	720,268	609,567	116.31
2007	1.3	38.3	141,873	800,236	658,364	117.77
2008	1.2	39.9	58,031	776,111	718,081	103.39
2009	1.4	39.9	53,876	511,216	457,340	93.61
2010	1.3	41.0	95,160	643,914	548,754	87.75
2011	1.3	41.3	-3,302	629,653	632,955	79.76
2012	1.2	39.4	-42,719	619,568	662,287	79.79
2013	－	35.6	-87,734	678,290	766,024	97.71
2014	－	36.1	-104,653	740,747	845,400	105.79
2015	－	35.5	-8,862	752,742	761,604	121.09
2016	－	37.1	55,176	690,927	635,751	108.77
2017	－	36.1	49,113	772,535	723,422	112.13
2018	－	37.0	11,265	812,263	800,998	110.40
2019	－	37.2	1,503	757,753	756,250	108.99
2020	－	38.3	27,779	672,629	644,851	106.73
2021	－	38.1	17,623	823,526	805,903	109.89
2022	－	35.3	-157,436	987,688	1,145,124	131.57
2021年1-3月	－	－	15,356	194,825	179,468	106.09
2021年4-6月	－	－	10,365	206,493	196,128	109.50
2021年7-9月	－	－	-664	207,844	208,508	110.09
2021年10-12月	－	－	-7,981	213,544	221,525	113.70
2022年1-3月	－	－	-17,512	229,740	247,251	116.32
2022年4-6月	－	－	-36,917	245,697	282,614	129.71
2022年7-9月	－	－	-55,731	255,149	310,880	138.24
2022年10-12月	－	－	-51,616	256,583	308,199	141.25
2023年1-3月	－	－	-37,250	238,621	275,871	132.33
2023年4-6月	－	－	-9,705	245,283	254,988	137.43
2023年7-9月	－	－	-6,815	254,872	261,047	144.56

（備考） 1．関税負担率は財務省調べによる年度の数値。
2．輸出円建て比率は、財務省「貿易取引通貨別比率」による年半期の数値の平均。
3．貿易収支、輸出額、輸入額は日本銀行「国際収支月報」による。
4．貿易収支、輸出額、輸入額の1984年以前の数値は、国際収支統計（IMF国際収支マニュアル第3版、第4版ベース）
のドル表示額を対米ドル円レート（インターバンク直物中心相場、月中平均）で換算したものであり、85年以降の
数値とは接続しない。
1985年～95年の数値は、国際収支統計（同第4版ベース）の計数を、同第5版の概念に組み換えた計数。
1996年～2013年の数値は、国際収支統計（同第5版ベース）の計数を、同第6版の概念に組み換えた計数。
5．貿易収支、輸出額、輸入額の四半期の数値は季節調整値。
6．円相場は、インターバンク直物中心レートの営業日平均（ただし、1970年までは固定レート 360円／ドルとした）。

国際経済 (3/3)

暦年	経常収支	経常収支対名目GDP	貿易サービス収支	金融収支	資本移転等収支	外貨準備高	対外純資産
	億円	GDP比%	億円	億円	億円	百万ドル	10億円
1955	−	−	−	−	−	−	−
1956	−	−	−	−	−	467	−
1957	−	−	−	−	−	524	−
1958	−	−	−	−	−	861	−
1959	−	−	−	−	−	1,322	−
1960	−	−	−	−	−	1,824	−
1961	−	−	−	−	−	1,486	−
1962	−	−	−	−	−	1,841	−
1963	−	−	−	−	−	1,878	−
1964	−	−	−	−	−	1,999	−
1965	−	−	−	−	−	2,107	−
1966	4,545	1.2	−	−	−	2,074	−
1967	-693	-0.2	−	−	−	2,005	−
1968	3,757	0.7	−	−	−	2,891	−
1969	7,595	1.2	−	−	−	3,496	−
1970	7,052	1.0	−	−	−	4,399	−
1971	19,935	2.5	−	−	−	15,235	−
1972	19,999	2.2	−	−	−	18,365	−
1973	-341	0.0	−	−	−	12,246	−
1974	-13,301	-1.0	−	−	−	13,518	−
1975	-2,001	-0.1	−	−	−	12,815	−
1976	10,776	0.6	−	−	−	16,604	−
1977	28,404	1.5	−	−	−	22,848	−
1978	34,793	1.7	−	−	−	33,019	−
1979	-19,722	-0.9	−	−	−	20,327	−
1980	-25,763	-1.1	−	−	−	25,232	−
1981	11,491	0.4	−	−	−	28,403	−
1982	17,759	0.6	−	−	−	23,262	−
1983	49,591	1.7	−	−	−	24,496	−
1984	83,489	2.7	−	−	−	26,313	−
1985	119,698	3.7	106,736	−	−	26,510	−
1986	142,437	4.2	129,607	−	−	42,239	28,865
1987	121,862	3.4	102,931	−	−	81,479	30,199
1988	101,461	2.7	79,349	−	−	97,662	36,745
1989	87,113	2.1	59,695	−	−	84,895	42,543
1990	64,736	1.5	38,628	−	−	77,053	44,016
1991	91,757	2.0	72,919	−	−	68,980	47,498
1992	142,349	3.0	102,054	−	−	68,685	64,153
1993	146,690	3.0	107,013	−	−	95,589	68,823
1994	133,425	2.7	98,345	−	−	122,845	66,813
1995	103,862	2.0	69,545	−	−	182,820	84,072
1996	74,943	1.4	23,174	72,723	-3,537	217,867	103,359
1997	115,700	2.1	57,680	152,467	-4,879	220,792	124,587
1998	149,981	2.8	95,299	136,226	-19,313	215,949	133,273
1999	129,734	2.5	78,650	130,830	-19,088	288,080	84,735
2000	140,616	2.6	74,298	148,757	-9,947	361,638	133,047
2001	104,524	2.0	32,120	105,629	-3,462	401,959	179,257
2002	136,837	2.6	64,690	133,968	-4,217	469,728	175,308
2003	161,254	3.1	83,553	136,860	-4,672	673,529	172,818
2004	196,941	3.7	101,961	160,928	-5,134	844,543	185,797
2005	187,277	3.5	76,930	163,444	-5,490	846,897	180,699
2006	203,307	3.8	73,460	160,494	-5,533	895,320	215,081
2007	249,490	4.6	98,253	263,775	-4,731	973,365	250,221
2008	148,786	2.8	18,899	186,502	-5,583	1,030,647	225,908
2009	135,925	2.7	21,249	156,292	-4,653	1,049,397	268,246
2010	193,828	3.8	68,571	217,099	-4,341	1,096,185	255,906
2011	104,013	2.1	-31,101	126,294	282	1,295,841	265,741
2012	47,640	1.0	-80,829	41,925	-804	1,268,125	299,302
2013	44,566	0.9	-122,521	-4,087	-7,436	1,266,815	325,732
2014	39,215	0.8	-134,988	62,782	-2,089	1,260,548	351,114
2015	165,194	3.1	-28,169	218,764	-2,714	1,233,214	327,189
2016	213,910	3.9	43,888	286,059	-7,433	1,216,903	336,306
2017	227,779	4.1	42,206	188,113	-2,800	1,264,283	329,302
2018	195,047	3.5	1,052	201,361	-2,105	1,270,975	341,450
2019	192,513	3.5	-9,318	248,624	-4,131	1,323,750	357,015
2020	159,917	3.0	-8,773	141,251	-2,072	1,394,680	359,992
2021	214,851	3.9	-24,834	167,864	-4,232	1,405,750	417,908
2022	107,144	1.9	-212,723	57,686	-1,144	1,227,576	418,629
2021年1-3月	54,990	4.0	7,393	38,345	-960	1,368,465	−
2021年4-6月	64,581	4.7	-1,854	42,534	-348	1,376,478	−
2021年7-9月	49,540	3.6	-11,788	64,786	-2,043	1,409,309	−
2021年10-12月	44,845	3.2	-19,092	22,200	-881	1,405,750	−
2022年1-3月	41,256	3.0	-32,095	50,814	-435	1,356,071	−
2022年4-6月	29,460	2.1	-47,902	-1,365	265	1,311,254	−
2022年7-9月	7,538	0.5	-75,472	11,917	-464	1,238,056	−
2022年10-12月	21,824	1.5	-62,211	-3,680	-510	1,227,576	−
2023年1-3月	24,156	1.7	-50,226	74,111	-1,063	1,257,061	−
2023年4-6月	58,669	3.9	-17,070	40,839	-971	1,247,179	−
2023年7-9月	64,237	4.3	-18,089	76,306	-1,296	1,237,248	−

(備考) 1. 外貨準備高は、財務省「外貨準備等の状況」、対外純資産残高は財務省「対外資産負債残高統計」、
それ以外は日本銀行「国際収支統計月報」による。
2. 経常収支の1984年以前の数値は、国際収支統計（IMF国際収支マニュアル第3版、第4版ベース）のドル表示額を、対米ドル
円レート（インターバンク直物中心相場、月中平均）で換算したものであり、85年以降の数値と接続しない。
3. 経常収支、貿易サービス収支の1985年〜95年の数値は、同収支統計（同第4版ベース）の計数を同第5版の概念に
組み換えた計数。
4. 経常収支、貿易サービス収支、金融収支、資本移転等収支の1996年〜2013年の数値は、国際収支統計（同第5版ベース）の
計数を、同第6版の概念に組み換えた計数。
5. 経常収支、経常収支対名目GDP及び貿易サービス収支の四半期の数値は季節調整値。
6. 金融収支について、＋は純資産の増加（資産の増加及び負債の減少）を示す。
7. 対外純資産残高は、暦年末値。ただし、国際収支統計改訂により1994年以前と95年、95年と96年は不連続。
8. 経常収支対名目GDP比の1979年までの計数は68SNAベース、80年以降95年までは93SNAベース。96年以降は2008SNAベース。

	マネーストック（M2）平均残高	国内銀行貸出約定平均金利	国債流通利回り	東証株価指数	東証株価時価総額（プライム）	株価収益率（PER）（プライム）
暦年	億円	％	％	％		億円	
1960	—	—	8.08	—	109.18	54,113	—
1961	—	—	8.20	—	101.66	54,627	—
1962	—	—	8.09	—	99.67	67,039	—
1963	—	—	7.67	—	92.87	66,693	—
1964	—	—	7.99	—	90.68	68,280	—
1965	—	—	7.61	—	105.68	79,013	—
1966	—	—	7.37	6.86	111.41	87,187	—
1967	297,970	—	7.35	6.96	100.89	85,901	—
1968	344,456	15.6	7.38	7.00	131.31	116,506	—
1969	403,883	17.3	7.61	7.01	179.30	167,167	—
1970	477,718	18.3	7.69	7.07	148.35	150,913	—
1971	575,437	20.5	7.46	7.09	199.45	214,998	—
1972	728,126	26.5	6.72	6.71	401.70	459,502	25.5
1973	893,370	22.7	7.93	8.19	306.44	365,071	13.3
1974	999,819	11.9	9.37	8.42	278.34	344,195	13.0
1975	1,130,832	13.1	8.51	8.53	323.43	414,682	27.0
1976	1,301,739	15.1	8.18	8.61	383.88	507,510	46.3
1977	1,449,873	11.4	6.81	6.40	364.08	493,502	24.2
1978	1,620,195	11.7	5.95	6.40	449.55	627,038	34.3
1979	1,812,232	11.9	7.06	9.15	459.61	659,093	23.3
1980	1,978,716	9.2	8.27	8.86	494.10	732,207	20.4
1981	2,155,266	8.9	7.56	8.12	570.31	879,775	21.1
1982	2,353,360	9.2	7.15	7.67	593.72	936,046	25.8
1983	2,526,400	7.4	6.81	7.36	731.82	1,195,052	34.7
1984	2,723,601	7.8	6.57	6.65	913.37	1,548,424	37.9
1985	2,951,827	8.4	6.47	5.87	1,049.40	1,826,967	35.2
1986	3,207,324	8.7	5.51	5.82	1,556.37	2,770,563	47.3
1987	3,540,364	10.4	4.94	5.61	1,725.83	3,254,779	58.3
1988	3,936,668	11.2	4.93	4.57	2,357.03	4,628,963	58.4
1989	4,326,710	9.9	5.78	5.75	2,881.37	5,909,087	70.6
1990	4,831,186	11.7	7.70	6.41	1,733.83	3,651,548	39.8
1991	5,006,817	3.6	6.99	5.51	1,714.68	3,659,387	37.8
1992	5,036,241	0.6	5.55	4.77	1,307.66	2,810,056	36.7
1993	5,089,787	1.1	4.41	3.32	1,439.31	3,135,633	64.9
1994	5,194,212	2.1	4.04	4.57	1,559.09	3,421,409	79.5
1995	5,351,367	3.0	2.78	3.19	1,577.70	3,502,375	86.5
1996	5,525,715	3.3	2.53	2.76	1,470.94	3,363,851	79.3
1997	5,694,907	3.1	2.36	1.91	1,175.03	2,739,079	37.6
1998	5,923,528	4.0	2.25	1.97	1,086.99	2,677,835	103.1
1999	6,162,653	3.2	2.10	1.64	1,722.20	4,424,433	—
2000	6,292,840	2.1	2.11	1.64	1,283.67	3,527,846	170.8
2001	6,468,026	2.8	1.88	1.36	1,032.14	2,906,685	240.9
2002	6,681,972	3.3	1.83	0.90	843.29	2,429,391	—
2003	6,782,578	1.7	1.79	1.36	1,043.69	3,092,900	614.1
2004	6,889,343	1.6	1.73	1.43	1,149.63	3,535,582	39.0
2005	7,013,739	1.8	1.62	1.47	1,649.76	5,220,681	45.8
2006	7,084,273	1.0	1.76	1.67	1,681.07	5,386,295	36.0
2007	7,195,822	1.6	1.94	1.50	1,475.68	4,756,290	26.7
2008	7,346,008	2.1	1.86	1.16	859.24	2,789,888	20.0
2009	7,544,922	2.7	1.65	1.28	907.59	3,027,121	—
2010	7,753,911	2.8	1.55	1.11	898.80	3,056,930	45.0
2011	7,966,101	2.7	1.45	0.98	728.61	2,513,957	21.0
2012	8,165,213	2.5	1.36	0.79	859.80	2,964,429	25.4
2013	8,458,837	3.6	1.25	0.73	1,302.29	4,584,842	31.8
2014	8,745,965	3.4	1.18	0.33	1,407.51	5,058,973	23.8
2015	9,064,060	3.6	1.11	0.27	1,547.30	5,718,328	23.8
2016	9,368,699	3.4	0.99	0.04	1,518.61	5,602,469	26.4
2017	9,739,925	4.0	0.94	0.04	1,817.56	6,741,992	29.3
2018	10,024,562	2.9	0.90	-0.01	1,494.09	5,621,213	19.5
2019	10,261,902	2.4	0.86	-0.02	1,721.36	6,482,245	23.0
2020	10,925,980	6.5	0.81	-0.02	1,804.68	6,668,621	27.8
2021	11,626,650	6.4	0.79	0.07	1,992.33	7,284,245	31.0
2022	12,012,019	3.3	0.77	0.41	1,891.71	6,762,704	19.1
2023	12,311,441	2.5	—	0.62	2,366.39	8,330,075	20.5
2022年1-3月	11,811,786	3.5	0.79	0.21	1,946.40	7,085,234	27.6
2022年4-6月	12,046,503	3.3	0.78	0.23	1,870.82	6,728,230	18.4
2022年7-9月	12,083,906	3.4	0.77	0.24	1,835.94	6,603,447	18.9
2022年10-12月	12,105,881	3.0	0.77	0.41	1,891.71	6,762,704	19.1
2023年1-3月	12,119,416	2.6	0.77	0.32	2,003.50	7,133,954	19.8
2023年4-6月	12,359,897	2.6	0.77	0.40	2,288.60	8,107,204	19.7
2023年7-9月	12,379,315	2.4	0.78	0.77	2,323.39	8,226,616	19.9
2023年10-12月	12,387,135	2.3	—	0.62	2,366.39	8,330,075	20.5

（備考）
1　日本銀行「金融経済統計月報」、東京証券取引所「東証統計月報」等による。
2　マネーストックは、1998年以前はマネーサプライ統計におけるM2＋CD（外国銀行在日支店等を含まないベース）、1999年以降2003年以前は
　　マネーサプライ統計におけるM2＋CDの値。2003年以降はマネーストック統計におけるM2の値。それぞれの期間における月平均残の平均値。
3　国内銀行貸出約定平均金利はストック分の総合の末値。小数点第3位以下切り捨て。
4　国債流通利回りは、1997年以前は東証上場国債10年物長期利回りの末値、1998年以降は新発10年国債流通利回りの末値。
　　利回りは、末値、小数点3位以下切り捨て。
5　東証株価指数は1968年1月4日の株価を100とした時の各末値。東証時価総額は末値、億円未満は切り捨て。PERは末値、単体の単純平均。
6　東証株価時価総額、株価収益率(PER)は、2022年3月以前は東証1部、4月（市場区分再編）以降は、東証プライム市場。

財政 (1/2)

年 度	一般政府 財政バランス （対GDP比） %	中央政府 財政バランス （対GDP比） %	地方政府 財政バランス （対GDP比） %	社会保障基金 財政バランス （対GDP比） %	租税負担率 %	国民負担率 %
1956	1.4	—	—	—	19.5	22.8
1957	1.3	—	—	—	19.5	23.0
1958	-0.1	—	—	—	18.5	22.1
1959	1.0	—	—	—	18.0	21.5
1960	2.2	—	—	—	18.9	22.4
1961	2.4	—	—	—	19.5	23.3
1962	1.3	—	—	—	19.3	23.3
1963	1.0	—	—	—	18.7	22.9
1964	1.0	—	—	—	19.0	23.4
1965	0.4	—	—	—	18.0	23.0
1966	-0.4	—	—	—	17.2	22.3
1967	0.8	—	—	—	17.4	22.5
1968	1.2	—	—	—	18.1	23.2
1969	1.8	—	—	—	18.3	23.5
1970	1.8	0.0	-0.4	2.2	18.9	24.3
1971	0.5	-1.0	-1.0	2.5	19.2	25.2
1972	0.2	-1.1	-1.1	2.4	19.8	25.6
1973	2.0	0.4	-1.0	2.6	21.4	27.4
1974	0.0	-1.4	-1.3	2.6	21.3	28.3
1975	-3.7	-4.0	-2.1	2.4	18.3	25.7
1976	-3.6	-4.3	-1.6	2.3	18.8	26.6
1977	-4.2	-5.0	-1.8	2.7	18.9	27.3
1978	-4.2	-4.8	-1.7	2.4	20.6	29.2
1979	-4.4	-5.7	-1.4	2.6	21.4	30.2
1980	-4.0	-5.4	-1.3	2.6	21.7	30.5
1981	-3.7	-5.2	-1.2	2.8	22.6	32.2
1982	-3.4	-5.2	-0.9	2.7	23.0	32.8
1983	-2.9	-4.9	-0.8	2.7	23.3	33.1
1984	-1.8	-4.0	-0.6	2.8	24.0	33.7
1985	-0.8	-3.6	-0.3	3.1	24.0	33.9
1986	-0.3	-3.0	-0.4	3.1	25.2	35.3
1987	0.7	-1.9	-0.2	2.8	26.7	36.8
1988	2.2	-1.1	0.1	3.2	27.2	37.1
1989	2.6	-1.2	0.6	3.2	27.7	37.9
1990	2.6	-0.5	0.5	2.6	27.7	38.4
1991	2.4	-0.4	0.1	2.7	26.6	37.4
1992	-0.8	-2.4	-0.9	2.4	25.1	36.3
1993	-2.8	-3.6	-1.4	2.2	24.8	36.3
1994	-4.1	-4.3	-1.8	1.9	23.5	35.4
1995	-4.9	-4.4	-2.4	1.9	23.4	35.8
1996	-4.8	-4.0	-2.5	1.7	23.1	35.5
1997	-4.0	-3.5	-2.3	1.8	23.6	36.5
1998	-11.9	-10.7	-2.4	1.2	23.0	36.3
1999	-7.9	-7.3	-1.6	1.0	22.3	35.5
2000	-6.8	-6.4	-0.9	0.5	22.9	36.0
2001	-6.5	-5.7	-0.9	0.2	22.8	36.7
2002	-8.1	-6.6	-1.3	-0.2	21.3	35.2
2003	-7.4	-6.4	-1.3	0.3	20.7	34.4
2004	-5.3	-5.1	-0.7	0.5	21.3	35.0
2005	-4.1	-4.0	-0.2	0.1	22.5	36.3
2006	-3.0	-3.1	0.1	0.0	23.1	37.2
2007	-2.7	-2.5	0.0	-0.2	23.7	38.2
2008	-5.5	-5.2	0.3	-0.6	23.4	39.2
2009	-10.2	-8.8	-0.2	-1.2	21.4	37.2
2010	-9.0	-7.5	-0.5	-1.0	21.4	37.2
2011	-8.9	-8.3	0.1	-0.7	22.2	38.9
2012	-8.1	-7.4	-0.1	-0.7	22.8	39.8
2013	-7.3	-6.7	0.0	-0.7	23.2	40.1
2014	-5.1	-5.2	-0.3	0.3	25.1	42.4
2015	-3.6	-4.4	0.0	0.9	25.2	42.3
2016	-3.5	-4.4	-0.1	1.1	25.1	42.7
2017	-2.9	-3.5	-0.1	0.7	25.5	43.3
2018	-2.4	-3.2	0.0	0.8	26.0	44.2
2019	-3.1	-3.8	-0.1	0.7	25.7	44.3
2020	-10.0	-10.3	-0.2	0.4	28.2	47.9
2021	-5.9	-7.2	0.6	0.7	28.9	48.1
2022	-3.6	-5.5	0.9	0.9	28.5	47.5
2023	-	-	-	-	28.1	46.8

(備考)
1　内閣府「国民経済計算」、財務省資料により作成。
2　財政バランス（対GDP比）は、国民経済計算における「純貸出／純借入」（1995年度以前は「貯蓄投資差額」）を名目GDPで割ったもの。
3　一般政府財政バランスは、1955年度から1989年度までは68SNAベース、1990年度から1995年度までは93SNA（平成7年基準）、1996年度から2000年度までは93SNA（平成12年基準）ベース、2001年度から2005年度までは93SNA（平成17年基準）ベース、2006年度から2011年度は08SNA（平成23年基準）、2012年度以降は08SNA（平成27年基準）ベース。
4　中央政府財政バランス、地方政府財政バランス、社会保障基金財政バランスについては、1970年度から1989年度までは68SNAベース、1990年度から1995年度までは93SNA（平成7年基準）、1996年度から2000年度までは93SNA（平成12年基準）ベース、2001年度から2005年度までは93SNA（平成17年基準）ベース、2006年度から2011年度は08SNA（平成23年基準）ベース、2012年度以降は08SNA（平成27年基準）ベース。
5　租税負担率＝（国税＋地方税）／国民所得、国民負担率＝租税負担率＋社会保障負担率。それぞれ2021年度までは実績、2022年度は実績見込み、2023年度は見通し。

		財	政		
	国 債 発 行 額	国債発行額 (うち赤字国債)	国債依存度	国 債 残 高	国債残高 (名目GDP比)
年度	億円	億円	%	億円	%
1958	0	0	0	0	0
1959	0	0	0	0	0
1960	0	0	0	0	0
1961	0	0	0	0	0
1962	0	0	0	0	0
1963	0	0	0	0	0
1964	0	0	0	0	0
1965	1,972	1,972	5.3	2,000	0.6
1966	6,656	0	14.9	8,750	0.6
1967	7,094	0	13.9	15,950	2.2
1968	4,621	0	7.8	20,544	3.4
1969	4,126	0	6.0	24,634	3.7
1970	3,472	0	4.2	28,112	3.8
1971	11,871	0	12.4	39,521	3.7
1972	19,500	0	16.3	58,186	4.8
1973	17,662	0	12.0	75,504	6.0
1974	21,600	0	11.3	96,584	6.5
1975	52,805	20,905	25.3	149,731	7.0
1976	71,982	34,732	29.4	220,767	9.8
1977	95,612	45,333	32.9	319,024	12.9
1978	106,740	43,440	31.3	426,158	16.8
1979	134,720	63,390	34.7	562,513	20.4
1980	141,702	72,152	32.6	705,098	25.0
1981	128,999	58,600	27.5	822,734	28.4
1982	140,447	70,087	29.7	964,822	31.1
1983	134,863	66,765	26.6	1,096,947	34.9
1984	127,813	63,714	24.8	1,216,936	38.0
1985	123,080	60,050	23.2	1,344,314	39.5
1986	112,549	50,060	21.0	1,451,267	40.7
1987	94,181	25,382	16.3	1,518,093	42.4
1988	71,525	9,565	11.6	1,567,803	41.9
1989	66,385	2,085	10.1	1,609,100	40.4
1990	73,120	9,689	10.6	1,663,379	38.7
1991	67,300	0	9.5	1,716,473	36.8
1992	95,360	0	13.5	1,783,681	36.2
1993	161,740	0	21.5	1,925,393	36.9
1994	164,900	41,443	22.4	2,066,046	39.9
1995	212,470	48,069	28.0	2,251,847	41.1
1996	217,483	110,413	27.6	2,446,581	45.4
1997	184,580	85,180	23.5	2,579,875	47.6
1998	340,000	169,500	40.3	2,952,491	55.2
1999	375,136	243,476	42.1	3,316,687	62.5
2000	330,040	218,660	36.9	3,675,547	68.4
2001	300,000	209,240	35.4	3,924,341	74.4
2002	349,680	258,200	41.8	4,210,991	80.4
2003	353,450	286,520	42.9	4,569,736	86.8
2004	354,900	267,860	41.8	4,990,137	94.2
2005	312,690	235,070	36.6	5,269,279	98.7
2006	274,700	210,550	33.7	5,317,015	99.0
2007	253,820	193,380	31.0	5,414,584	100.6
2008	331,680	261,930	39.2	5,459,356	105.8
2009	519,550	369,440	51.5	5,939,717	119.4
2010	423,030	347,000	44.4	6,363,117	126.0
2011	427,980	344,300	42.5	6,698,674	134.0
2012	474,650	360,360	48.9	7,050,072	141.2
2013	408,510	338,370	40.8	7,438,676	145.1
2014	384,929	319,159	39.0	7,740,831	147.9
2015	349,183	284,393	35.5	8,054,182	148.9
2016	380,346	291,332	39.0	8,305,733	152.4
2017	335,546	262,728	34.2	8,531,789	153.5
2018	343,954	262,982	34.8	8,740,434	157.0
2019	365,819	274,382	36.1	8,866,945	159.2
2020	1,085,539	859,579	73.5	9,466,468	176.1
2021	576,550	484,870	39.9	9,914,111	180.1
2022	624,789	537,519	44.9	10,424,369	186.1
2023	356,230	290,650	31.1	10,680,213	186.7

(備考)
1　財務省資料による。
2　単位は億円。国債依存度、国債残高名目GDP比の単位は%。
3　国債発行額は、収入金ベース。2021年度までは実績、2022年度は補正後予算、2023年度は当初予算に基づく見込み。
4　国債依存度は、（4条債＋特例債）／一般会計歳出額。特別税の創設等によって償還財源が別途確保されている、
　いわゆる「つなぎ公債」を除いて算出している。

「2023年度 日本経済レポート」作成担当者名簿
（経済財政分析・総括担当）

野 村　彰 宏　　　　荻 野　秀 明　　　　佐々木　康 平
荻 野　秀 明　　　　（第 2 章担当）　　　（第 3 章担当）
（第 1 章担当）

磯 野　　翔　　一 万 田　稜　　大 槻　　慶　　小 笠 原　萌
岡 田　真 央　　織 本　悟 征　　北 口　隆 雅　　小 林　若 葉
小 峰　康 嵩　　佐々木　萌 音　　下 宮　大 河　　砂 田　隆 雄
園 田　桂 子　　高 田　　裕　　髙 橋　　淳　　中 野　一 樹
長谷川　　森　　畑 中　宏 仁　　細 田　和 希　　矢 部　将 大
山 内　美 佳　　吉 岡　大 樹

（とりまとめ）

政策統括官（経済財政分析）　　　林　　　伴 子

審議官（経済財政分析）　　　上 野　有 子

参事官（経済財政分析）　　　多 田　洋 介

2023年度 日本経済レポート
－コロナ禍を乗り越え、経済の新たなステージへ－

令和 6 年 3 月12日　発行　　　　　　定価は表紙に表示してあります。

編　集　　　内 閣 府 政 策 統 括 官
　　　　　（経済財政分析担当）
　　　　　〒100-8914
　　　　　東京都千代田区永田町 1 - 6 - 1
　　　　　中央合同庁舎 8 号館
　　　　　電　話 (03) 5253-2111 (代)
　　　　　URL https://www.cao.go.jp/

発　行　　　日 経 印 刷 株 式 会 社
　　　　　〒102-0072
　　　　　東京都千代田区飯田橋 2 - 15 - 5
　　　　　TEL 03 (6758) 1011

発　売　　　全 国 官 報 販 売 協 同 組 合
　　　　　〒100-0013
　　　　　東京都千代田区霞ヶ関 1 - 4 - 1
　　　　　TEL 03 (5512) 7400

落丁・乱丁本はお取り替えします。

ISBN978-4-86579-405-2